IA y Apoyo a l...

Herramientas Inteligentes para Líderes

© Nils-Bertil Carlson Estrada

© 2024 Nils-Bertil Carlson Estrada

Todos los derechos reservados. Ninguna parte de este libro puede ser reproducida, almacenada en un sistema de reciclaje o transmitida de ninguna forma ni por ningún medio, electrónico, mecánico, fotocopia, grabación o de otro tipo, sin el permiso previo por escrito del propietario de los derechos de autor.

Primera edición, primera impresión

Tullinge, Estocolmo 2024

Favor de enviar contacto y comentarios al email: nbce40@outlook.com

ISBN: 9798 3330 9990 7

Dedico este libro a:

A mi esposa Ammi, a mis hijos Lucas, Emma y a mis nietos Maximilian, Celine y Elias, su amor y apoyo han sido mi mayor inspiración. Gracias por su paciencia y comprensión durante todas las tardes y noches de escritura.

A mi hermana Ingrid, por tu constante aliento y fe en mí, incluso cuando dudaba de mí mismo.

A mi mentora Eva, cuya sabiduría y guía han sido invaluables. Sin sus ideas y su fe incansable en este proyecto, este libro nunca se habría hecho realidad.

Y a mis amigos a los que no mencionaré por su nombre, que me han dado apoyo y ánimo.

Con esto dicho, quiero señalar que todos los errores en el libro son mi única responsabilidad.

Este libro está dedicado a ti.

Tabla de contenido

IA y Apoyo a la Toma de Decisiones: Herramientas Inteligentes para Líderes 1

    Dedico este libro a: 3

Tabla de contenido 4

Parte 1: 10

Introducción y fundamentos de la IA, SSD y métodos ágiles .. 10

    Prefacio 11

    Sobre mí 14

    Reflexiones sobre la Inteligencia Artificial y los Sistemas de Soporte a la Decisión (SSD) 18

    La importancia de la metodología ágil en los sistemas modernos de SSD 27

    Una anécdota divertida en este contexto 29

Capítulo 1: Liderazgo en un nuevo mundo 34

    Adaptación del liderazgo 34

    Necesidad de desarrollo de competencias para la IA y los SSD 42

    Cambios tecnológicos 49

    Impacto en el comportamiento del consumidor: digitalización e IA 50

    Creando un camino a seguir 55

    Sostenibilidad y crecimiento a largo plazo 62

    Sostenibilidad y crecimiento en las empresas 63

    Guía para futuros líderes en el sector público 71

    Paradojas, síndromes y conceptos a evitar 74

Capítulo 2: Inteligencia Artificial (IA) y Liderazgo 91

    Consideraciones éticas 91

    Beneficios del uso de la IA en los sistemas SSD en el sector privado 109

    Beneficios del uso de la IA en los sistemas SSD en el sector público...111

        Una anécdota divertida en este contexto.....................119

Capítulo 3: Sistemas de Soporte a la Toma de Decisiones (SSD) y Liderazgo 123

    Crear estrategias adaptables 123

    Mejorar la toma de decisiones 125

    Apoyo al proceso de innovación.......................................126

    Rentabilidad y ventaja competitiva a través de los SSD.....128

    Apoyo a las oportunidades innovadoras 131

    Análisis dinámicos e informes 134

    Flexibilidad en los sistemas SSD..138

    Informes 142

    Reducir el trabajo manual 146

    Optimice el análisis de datos 148

    Automatización de la recopilación de datos 151

Capítulo 4: Modelo de integración de los sistemas de soporte a la decisión del refractor (SSD-RM)...154

Capítulo 5: Estudio de caso: Implementación de SSD impulsada por IA en sectores privado y público 164

    Estudio de caso 1:...164

    Estudio de caso 2 166

    Algunas lecciones clave y buenas prácticas que pueden extraerse de estos estudios de caso 169

Una anécdota divertida en este contexto 173

Capítulo 6: Actividades relacionadas con una integración de acuerdo con el modelo SSD-RM 176

Capítulo 7: El futuro de los SSD y de la IA 191

Parte 2: 197

Introducción de la Parte 2 198

Logística 200

    Ciencias de la vida 212

    Tecnología médica 212

    Practicar 214

    Venta y comercialización de nuevos medicamentos 220

    Gestión del ciclo de vida de los medicamentos 222

    SSD aumentada por la IA en la tecnología médica 224

Industria de la construcción 227

    El proceso de trabajo de la industria de la construcción ... 228

    Desafíos en la industria de la construcción 239

    Leyes y reglamentos 240

    Los sistemas de apoyo a la toma de decisiones (SSD) se mejoran con IA en el sector de la construcción 243

Industria del comercio minorista 249

    Rentabilidad óptima en el sector minorista 254

    Sistemas de apoyo a la toma de decisiones (SSD) en el sector minorista 255

Función de Recursos Humanos (RRHH) 258

    Atraer 260

    Reclutar 260

    Integración 262

Retención de personal 262

Desarrollo de habilidades 263

Gestión del rendimiento 264

Nómina 265

Gestión de recursos humanos 266

Derecho Laboral y Cumplimiento 266

Comunicación interna, cultura corporativa y compromiso 267

Fin de la relación laboral 267

Sistemas de apoyo a la toma de decisiones mejorados con IA en la función de RRHH 268

Función de compras 270

El proceso de adquisición 270

Especificación de Requisitos 272

Negociación y contratación 273

Valor agregado 274

Planificación estratégica 275

Sistema de apoyo al negocio (SSD) y la IA en Compras 277

Sistemas de apoyo al negocio (SSD) y la IA en la especificación de los requisitos 278

Sistema de apoyo al negocio (SSD) y la IA en negociación y contratos 279

Sistemas de apoyo al negocio (SSD) y la IA en la creación de valor 281

Sistema de apoyo al negocio (SSD) y la IA en la Planificación Estratégica 282

Parte 3: 285

Perspectivas tecnológicas futuras 285

- Perspectivas de futuro tecnológico 286
  - Próximas tendencias tecnológicas en IA y los Sistemas de apoyo a las decisiones (SSD) 286
  - IA y el aprendizaje automático 287
  - "Modelo de Computación distribuida" (Edge Computing) 288
  - "Computación cuántica" 289
  - Automatización de procesos robotizados 289
  - Realidad Aumentada (AR) y Realidad Virtual (RV) 290
  - Personalización 291
  - Sostenibilidad y ética en IA y SSD 292
  - Ejemplos de cómo la IA puede apoyar los objetivos de sostenibilidad 295
  - Estrategias de Mejora Continua 301
  - Construyendo una cultura de innovación 309
  - Gestión del cambio y gestión de la resistencia 310
  - Estrategias de liderazgo para impulsar la innovación 311
  - Perspectivas globales y colaboración 313
  - Navegando por los desafíos futuros 317
  - Casos de estudio y casos de éxito 322
- Parte 4: 325
- Leyes y Directrices 325
- Leyes y directrices para el SSD aumentado por la IA 326
  - Ley de IA de la UE 327
  - RGPD 328
  - Otras leyes y directrices a tener en cuenta 329
- Epílogo 337
- Referencias 340

Parte 1:

Introducción y fundamentos de la IA, SSD y métodos ágiles

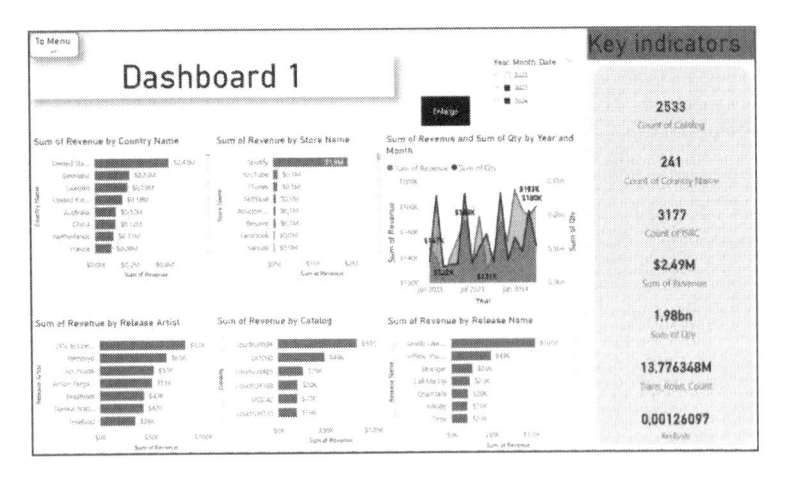

Exemplo de dashbord en sistemas de Supporte de decisión.

Prefacio

La oportunidad de compartir la experiencia de mi larga y fructífera carrera me inspiró a escribir este libro. Han sido tiempos emocionantes, recuerdo que en 1997 empecé en Ericsson con la responsabilidad de explicar, como experto, a los operadores de telefonía móvil cómo ganarían dinero con la red, cómo activarían a los suscriptores, cuáles serían los servicios de abonado en la red y cómo monitorizarían las redes. Como consultor en Swedtel (una empresa conjunta de Ericsson y Telia), había trabajado en Suecia, Asia y América Latina en estas áreas. Así que ahora era el momento de presentar al director general de tecnología (CTO por sus siglas en inglés) del operador más grande de México los beneficios de la infraestructura del sistema de soporte al cliente de Ericsson. Es decir, la activación del servicio, las funciones de carga y el monitoreo de la red. Me preparé durante semanas ya que esta área, a través de la colaboración con Telia, era uno de los grandes orgullos de Ericsson y era una gran ventaja competitiva. Teníamos una oferta de vanguardia en el área de sistemas de soporte al cliente de la que, por supuesto, todos en Ericsson estábamos orgullosos.

Con ese objetivo, me mudé con mi familia a México con un contrato de dos años y, al cabo de unos días de trabajo, conseguimos la audiencia con el director de tecnología. Preparé mi presentación de una hora detallando los beneficios más esenciales de nuestra infraestructura de atención al cliente. Cuando llegamos a la cita, los planes habían cambiado. El director de tecnología estaba muy ocupado, por lo que nos dieron solamente 5 minutos para presentar nuestra propuesta, esto en virtud de que él y la organización ya habían decidido seguir adelante con la tecnología CDMA[1], competidora de

---

[1] CDMA, que significa "Code Division Multiple Access" en inglés, se traduce al español como "Acceso Múltiple por División de

GSM[2], el estándar de Ericsson. Finalmente, obtuvimos nuestros 5 minutos, esto fue en 1997.

Dos años más tarde, en 1999, nosotros (Ericsson) y el cliente firmamos un contrato por 60 millones de suscriptores, un acuerdo de 2,000 millones de dólares (unos 20,000 millones de coronas suecas), que allanó el camino para el éxito de Ericsson y su tecnología GSM en toda América Latina, donde el número de suscriptores hoy es de poco más de 500 millones. Luego nos quedamos otros 4 años para implementar los sistemas de soporte en la red y asegurar la satisfacción de los clientes. En la cena de despedida con el cliente, me sentí muy orgulloso de escuchar lo satisfechos que estaban con nuestra colaboración. Lo que más impresionó al director de tecnología y lo que más apreció fue nuestra capacidad de flexibilidad y adaptación que demostramos a través de nuestros procesos de gestión del cambio. Estos procesos nos dieron la capacidad de escuchar, cambiar y adaptarnos sin que se originaran conflictos, lo cual era

---

Código". CDMA es una tecnología utilizada en las telecomunicaciones que permite que múltiples usuarios compartan un mismo canal de frecuencia mediante el uso de códigos únicos. Cada usuario es asignado un código exclusivo que modula su señal, permitiendo que varias señales coexistan en el mismo espacio de frecuencia sin interferirse entre sí. Esta tecnología es ampliamente utilizada en sistemas de comunicaciones móviles y redes inalámbricas.

[2] GSM, que significa "Global System for Mobile Communications" en inglés, se traduce al español como "Sistema Global para las Comunicaciones Móviles". GSM es un estándar desarrollado para las redes de telefonía móvil que especifica protocolos para la segunda generación (2G) de teléfonos móviles. Fue creado para facilitar la interoperabilidad y la compatibilidad de los servicios móviles en diferentes países, permitiendo que los usuarios de GSM puedan utilizar sus teléfonos móviles en redes GSM en todo el mundo. Este estándar es conocido por su uso de la tecnología de acceso múltiple por división de tiempo (TDMA) y ha sido fundamental en la expansión de la telefonía móvil global.

la norma en ese momento. Hoy en día, los cambios en un proyecto en curso suenan como algo natural, en su momento fueron una innovación que nos dio una ventaja competitiva.

He tenido una carrera apasionante y en este libro, que consta de cuatro secciones, quiero transmitir lo que he aprendido. Después de una breve introducción sobre mí, me concentraré en cómo los líderes pueden utilizar la Inteligencia Artificial (IA) y los Sistemas de Soporte a la Toma de Decisiones (de ahora en adelante referido como SSD) para mejorar esto último. La IA y los SSD se explicarán en detalle en los capítulos 2 y 3 respectivamente. La segunda sección del libro está dedicada a la presentación de ejemplos de cómo aplicar estas tecnologías en diferentes industrias y funciones en empresas. En la tercera sección, describo cómo percibo el futuro en esta área. Para terminar, en la última sección, describo las leyes, normas y directrices que regulan la IA y los SSD.

Ser parte de la revolución tecnológica durante el boom de la telefonía móvil e internet ha sido una experiencia increíble. Era una época en la que el mundo se encogía y la comunicación cambiaba para siempre. Pasar de las líneas telefónicas fijas a tener un potente dispositivo de comunicación en el bolsillo fue todo un logro. Internet abrió un mundo de información y posibilidades que antes eran inimaginables, cambiando la forma en que trabajamos, nos comunicamos entre nosotros, aprendemos y socializamos como si no existieran las fronteras.

Ahora nos enfrentamos a una nueva era de IA y sistemas SSD aumentados por IA, lo cual es igual de emocionante. Estos sistemas están cambiando la forma en que tomamos decisiones, al brindarnos información y análisis que son mucho más avanzados que lo que existía anteriormente. Los nuevos sistemas pueden identificar patrones y tendencias que son invisibles para el ojo humano y ayudar a optimizar todo, desde estrategias comerciales hasta la salud personal. Es realmente gratificante ser parte de esta nueva revolución. Al igual que con la telefonía móvil e internet, la IA y los sistemas SSD moldearán el futuro de formas que sólo podemos empezar a imaginar. Es un momento de grandes oportunidades y potencial para la innovación y la mejora en casi todos los aspectos de nuestras vidas.

Este libro está dedicado a aquellos que sienten curiosidad por la nueva era de la tecnología: la IA y los SSD. En él encontrarán algo útil tanto los líderes que buscan mejorar cómo tomar sus decisiones, los entusiastas que buscan comprender las tendencias futuras o, simplemente aquellos a los que les interesa el impacto de la tecnología en la sociedad.

He compartido mis experiencias de una época en la que participé en la configuración del futuro de la comunicación y ahora pretendo ayudar, a través de este libro, a navegar por el nuevo mundo de la IA. Con ejemplos concretos e historias personales, proporciono una visión de cómo estas tecnologías no sólo están cambiando el desarrollo de la sociedad, sino que también tienen el potencial de mejorar nuestras vidas personales.

La IA y los SSD no son exclusivos para los expertos en tecnología. Son herramientas que, cuando se usan correctamente, pueden representar una ventaja para todos, independientemente de la industria o los antecedentes. Así que anímense a dar el paso, exploren las páginas de este libro y sean parte de la revolución que está dando forma a nuestro futuro.

Pero, se preguntarán ¿qué hizo que el cliente cambiara de opinión al cabo de los 5 minutos en los que le presentamos nuestra tecnología?... Déjenme decirles más adelante en el libro. ¡Feliz lectura!

Sobre mí

Durante las últimas tres décadas, he acumulado una gran cantidad de conocimientos y experiencia en algunos de los puestos más grandes y reputados de Suecia. Mi trayectoria profesional comenzó en Atlas-Copco, donde adquirí valiosos conocimientos sobre ingeniería industrial e innovación. Luego continué en Handelsbanken, donde me sumergí en la complejidad del sector financiero y sus necesidades de información. Luego, en Telia tuve la oportunidad de explorar el rápido desarrollo de la industria de las telecomunicaciones y el impacto de la digitalización en la sociedad.

Sin embargo, mis 20 años en Ericsson han sido los más significativos para mi carrera. Durante este tiempo, he sido parte de la revolución global de las comunicaciones, donde he contribuido y he sido testigo de cómo la tecnología de la información ha remodelado el mundo. He trabajado con todo, desde el desarrollo de productos y la planificación estratégica hasta las ventas, y he visto cómo la información correcta en el momento adecuado puede ser crucial para el éxito.

En los últimos años, me he centrado en la integración de la IA en el negocio, especialmente mediante el desarrollo de sistemas basados en ella para detectar fallos en las redes de telecomunicaciones antes de que se hagan visibles. Esta experiencia me ha dado una idea de cómo la IA puede transformar la gestión de la información y la toma de decisiones.

Este libro no es solamente una recopilación de las mejores prácticas y estrategias que he aprendido, sino también un reflejo de mis experiencias internacionales en puestos de responsabilidad en Asia, América del Norte y del Sur. Durante mis 12 años como expatriado adquirí una comprensión única de las diferentes culturas y mercados, aprendí también cómo comunicar y gestionar eficazmente la información a través de las fronteras. Al compartir estas experiencias, espero inspirar y guiar a otros para que logren el éxito mejorando su capacidad para gestionar y utilizar la información como un activo estratégico.

La idea de este libro nació mientras trabajaba en mi publicación "AI and SSD: The Road to Agile Business Integration" (La IA y los SSD: el camino hacia una integración ágil de los negocios). Durante el proceso de redacción, me quedó claro que los líderes deben comprender no sólo los aspectos técnicos de la IA y de los SSD, sino también cómo aplicar estas herramientas para fortalecer el liderazgo en un mundo que cambia rápidamente. Los líderes necesitan una orientación que ofrezca ejemplos y estrategias concretos sobre cómo la IA y los SSD pueden integrarse en los procesos operativos empresariales diarios, la gobernanza a medio plazo y las iniciativas estratégicas a largo plazo. Otro propósito es satisfacer esa necesidad mediante la presentación de una colección de metodologías y conocimientos que pueden ayudar a los líderes a navegar por el complejo entorno de la transformación digital.

Al leer este libro, los líderes obtendrán conocimientos sobre cómo utilizar eficazmente la IA y los SSD en sus negocios, lo que permitirá tomar decisiones más rápidas e informadas que pueden conducir a mejores resultados y a una posición competitiva más sólida. El libro pretende ser un manual para el líder moderno que quiere aprovechar el poder de la IA y de los SSD para crear una organización más inteligente y receptiva. Este libro está lleno de ideas, de mis propias experiencias y de aquellas de los muchos líderes con los que he colaborado. Proporciona al lector las herramientas y los conocimientos necesarios para liderar con éxito en un mundo cada vez más digitalizado y basado en datos. Espero que sirva como un recurso valioso para los líderes que se esfuerzan por estar a la vanguardia de la innovación tecnológica y la excelencia organizacional.

Mi intención es desdramatizar los conceptos, a veces incomprendidos, de Inteligencia Artificial y de los Sistemas de Soporte a la Decisión, desglosando la complejidad y desmitificando estas tecnologías.

En un mundo en el que el avance tecnológico se produce a un ritmo sin precedentes, es crucial que los líderes no sólo se mantengan al día con las últimas tendencias, sino que también se sientan cómodos utilizando estas herramientas. Este libro tiene como objetivo hacer precisamente eso: equipar a los líderes con la capacidad de no sólo comprender la IA y los SSD, sino también de poder implementar estos sistemas de una manera que armonice con sus modelos de negocio y visiones estratégicas existentes.

A través de ejemplos prácticos, estudios de casos y explicaciones de fácil acceso, los líderes aprenderán la aplicación de la IA y de los SSD para mejorar los procesos de toma de decisiones, optimizar los flujos comerciales y crear una organización más adaptable y con visión de futuro. Este libro ofrece una introducción a los principios básicos y proporciona una visión general de las estrategias para aprovechar estas tecnologías en los negocios. Para aquellos lectores que estén interesados en profundizar en los detalles de la implementación de la IA y de los SSD, recomiendo mi próxima publicación "AI and SSD: The Road to Agile Business Integration with the Refractor Model" (La IA y los SSD: el camino hacia una integración ágil de los negocios con el modelo del refractor), que contendra una revisión más detallada del modelo del refractor y su aplicación.

Este libro hace que la IA y los SSD sean accesibles y útiles para los líderes, independientemente de su experiencia previa con estas tecnologías. Al seguir las pautas aquí marcadas, los líderes pueden navegar por la transformación digital con mayor confianza y éxito.

El libro tiende un puente entre la teoría y la práctica de la IA y de los SSD y, hace que estos conceptos sean más comprensibles y aplicables. Está dirigido a líderes tanto del sector privado como del público, abordando sus desafíos únicos. El libro ofrece información y herramientas relevantes para ambos sectores, ayudando a los líderes a implementar exitosamente ambas tecnologías.

Los líderes del sector privado navegan en un entorno competitivo, mientras que los líderes del sector público trabajan bajo directivas políticas y restricciones presupuestarias. El libro proporciona una guía equilibrada para ayudar a los líderes a superar los obstáculos y aprovechar el potencial de la tecnología. Integra estudio de casos y ejemplos de cómo se pueden utilizar la IA y los SSD para resolver problemas específicos y lograr mejoras medibles.

También se discuten las consideraciones éticas y los desafíos del liderazgo, lo que proporciona orientación para navegar estos problemas complejos con integridad. Este no es otro libro sobre tecnología, es una guía para el liderazgo futuro en un mundo cada vez más conectado e impulsado por la inteligencia.

Reflexiones sobre la Inteligencia Artificial y los Sistemas de Soporte a la Decisión (SSD)

A medida que la IA y los SSD se integran cada vez más a nuestros procesos de trabajo, surgen nuevas oportunidades y desafíos para las organizaciones y sus líderes. Estas tecnologías tienen el potencial de revolucionar la forma en que tomamos decisiones, al ofrecer conocimientos más profundos y un análisis más rápido de datos complejos. Pero con este poder también viene la responsabilidad de usar estas herramientas de una manera ética y sostenible.

La IA como catalizador del cambio

La IA como catalizador del cambio representa una fuerza transformadora dentro de las organizaciones modernas. Al automatizar tareas que tradicionalmente requerían intervención humana, la IA libera recursos valiosos que los líderes pueden reasignar a áreas que requieren pensamiento creativo y dirección estratégica. Esta redistribución de la carga de trabajo permite incursionar en una era de innovación en la que los líderes pueden explorar nuevas oportunidades, desarrollar servicios y productos de vanguardia y crear más valor para sus grupos de interés.

La capacidad de la IA para aprender de los datos y mejorar con el tiempo significa que las organizaciones pueden beneficiarse de los sistemas de autoaprendizaje que se vuelven más eficientes y precisos cuanto más se utilizan. Estos sistemas pueden identificar patrones y conocimientos que pueden escapar a la atención humana, lo que conduce a una mejor toma de decisiones y a una gestión más proactiva tanto de las oportunidades como de los riesgos. Con la IA, las organizaciones también pueden adaptarse más rápidamente a las condiciones cambiantes del mercado. La analítica impulsada por IA puede anticipar las tendencias del mercado y el comportamiento de los clientes, lo que permite a los líderes actuar rápidamente y posicionar sus negocios favorablemente. Este enfoque adaptativo es crucial en un mundo donde el cambio es la única constante; al mismo tiempo, es importante reconocer que la IA no es una solución única para todos. La integración exitosa de la IA requiere un enfoque bien pensado que tenga en cuenta las necesidades y desafíos únicos de la organización. Los líderes deben ser conscientes de las implicaciones éticas y sociales de la IA, incluidos los problemas de los cambios en el mercado laboral y la privacidad de los datos. También deben garantizar que los sistemas de IA sean transparentes, justos y que no refuercen los sesgos o desigualdades existentes.

En última instancia, la IA es un poderoso catalizador que, cuando se usa de manera responsable y estratégica, puede ayudar a las organizaciones a alcanzar nuevas alturas de eficiencia e innovación. Para los líderes que buscan dominar este nuevo campo, la IA ofrece la oportunidad de redefinir lo que es posible y guiar a sus organizaciones hacia el futuro con confianza y claridad.

Los SSD como potenciadores de decisiones

Los SSD desempeñan un papel fundamental en el fortalecimiento de la toma de decisiones dentro de las organizaciones. Al reunir datos de una variedad de fuentes, los SSD ofrecen a los líderes una visión integral de su negocio, lo que permite tomar decisiones perspicaces e informadas. En un entorno empresarial en el que el tiempo es esencial, los SSD pueden ofrecer rápidamente análisis y recomendaciones que ayuden a los líderes a actuar de forma proactiva en lugar de reactiva.

La integración y el análisis de datos son componentes fundamentales de los SSD que permiten una comprensión profunda del negocio y su entorno. Al recopilar datos de sistemas internos como el Sistema Financiero, la Gestión de Relaciones con los Clientes (CRM) y la Planificación de Recursos Empresariales (ERP), así como de fuentes externas como la investigación de mercado y las redes sociales, los SSD pueden ofrecer una visión integrada del ecosistema de la organización. Mediante el uso de sofisticadas herramientas analíticas, el sistema puede procesar grandes cantidades de datos para extraer información valiosa. La integración de IA con SSD hace uso de técnicas como el aprendizaje automático, el análisis predictivo y la minería de datos para identificar patrones, correlaciones y tendencias ocultas que pueden estar afectando el rendimiento de la organización. Al analizar datos históricos y en tiempo real, los SSD pueden identificar tendencias que son fundamentales para comprender los cambios sociales y la dinámica del mercado. Esto puede incluir tendencias demográficas, comportamiento de los consumidores, indicadores económicos o avances tecnológicos que pueden afectar la estrategia de la organización.

Al combinar datos provenientes de diferentes fuentes, los SSD, reforzados con IA, pueden crear conocimiento, proporcionar información y recomendaciones que apoyen a los líderes a tomar decisiones. Por ejemplo, el sistema puede sugerir momentos óptimos para el lanzamiento de productos, identificar inversiones rentables o advertir de posibles interrupciones en la cadena de suministro. En lugar de tomar decisiones basadas en datos aislados, los SSD reforzados con IA proporcionan a los líderes una visión holística de la información. Esto significa que las decisiones se pueden tomar con una comprensión integral de cómo los diferentes factores interactúan e influyen entre sí, lo que conduce a opciones estratégicas más sólidas y sostenibles. Al integrar y analizar los datos de esta manera, los SSD facultados con IA transforman los datos no procesados en inteligencia estratégica que se puede utilizar para impulsar a la organización. Es un proceso que no sólo mejora la toma de decisiones, sino que también fortalece la capacidad de la organización para adaptarse y liderar el cambio en un mundo cada vez más complejo y cambiante.

Los SSD facultados con IA no son solamente una herramienta para apoyar la toma de decisiones operativas, también son un recurso poderoso para la planificación estratégica. Una de las características más valiosas de los SSD facultados con IA es su capacidad para modelar diferentes escenarios, lo que permite a los líderes evaluar los riesgos y oportunidades a corto y largo plazo. Este apoyo estratégico es invaluable para navegar en un mundo incierto y en constante cambio. El apoyo a la planificación estratégica que ofrecen los SSD facultados con IA es un activo fundamental para las organizaciones que se esfuerzan por tener éxito en un entorno cada vez más complejo e impredecible. Los SSD van más allá del apoyo a la toma de decisiones operativas y sirven como un poderoso recurso para dar forma al futuro a través de la visión estratégica y la previsión.

Mediante el uso de datos históricos, tendencias actuales y posibles eventos futuros, los SSD pueden crear escenarios detallados de los efectos que pueden tener las diferentes decisiones estratégicas. Esto puede incluir todo, desde el lanzamiento de nuevos productos, la introducción de nuevos servicios en el sector público, hasta los cambios sociales y los cambios en las condiciones y regulaciones del mercado. Los SSD ayudan a los líderes a identificar y evaluar tanto los riesgos como las oportunidades. Al analizar los datos, el sistema puede detectar amenazas potenciales que podrían socavar la estabilidad de la organización o identificar condiciones favorables que puedan explotarse para el crecimiento. Cuando a los SSD se incorpora la IA, el líder puede obtener un uso óptimo de la tecnología.

Con los SSD, los líderes pueden desarrollar una estrategia basada en información, a su vez respaldada por datos concretos, en lugar de suposiciones o intuición. Esto significa que cada decisión estratégica está sustentada por una base sólida de hechos y análisis, lo que aumenta la probabilidad de éxito y minimiza el riesgo de errores costosos. Al utilizar los SSD para la planificación estratégica, las organizaciones pueden prepararse para el futuro anticipando diversas eventualidades. Esto significa que los líderes pueden ser proactivos en lugar de reactivos. Este es un aspecto crucial en una realidad donde los cambios en las condiciones y la adaptación son los elementos constantes.

Los SSD ofrecen a las organizaciones la flexibilidad para adaptar rápidamente sus planes en función de la nueva información. Esto es crucial en un mundo que cambia rápidamente. Son además una herramienta esencial para la planificación estratégica, que ayuda a los líderes a navegar por las incertidumbres y las condiciones comerciales dinámicas. Estos sistemas promueven una mejor comunicación y colaboración al brindar a todos los miembros de la organización la misma información y condiciones. Esto conduce a discusiones y decisiones más enfocadas y orientadas a objetivos. Los sistemas deben poder adaptarse a las necesidades y tamaño de la organización, lo que convertirá a los SSD facultados con IA en una buena inversión a largo plazo.

Consideraciones éticas

La IA y los SSD tienen muchas ventajas, pero tenemos que pensar en la ética. Para mantener la confianza, es necesario gestionar cuidadosamente la privacidad de los datos, el sesgo de los algoritmos y la responsabilidad por las decisiones equivocadas.

Además, es importante proteger los datos personales de los individuos y manejarlos de manera responsable. En la toma de decisiones, es importante adoptar medidas para garantizar la privacidad mientras se utilizan la IA y los SSD. Los responsables del tratamiento de datos desempeñan un papel importante en este sentido.

Al crear sinergias entre diferentes especialistas en datos, como científicos, ingenieros y administradores de datos, se puede lograr el éxito. También es importante que los responsables de datos (CDO[3], por sus siglas en inglés) se aseguren de que los datos se utilicen de manera justa y responsable, al mismo tiempo que brindan a los usuarios un acceso seguro a los mismos.

Fomentar la alfabetización en datos, lo que implica que todos los miembros de una empresa sean capaces de formular las preguntas adecuadas sobre los datos, generar conocimiento,

---

[3] Un Chief Data Officer (CDO) es un ejecutivo senior responsable de la gestión y utilización de los datos dentro de una organización. El rol del CDO es cada vez más crucial a medida que las empresas utilizan los datos para impulsar la toma de decisiones, la innovación y la ventaja competitiva.

argumentar el uso de datos y tomar decisiones basadas en ellos, es una parte importante para garantizar su uso responsable. Al integrar estas consideraciones en la discusión de los aspectos éticos de la IA y de los SSD, podemos promover un uso más consciente y responsable de las tecnologías. Adicionalmente, lograr un equilibrio entre la protección de la privacidad de los usuarios y permitir el uso de la IA y de los SSD para tomar decisiones informadas es un desafío, pero es fundamental para mantener la confianza en estas tecnologías.

Otro tema importante a explorar es el tema del sesgo, la injusticia y el sesgo en los algoritmos. ¿Cómo podemos identificar y abordar los posibles sesgos en los algoritmos que impulsan la IA y los SSD? ¿Qué métodos y directrices se pueden implementar para minimizar el riesgo de decisiones injustas y garantizar que la tecnología se utilice de manera justa e inclusiva? En cuanto al tema del sesgo en los algoritmos, es importante identificar y abordar cuáles posiblemente impulsan la IA y los SSD. Para minimizar el riesgo de decisiones injustas y garantizar que la tecnología se utilice de manera equitativa e inclusiva, se pueden implementar varios métodos y directrices.

Un método para manejar esto en los algoritmos es realizar evaluaciones cuidadosas de los datos utilizados para entrenar y probar los algoritmos. El desarrollo y la aplicación de directrices para la transparencia algorítmica y la rendición de cuentas también pueden ayudar a minimizar el riesgo de sesgo en los algoritmos. Al revelar abiertamente cómo funcionan los algoritmos y qué fuentes de datos se utilizan, los usuarios pueden obtener información sobre el proceso de toma de decisiones y ayudar a identificar cualquier sesgo o injusticia. Además, el uso de conjuntos de datos diversificados y representativos puede ayudar a reducir estos riesgos en los algoritmos. Al incluir diversas perspectivas y experiencias en los datos de entrenamiento, los algoritmos pueden reflejar y gestionar mejor la complejidad de las situaciones del mundo real, reduciendo así la posibilidad de incurrir en decisiones injustas. Al integrar estos métodos y directrices podemos trabajar para crear algoritmos más equitativos e inclusivos en SSD facultados con IA. Abordar activamente el problema del sesgo en los algoritmos es crucial para garantizar que la tecnología se utilice de una manera que beneficie a todos los miembros de la sociedad.

Discutir la responsabilidad por las decisiones equivocadas también es crucial. ¿Qué actores e instituciones deben rendir cuentas cuando al usar la IA y los SSD se toman decisiones equivocadas? ¿Cómo podemos establecer políticas y mecanismos claros de rendición de cuentas para garantizar que la tecnología se utilice de manera que beneficie a la sociedad en su conjunto? Al explorar y reflexionar cuidadosamente sobre estas consideraciones éticas, podemos ayudar a promover un uso más consciente y responsable de los SSD facultados con IA.

El liderazgo del futuro

Los futuros líderes deben estar equipados con el conocimiento para comprender e implementar la IA y los SSD de manera que beneficie a sus organizaciones. Esto significa no sólo comprender el aspecto técnico, sino también desarrollar la capacidad de liderar a través del cambio, fomentar una cultura de aprendizaje continuo y garantizar que el uso de la tecnología esté alineado con los valores y objetivos de la organización.

Estas reflexiones tienen como objetivo inspirar y guiar a los líderes en su viaje hacia la adopción de la IA y de los SSD. Al comprender el potencial y los desafíos que traen estas tecnologías, los líderes pueden posicionar a sus organizaciones para aprovechar al máximo la era digital. Es un viaje que requiere tanto visión como cuidado, pero las recompensas pueden ser enormes para aquellos que logran abrirse camino a través de esta área.

El liderazgo del futuro requerirá una mayor flexibilidad y adaptabilidad al cambio, así como una comprensión más profunda de la tecnología y de las herramientas digitales para revolucionar la forma en que trabajan las empresas. Los líderes también serán responsables de conectar los procesos, los productos y las experiencias de los usuarios para elevar la productividad y la eficiencia. Además, los líderes deberán centrarse en crear un clima que fomente el autoliderazgo y la responsabilidad, asumiendo la responsabilidad activa de sus empleados y su éxito. Para lo cual se requiere de una buena comunicación y la capacidad de liderar y ser guiado por una visión y estrategia, así como una buena capacidad para identificar y utilizar los conocimientos de sus empleados. El futuro del liderazgo y el autoliderazgo en las organizaciones será una parte importante en la creación de un lugar de trabajo eficiente y productivo. El liderazgo del futuro significará una nueva forma de liderar, donde los protagonistas deben ser más flexibles y adaptables al cambio, al mismo tiempo que crean una cultura de aprendizaje y desarrollo continuos.

La IA y los SSD serán herramientas clave para respaldar y mejorar el liderazgo al proporcionar información, automatizar procesos y facilitar decisiones basadas en datos. Los líderes que sean capaces de integrar y aprovechar ambas tecnologías de forma ética y estratégica podrán impulsar a sus organizaciones hacia el éxito en la era digital. Estas herramientas pueden ser útiles para entrenar y desarrollar a los empleados, monitorear el progreso y brindar apoyo a los equipos. Al mismo tiempo, es importante recordar que factores clave como la inteligencia humana y la comprensión emocional seguirán siendo cruciales para el éxito del liderazgo.

En el sector público, la IA y los SSD pueden desempeñar un papel crucial a la hora de garantizar la justicia social y la utilización adecuada del sistema de bienestar. Mediante el uso de estas herramientas, los líderes del sector público pueden obtener información que les ayude a optimizar el uso de los recursos, mejorar la prestación de servicios y crear servicios de bienestar más equitativos e inclusivos para los ciudadanos.

Para profundizar en el conocimiento de cómo las tecnologías objeto de este libro pueden potenciar el liderazgo, consulte los capítulos 2 y 3.

La importancia de la metodología ágil en los sistemas modernos de SSD

La metodología ágil se centra en la flexibilidad, la rapidez y la mejora continua. Divide las actividades de cambio en tareas y etapas más pequeñas, lo que permite a la organización adaptarse rápidamente e incorporar los comentarios de las partes interesadas. El trabajo se lleva a cabo en etapas más cortas, a menudo llamadas sprints, con revisiones periódicas y retrospectivas para evaluar y mejorar el proceso.

Las metodologías ágiles, como Scrum[4] y Kanban[5] fomentan la colaboración, los equipos autoorganizados y un proceso de desarrollo iterativo. Este enfoque es particularmente útil en organizaciones donde los requisitos pueden cambiar rápidamente y donde es importante poder entregar resultados provisionales temprano y con frecuencia.

---

[4] Scrum es un marco de trabajo ágil utilizado en el desarrollo de software y la gestión de proyectos para mejorar la colaboración y la eficiencia en equipos de trabajo. Se basa en iteraciones cortas llamadas sprints que suelen durar entre 1 y 4 semanas, durante las cuales se desarrolla un conjunto específico de tareas.

[5] Kanban es una metodología para gestionar y mejorar los flujos de trabajo en una organización. Originada en la industria manufacturera, ahora se utiliza ampliamente en el desarrollo de software y otros campos. Kanban se centra en visualizar el trabajo, limitar el trabajo en curso y mejorar continuamente la eficiencia y la calidad.

Una metodología ágil en los sistemas SSD con IA es crucial para el liderazgo en el entorno empresarial actual. Mediante el uso de metodologías ágiles, los líderes pueden garantizar que los sistemas SSD con IA puedan adaptarse rápidamente a las necesidades cambiantes del negocio y a los avances tecnológicos. Esto permite un uso más eficiente y adaptable de la IA en la toma de decisiones y ayuda a los líderes a basarlas en datos y en la información que de ellos puede derivar.

Además, la metodología ágil fomenta una cultura de aprendizaje continuo y colaboración, que es esencial para el liderazgo efectivo en el desarrollo. Al aplicar los principios ágiles, los líderes pueden crear un entorno en el que se anime a los equipos a experimentar, a aprender de los éxitos y fracasos, y a adaptarse rápidamente en función de los conocimientos y los comentarios.

Un ejemplo del sector privado que pone de relieve la importancia de la metodología ágil en los sistemas SSD modernos, es una empresa de medios de comunicación con la que he trabajado durante los últimos dos años (no la puedo nombrar por razones de acuerdos de confidencialidad). Mediante la implementación de metodologías ágiles para el desarrollo y la mejora de su SSD, la empresa se ha adaptado rápidamente a las demandas cambiantes de los socios comerciales y clientes, lo que ha permitido un desarrollo continuo e iterativo de la oferta de productos y servicios. Como resultado de esta implementación, la empresa de medios superó sus expectativas de ventas en un 25%. Este ejemplo muestra cómo la metodología ágil desempeña un papel central en la satisfacción de las demandas dinámicas de los sistemas modernos de apoyo a la toma de decisiones en el sector privado.

En un entorno operativo ágil, la IA puede ayudar de varias maneras. Un ejemplo es que la IA se puede utilizar para predecir y adaptarse a las necesidades cambiantes de los clientes mediante el análisis de grandes cantidades de datos en tiempo real. Esto puede ayudar a las empresas a adaptar rápidamente sus productos y servicios para satisfacer mejor las demandas y deseos de los clientes. Además, la IA es ideal para automatizar y optimizar procesos, lo que puede conducir a una mayor eficiencia y a una toma de decisiones más rápida en un entorno empresarial ágil.

La IA desempeña un papel importante en el desarrollo de los SSD en el sector público. Al analizar rápidamente grandes cantidades de datos, la IA puede mejorar la toma de decisiones y abordar problemas complejos.

Las herramientas de IA mejoran la comunicación y la colaboración dentro de las organizaciones, lo que facilita el intercambio de información de forma rápida y eficiente. A través del aprendizaje automático, las organizaciones también pueden predecir eventos futuros en función de datos históricos.

En las diferentes organizaciones, esto permite ser proactivos en sus decisiones y prepararse para el futuro de manera efectiva. En una era que demanda mayores ahorros y reducción de costos, una metodología de trabajo ágil puede ayudar a las organizaciones públicas a adaptarse mejor al cambio y satisfacer las exigencias tanto políticas como de los ciudadanos.

Ver Capítulo 4: Modelo de integración de los sistemas de soporte a la decisión del refractor " para obtener una descripción más detallada del modelo refractor y los métodos ágiles para implementar IA y SSD en el negocio.

Una anécdota divertida en este contexto

Un hombre joven se para en un campo y mira a su alrededor a las ovejas que pastan. El granjero encargado de las ovejas se acerca al tipo y le pregunta qué está haciendo allí. El joven le dice al granjero:

"Si te digo cuántas ovejas están pastando, ¿puedo quedarme con una de las ovejas?".

"Sí", dice el granjero, "suena razonable"

El chico va a su nuevo Audi, saca su increíble equipo con la última tecnología para visualización y geolocalización. Instala el equipo, escanea el campo y rápidamente obtiene un resultado. El tipo le dice al granjero:

"Hay 673 ovejas pastando en el campo".

"Fantástico, absolutamente increíble", dice el granjero. "Está bien, adelante, toma una oveja", continúa el granjero.

Cuando el chico está a punto de irse, el granjero le dice:

"Si puedo adivinar cuál es tu profesión, ¿recuperaré a mi animal?".

El joven responde inmediatamente:

"Es difícil de adivinar, especialmente hoy domingo cuando estoy vestido así, pero adelante, adivina".

"Sí", dice el granjero, "usted es un consultor técnico".

El joven, muy sorprendido, respondió:

"¡Fantástico! ¿Cómo lo sabe?".

"Porque cumple con las tres características de un consultor tecnológico. Viene sin ser invitado a ofrecer sus servicios", continúa el granjero, "luego me dice cosas que ya sabía, es decir, que tengo 673 ovejas, cosa que he sabido todo el tiempo". El granjero continúa, "pero lo más importante, y lo que me confirmó sobre su profesión, fue que no sabe nada de mi negocio, ya que el animal que pone en su coche es mi perro, no una oveja".

Este chiste contiene varios elementos que pueden proporcionar información a los líderes y a las personas que quieren ser consultores como profesión. Estas son algunas de las ideas de la broma:

1. **El valor del conocimiento práctico**:

    - El granjero tiene un profundo conocimiento de su zona y conoce bien a sus animales, conocimiento del que carece el consultor técnico. Muestra la importancia de la experiencia práctica y la comprensión del negocio, además de los conocimientos teóricos o las herramientas técnicas. El consultor de la broma no identifica correctamente a los animales, lo que indica una falta de comprensión del negocio del cliente. Los consultores siempre deben esforzarse por comprender los conceptos básicos y los detalles de la industria en la que trabajan para ofrecer consejos relevantes y útiles.

2. **Limitaciones de la tecnología**:

    - La tecnología que utiliza el consultor impresiona inicialmente, pero no ofrece resultados significativos. Esto ilustra que la tecnología, por muy avanzada que sea, tiene sus limitaciones y debe utilizarse como complemento de la experiencia humana y no como sustituto.

3. **Comunicación y expectativas**:
   - El consultor no se comunica de manera efectiva con el granjero y malinterpreta la situación. Esto subraya la importancia de una comunicación clara y de garantizar que todas las partes tengan un entendimiento común de las necesidades y expectativas de la asignación.

4. **Humildad y aprendizaje**:
   - El exceso de autoconfianza del consultor lo lleva a cometer un error fundamental, se le escapan detalles importantes y comete un error vergonzoso. Los consultores deben ser humildes, receptivos y estar dispuestos a aprender de los clientes, y no asumir que lo saben todo. Para un líder, es un recordatorio de la importancia de ser humilde y estar abierto a aprender de aquellos que tienen experiencia práctica, independientemente de su educación formal o capacidad técnica.

5. **Construcción de relaciones**:
   - El granjero y el consultor tienen diferentes perspectivas y necesidades. Para un líder es importante comprender y respetar las diferentes perspectivas para construir buenas relaciones y colaborar de manera efectiva. Las acciones del consultor socavan la confianza. Para construir relaciones a largo plazo, es importante que los consultores muestren respeto por el conocimiento y la experiencia del cliente y se esfuercen por ser dignos de confianza.

6. **Evaluación de servicios y asesoramiento:**

    - El granjero reconoce el valor (o la falta de él) de los servicios del consultor y lo evalúa en función de sus propias necesidades y conocimientos. Esto pone de manifiesto la importancia de revisar críticamente el asesoramiento y los servicios externos para garantizar que realmente añaden valor. El consultor trata de aplicar una solución técnica sin tener en cuenta las realidades prácticas del campo. Los consultores deben adaptar su asesoramiento y soluciones a la situación y necesidades específicas del cliente, en lugar de ofrecer soluciones estandarizadas.

Podemos concluir que: un líder debe tener en cuenta y aprender de los seis puntos señalados aquí, ya que, al adoptar estos aprendizajes, la eficiencia mejora, se construyen relaciones más sólidas con los clientes y se evitan errores comunes que pueden socavar la credibilidad y confianza.

Capítulo 1: Liderazgo en un nuevo mundo

Adaptación del liderazgo

Los líderes deben desarrollar habilidades de auto capacitación digital para liderar eficazmente a sus equipos y organizaciones. Esto incluye la comprensión de la IA y de los sistemas SSD, cómo evaluar y seleccionar soluciones tecnológicas y cómo optimizar los procesos empresariales utilizando herramientas digitales. Un líder, por ejemplo, en el sector manufacturero puede asistir a cursos sobre el internet de las cosas (IoT[6] por sus siglas en inglés) e Industria 4.0[7] para comprender cómo se pueden utilizar las tecnologías digitales en la optimización de los procesos de producción y en la reducción de costos [1]. Sin embargo, adaptar el liderazgo a la nueva era digital también conlleva desafíos y consideraciones. La resistencia al cambio y la falta de habilidades técnicas pueden ser barreras para aprovechar plenamente los beneficios de la digitalización y de la IA. Es importante que los líderes se tomen en serio estos desafíos y trabajen activamente para superarlos a través de la concienciación y la planificación estratégica.

---

[6] Internet de las Cosas (IoT) se refiere a la interconexión de dispositivos físicos a través de internet, permitiéndoles enviar y recibir datos. Estos dispositivos pueden incluir desde electrodomésticos vehículos hasta sensores industriales y dispositivos médicos.

[7] Industria 4.0 se refiere a la cuarta revolución industrial, caracterizada por la integración de tecnologías digitales avanzadas en los procesos de fabricación y producción. Esta transformación combina el internet de las cosas (IoT), la inteligencia artificial (IA), el análisis de big data y la automatización avanzada para crear fábricas inteligentes y sistemas de producción altamente eficientes y flexibles.

Gestión de decisiones basadas en datos:

Para tener éxito con las decisiones basadas en datos, éstos deben integrarse en el proceso de toma de decisiones de una manera significativa. Es decir, crear una estructura en la que los datos se utilicen como base para las decisiones, en lugar de depender únicamente de los métodos tradicionales. Los líderes deben utilizar el pensamiento crítico para evaluar los datos y considerar los aspectos éticos de su uso. Es importante garantizar que el uso de los datos sea justo, transparente y respete la privacidad de las personas afectadas por las decisiones. Los líderes del sector público pueden utilizar los datos para mejorar los servicios a los ciudadanos, respetando al mismo tiempo las normas de privacidad y protección de datos.

Fomentar una cultura de innovación:

La digitalización y la IA ofrecen oportunidades para la innovación continua. Los líderes deben fomentar una cultura en la que las nuevas ideas sean bienvenidas y en la que sea seguro experimentar y fracasar. Al fomentar la innovación, las organizaciones pueden adaptarse más rápidamente a las condiciones cambiantes del mercado y crear nuevas oportunidades de negocio. Los líderes actuales necesitan crear un entorno en el que la creatividad y las ideas puedan florecer. Esto puede incluir el establecimiento de laboratorios de innovación, hackathons[8] u otras plataformas en las que se anime a los empleados a pensar fuera de la caja y explorar nuevas soluciones. Por ejemplo, los líderes pueden organizar sesiones periódicas de lluvia de ideas en las que los equipos

---

[8] Hackathons son eventos intensivos de corta duración, generalmente de 24 a 48 horas, donde programadores, diseñadores y otros profesionales tecnológicos se reúnen para colaborar en proyectos de software o hardware. El objetivo es desarrollar soluciones innovadoras, prototipos o aplicaciones en un tiempo limitado.

pueden debatir y explorar propuestas para resolver retos técnicos.

Para fomentar una cultura de innovación, los líderes también deben estar preparados para aceptar el fracaso como parte del proceso. Experimentar y fracasar es una parte natural de la innovación y puede conducir a valiosas lecciones que impulsan a la organización hacia adelante. Por ejemplo, los líderes del sector de los startups[9] pueden animar al equipo a probar nuevas características de productos y servicios, incluso si existe el riesgo de fracaso, para aprender de los resultados y ajustar la estrategia. La innovación puede fomentarse mediante la creación de oportunidades para la cooperación interfuncional. Al romper las fronteras y permitir que diferentes departamentos y equipos trabajen juntos, las organizaciones pueden crear soluciones holísticas y beneficiarse de diferentes perspectivas y experiencias.

Para crear una cultura de innovación, la propia dirección debe ser su defensora. Esto significa invertir recursos y tiempo en iniciativas para innovar y comunicar claramente a toda la organización el compromiso que se tiene con la innovación. Los líderes pueden reservar una parte del presupuesto para la investigación y el desarrollo de nuevas tecnologías que mantengan competitivo y novedoso al negocio. Es importante recompensar y reconocer la innovación y a los innovadores dentro de la organización. Esto se puede hacer proporcionando premios, promociones u otros incentivos para fomentar y reforzar los comportamientos que conducen a la innovación. Los líderes del sector sanitario, por ejemplo, pueden crear un

---

[9] Startups son empresas emergentes que buscan desarrollar productos o servicios innovadores, generalmente con un modelo de negocio escalable. Estas empresas suelen estar en las primeras etapas de su ciclo de vida y se caracterizan por su enfoque en la innovación y el crecimiento rápido.

programa de premios que reconozca a los equipos o personas que han introducido soluciones de vanguardia para mejorar la atención al paciente.

Invertir en innovación no sólo es importante para mantener la ventaja competitiva, sino también para atraer y retener el talento que se esfuerza por marcar la diferencia y dar forma al futuro.

Desarrollo de competencias de capacitacion digital

Comprender los conceptos básicos de la IA y los sistemas SSD es crucial para navegar por la era digital. Los líderes deben tener una comprensión básica de cómo funciona la IA, sus casos de uso y su potencial para mejorar la toma de decisiones y los procesos empresariales. Por ejemplo, los líderes en el comercio minorista deben familiarizarse con los principios básicos del aprendizaje automático y el análisis predictivo. Esto les permitirá entender cómo utilizar la inteligencia artificial para optimizar tanto la gestión como la previsión del inventario.

Los líderes de hoy y de mañana deben ser capaces de evaluar diferentes soluciones tecnológicas y decidir cuáles se adaptan mejor a las necesidades y objetivos de su organización. Esto significa ser capaz de evaluar la madurez tecnológica, la facilidad de uso, los costes y la integración con los sistemas existentes.

Ser capaz de optimizar los procesos de negocio con herramientas digitales es clave para mejorar la eficiencia y la productividad en la organización. Esto puede significar el uso de herramientas de análisis para identificar cuellos de botella, automatizar tareas repetitivas y mejorar la colaboración entre departamentos. Por ejemplo, un gerente de marketing de un startup tecnológico podría implementar un sistema de administración de clientes (CRM[10] por sus siglas en inglés) para automatizar las interacciones con ellos y mejorar la eficiencia de las ventas mediante la entrega de ofertas más relevantes y personalizadas.

La evolución digital es rápida y continua, lo que significa que los líderes deben seguir aprendiendo y adaptándose a las nuevas tecnologías y tendencias. Es importante dar prioridad al aprendizaje y desarrollo continuo de capacidades para mantenerse al día con los últimos avances. Al desarrollar y fortalecer sus habilidades de capacitación digital, los líderes no sólo pueden liderar a sus organizaciones con éxito a través de la transformación digital, sino también posicionarlas para aprovechar las nuevas oportunidades y enfrentar los desafíos futuros. Invertir en habilidades digitales es invertir en el futuro y en la competitividad de la organización en el mercado global.

Desafíos y consideraciones en relación con la IA y los sistemas SSD

Pueden surgir desafíos con datos de diferentes orígenes que pueden estar incompletos, inseguros o inexactos. Por lo tanto, es importante implementar procesos de calidad de datos y garantizar que todos sean precisos, actuales y relevantes para evitar que las decisiones se basen en inexactitudes o engaños. El uso de la IA puede plantear cuestiones éticas en torno a la existencia de sesgos, la privacidad y la responsabilidad, mismos que ya tratamos en secciones anteriores. Es importante que los responsables de la toma de decisiones y los líderes tengan en cuenta estos aspectos y garanticen que los sistemas de IA sean

---

[10] CRM (Customer Relationship Management) es un sistema de gestión de las relaciones con los clientes que ayuda a las empresas a organizar, automatizar y sincronizar todas las interacciones con los clientes. El objetivo principal de un CRM es mejorar la satisfacción y fidelidad del cliente, así como aumentar las ventas y la rentabilidad.

transparentes, justos y cumplan con las leyes y reglamentos aplicables. También puede ser necesario desarrollar directrices y políticas éticas para guiar el uso de la IA y proteger tanto a la empresa como a sus clientes.

La implementación de sistemas de IA y SSD a menudo implica importantes inversiones iniciales en tecnología, capacitación e integración. Para mitigar riesgos, es importante evaluar cuidadosamente los costos y los rendimientos esperados para garantizar que las inversiones sean rentables a largo plazo. Los desafíos pueden surgir cuando no se obtienen los beneficios esperados o cuando los costos exceden el presupuesto. El uso de la IA y de los sistemas SSD puede aumentar el riesgo de ciberataques y violaciones a la seguridad de los datos. Es importante, por lo tanto, implementar medidas de seguridad sólidas y proteger la confidencialidad de los datos para evitar el acceso no autorizado y las actividades maliciosas. Los líderes deben asegurarse de que sus organizaciones sigan las mejores prácticas de protección de datos y se mantengan actualizados sobre las amenazas emergentes y las correspondientes medidas de seguridad. Los líderes son responsables de garantizar que se implementen y apliquen las pautas y políticas necesarias que garanticen dicha seguridad.

Abordar estos desafíos y consideraciones es fundamental para implementar con éxito la IA y los sistemas SSD y así beneficiarse de ellos. Al abordar dichos problemas de manera proactiva y estratégica, los líderes pueden crear una base sólida para optimizar el rendimiento empresarial, aumentar la innovación y satisfacer las expectativas de los clientes o ciudadanos en la era digital.

Como colofón, podemos estar de acuerdo en que, como líder, es de suma importancia garantizar que la IA y los sistemas SSD tengan acceso a datos de alta calidad para proporcionar información y decisiones fiables. Además, que la tarea del líder es garantizar que los sistemas de IA manejen los datos de manera ética y cumplan con las leyes y regulaciones. Esto significa desarrollar y mantener políticas que garanticen la integridad y la equidad, así como evitar los sesgos. Para implementar con éxito la IA, el líder también debe asegurarse de que el personal tenga las habilidades adecuadas. Esto debe implicar la contratación de especialistas y proporcionar la capacitación adecuada para que el personal pueda utilizar la tecnología de manera efectiva. Los líderes se enfrentan al reto de integrar los sistemas de IA con las estructuras de tecnología de la información (TI) existentes. Esto requiere una planificación y ejecución estratégica para garantizar que la infraestructura de los sistema funcione como un todo, sin ningún problema. Los líderes deben evaluar los costos de la inversión en comparación con el rendimiento esperado para asegurarse de que sea financieramente justificable y contribuya al éxito de la organización. Con el auge de la IA, los riesgos de violación de confidencialidad de datos también están aumentando. Es responsabilidad del líder asegurarse que se implementen medidas para protección de la información y también mantenerse actualizado sobre posibles amenazas.

Los líderes desempeñan un papel clave a la hora de abordar los retos relacionados con la IA y los sistemas SSD. Al abordar de forma proactiva los problemas relevantes, pueden crear una base sólida para mejorar la eficiencia empresarial, fomentar la innovación y satisfacer las expectativas de los ciudadanos o clientes en un mundo cada vez más digitalizado.

Desafíos y consideraciones

Además de lo que se ha mencionado, también podemos afirmar que la integración de nuevos sistemas SSD basados en IA con los sistemas informáticos existentes puede ser compleja y desafiante. Puede haber barreras técnicas, como problemas de incompatibilidad e interoperabilidad, que deban superarse. Es importante planificar y ejecutar cuidadosamente las estrategias de integración para garantizar que los sistemas puedan funcionar juntos sin problemas y maximizar las inversiones realizadas.

La gestión de todos los desafíos y consideraciones es crucial para implementar con éxito los sistemas de IA y SSD y así beneficiarse de ellos. Al abordar los problemas desafiantes de manera proactiva y estratégica, los líderes pueden crear una base sólida para optimizar el rendimiento empresarial, aumentar la innovación y satisfacer las expectativas de los clientes en la era digital.

Oportunidades con la IA y los SSD

La IA y los SSD ofrecen herramientas avanzadas para analizar grandes cantidades de datos de una manera que antes no era posible. Mediante el uso de algoritmos predictivos y de aprendizaje automático, las organizaciones pueden obtener información más detallada y tomar decisiones mejor informadas. Esto puede conducir a una mayor eficiencia y mejores resultados comerciales. La IA puede automatizar y optimizar muchos procesos empresariales, lo que puede conducir a una mejora de la eficiencia y la productividad. Los sistemas SSD se pueden utilizar para identificar procesos ineficientes, cuellos de botella y costos redundantes. Al optimizar estos procesos, las organizaciones pueden liberar recursos y mejorar el rendimiento empresarial. La IA ofrece oportunidades para la innovación continua mediante la identificación de nuevos patrones y tendencias.

La IA permite soluciones a medida y personalizadas para los ciudadanos, clientes y usuarios. Al analizar los comportamientos y las preferencias, las organizaciones pueden ofrecer productos y servicios a la medida que se ajusten a las necesidades individuales. Esto puede aumentar la satisfacción y la lealtad, lo que lleva a relaciones duraderas con los clientes y a la satisfacción de los ciudadanos. La implementación de sistemas de IA y SSD requiere un cambio cultural dentro de la organización. Los líderes deben fomentar una cultura en la que se fomente la innovación y la experimentación. Esto puede conducir a nuevas formas de resolver problemas y de crear nuevas oportunidades. Es importante que los líderes adopten un enfoque estratégico y holístico para garantizar que sus organizaciones estén preparadas para abordar estos desafíos y maximizar las oportunidades que ofrece la IA.

La implementación de la IA y los SSD puede tener profundas implicaciones sociales y culturales. Puede afectar al empleo, la educación, el acceso a los servicios y la igualdad. Los líderes deben estar conscientes de estas consecuencias y trabajar para minimizar los impactos negativos mientras maximizan los beneficios para la sociedad.

Necesidad de desarrollo de competencias para la IA y los SSD

Para navegar y liderar de manera efectiva en la era digital, es crucial que los líderes y los empleados comprendan los conceptos básicos de IA y SSD. Esto incluye poder explicar qué es la IA, cómo funciona y cuáles son sus posibilidades y limitaciones, si no lo han hecho ya, refiéranse a los capítulos 2, 3 y 4 de este libro para explicaciones más profundas de qué es la IA, los SSD y cómo funcionan los procesos de desarrollo e implementación. Además, los líderes deben ser capaces de evaluar qué partes de su negocio pueden beneficiarse de la IA, así como de qué manera integrar las tecnologías de IA de manera efectiva.

Como se mencionó anteriormente, la IA y los SSD trabajarán con grandes cantidades de datos que requieren una gestión y análisis avanzados. Es importante desarrollar habilidades para gestión de datos, incluida la forma de recopilarlos, almacenarlos, limpiarlos y analizarlos. Los líderes y los empleados deben ser capaces de utilizar los datos para sacar conclusiones, identificar tendencias y tomar decisiones informadas. Para desarrollar e implementar soluciones de IA, pueden ser necesarias habilidades técnicas básicas. Como por ejemplo comprender lenguajes de programación como Python, R o Java[11], así como tener la capacidad de trabajar con marcos de IA como TensorFlow o PyTorch[12]. Si bien los líderes no tienen que ser expertos en codificación, es importante que tengan una comprensión básica de los aspectos técnicos de la IA.

La IA y los SSD requieren que los líderes y los empleados sean capaces de identificar problemas que pueden resolverse con soluciones de IA. Es importante desarrollar la capacidad de pensar de manera estratégica e innovadora para implementar la IA de modo que cree valor agregado para la organización. Esto puede incluir comprender cómo diseñar estrategias de IA y modelos de negocio para maximizar el retorno de la inversión o utilizar correctamente los fondos fiscales. Para integrar con éxito la IA en una organización, es importante tener sólidas habilidades de comunicación y colaboración. Esto puede implicar trabajar entre departamentos y equipos para garantizar que las soluciones de IA respalden la estrategia y satisfagan las necesidades y expectativas de los usuarios.

- **Educación continua y cursos:** Ofrecer educación continua y cursos en IA, análisis de datos y habilidades técnicas para proporcionar a los empleados aquellas que necesitan para trabajar con IA y SSD.

---

[11] **Python, R y Java** son lenguajes de programación populares, cada uno con sus propias fortalezas y áreas de aplicación.

[12] **TensorFlow y PyTorch** son dos de los frameworks de código abierto más populares para el desarrollo de modelos de aprendizaje profundo (deep learning).

- **Experiencia práctica:** Crear oportunidades para realizar ejercicios prácticos y proyectos en IA para aplicar los conocimientos teóricos.

- **Mentoring y coaching:** Implementar programas de mentoring para apoyar a los líderes y empleados en la comprensión y aplicación de la IA en sus tareas específicas.

- **Talleres éticos:** Promover talleres y seminarios sobre aspectos éticos y legales de la IA para concienciar y garantizar un uso responsable de la tecnología.

La implementación de sistemas de IA y SSD a menudo requiere que las organizaciones actualicen su infraestructura técnica para respaldar las nuevas tecnologías. Esto puede incluir invertir en soluciones basadas en la nube, arquitecturas de bases de datos escalables y redes más rápidas. Los desafíos pueden surgir cuando los sistemas existentes están desactualizados o no son compatibles con las soluciones modernas de IA. Los sistemas y procesos existentes pueden ser complejos y contener una gran cantidad de reglas y procedimientos comerciales. Comprender y mapear estos procesos es crucial para integrar la IA y los SSD de manera efectiva. Puede ser necesario reestructurar o adaptar los procesos existentes para optimizar la integración y garantizar que los sistemas funcionen juntos sin problemas. La integración de la IA y los SSD con los sistemas existentes también debe tener en cuenta los requisitos de seguridad y confidencialidad. Es importante proteger los datos sensibles y garantizar que los sistemas cumplan con la normativa legal e interna de protección de datos. Esto puede implicar la implementación de sistemas seguros de autenticación y autorización, así como el uso de encriptado para proteger los datos en movimiento y en reposo. El éxito de la integración también requiere que los usuarios acepten y entiendan las nuevas tecnologías, lo que puede aplicarse a las nuevas interfaces de usuario, herramientas de informes y métodos de análisis.

Rentabilidad y retorno de la inversión con IA y SSD

Una de las mayores ventajas de implementar sistemas de IA y SSD es la capacidad de optimizar el uso de los recursos. Al automatizar tareas y procesos rutinarios, las organizaciones pueden reducir la necesidad de mano de obra y, por consiguiente, los costos laborales. Esto puede conducir a una asignación de recursos más eficiente y a una reducción de los costes operativos. Los SSD y la IA permiten mejorar la toma de decisiones al proporcionar información más precisa y fundamentada. Al analizar grandes cantidades de datos, los sistemas pueden identificar tendencias, patrones y correlaciones que antes eran difíciles de detectar. Esto puede conducir a mejores decisiones estratégicas, impactando positivamente tanto el rendimiento como la rentabilidad de la organización. Mediante el uso de la IA para automatizar los procesos de evaluación y predecir los resultados, las organizaciones pueden minimizar los errores y los riesgos. Esto puede reducir el costo de las pérdidas debidas a decisiones incorrectas o errores operativos. La IA también se puede utilizar para identificar riesgos potenciales en tiempo real, lo que permite a las organizaciones tomar medidas para minimizar los impactos negativos.

La IA y los SSD pueden agilizar las operaciones al reducir los costes operativos. Esto puede incluir desde la reducción del consumo de papel hasta la reducción del consumo de energía a través de la optimización de sistemas y procesos. La IA también se puede utilizar para supervisar y predecir las necesidades de mantenimiento, lo que reduce el coste de las reparaciones imprevistas y el tiempo de inactividad.

Mediante el uso de la IA para ofrecer experiencias personalizadas, las organizaciones pueden mejorar la satisfacción del cliente y aumentar su fidelidad. Es más probable que los clientes satisfechos regresen y recomienden la empresa a otros, lo que puede conducir a un aumento de los ingresos y un mejor retorno de la inversión (ROI por sus siglas en inglés) en IA y SSD.

Ejemplos de ROI con IA y SSD:

- Una empresa de comercio electrónico implementa un sistema de recomendación impulsado por IA para sus clientes. Esto conduce a un aumento en el valor promedio de los pedidos en un 15% y un aumento en la tasa de conversión en un 20%, lo que resulta en un ROI positivo de la inversión.

- Una empresa manufacturera utiliza la IA para optimizar su sistema de gestión de inventario. Esto reduce los niveles de inventario en un 30% al tiempo que mejora los niveles de servicio, impactando a la baja el costo de inventario y al alza las ventas, por lo tanto, un alto retorno de la inversión.

Maximizar el retorno de la inversión con IA y SSD requiere un enfoque holístico que integre la tecnología con la estrategia empresarial y los procesos operativos. Es importante que un líder mida y evalúe cuidadosamente el ROI para asegurarse de que las inversiones en IA y SSD proporcionen el valor esperado y contribuyan al éxito de la organización a largo plazo.

Si en el sector público un líder logra comprender a fondo el funcionamiento de la inteligencia artificial (IA) y los sistemas de soporte de decisiones (SSD), así como sus aplicaciones y beneficios para los servicios públicos, estará en posición de integrar de manera efectiva estas tecnologías con la estrategia y los procesos operativos de la organización. Esto garantizará que contribuyan plenamente a los objetivos de esta. Será capaz de desarrollar métodos para medir y evaluar con precisión el ROI de la IA y de los SSD, con un enfoque en el uso eficiente de los fondos fiscales. Además, el líder mantendrá la transparencia en el uso de los fondos fiscales y mostrará cómo las inversiones en IA y SSD aportan valor a los ciudadanos. Es importante involucrar a las partes interesadas, incluidos los ciudadanos, los políticos y otros funcionarios públicos, para garantizar que los sistemas satisfagan sus necesidades y expectativas. El líder debe gestionar el cambio de manera efectiva comunicando los beneficios y gestionando cualquier riesgo o resistencia que pueda surgir. Además, garantizará que la IA y los sistemas SSD se utilicen de manera ética y que no comprometan la privacidad o los derechos de los ciudadanos. Otras áreas que el líder supervisará incluyen la educación, el fomento de una cultura de innovación y el apoyo a la gestión basada en el desempeño.

Riesgos de seguridad y protección de datos con IA y SSD:

1. **Integridad y confidencialidad de los datos:** Uno de los mayores riesgos de seguridad asociados a la IA y a los sistemas SSD es el riesgo de integridad y confidencialidad de los datos. Dado que estos sistemas hacen uso de grandes cantidades de datos para generar información y tomar decisiones, es crucial garantizar que éstos no se manipulen ni se expongan a personas no autorizadas.

2. **Amenazas de ciberseguridad:** La implementación de sistemas de IA y SSD aumenta la exposición a las amenazas de ciberseguridad. Estos sistemas pueden ser el objetivo de piratas informáticos y ciberataques con el objetivo de robar información confidencial, manipular

datos o tomar el control del sistema. Por lo tanto, es importante implementar medidas y protocolos de seguridad sólidos para proteger los sistemas contra tales amenazas.

3. **Vulnerabilidades de confianza de los modelos de IA:** los modelos de IA pueden ser vulnerables a ataques diseñados intencionadamente para engañar al sistema. Esto puede incluir la manipulación de datos de entrenamiento, la inserción de malware o el aprovechamiento de debilidades en los algoritmos. Es importante probar y evaluar continuamente la seguridad de los modelos de IA para detectar y remediar cualquier vulnerabilidad.

4. **Protección de datos y requisitos legales:** La implementación de sistemas de IA y SSD requiere que las organizaciones cumplan con estrictas leyes de protección de datos y otros requisitos legales, especialmente cuando se trata de manejar información confidencial y datos personales. El mal manejo de los datos puede dar lugar a multas y otras sanciones legales, así como a dañar la reputación de la organización.

5. **Desafíos con la transparencia y la rendición de cuentas:** La IA y los SSD pueden ser difíciles de entender y ver, lo que puede conducir a una falta de transparencia en los procesos de toma de decisiones. Es importante que las organizaciones sean transparentes sobre cómo funcionan estos sistemas y cómo utilizan los datos para tomar decisiones. Además, los líderes deben asumir la responsabilidad de las consecuencias de las decisiones tomadas por los sistemas de IA.

6. **Error humano y uso indebido:** El error humano y el uso indebido de la IA y los SSD también pueden plantear

riesgos de seguridad. Es importante capacitar al personal sobre el uso adecuado de los sistemas e implementar pautas y controles estrictos para evitar daños accidentales o mal uso.

Cambios tecnológicos

Estos cambios son fundamentales y es de gran importancia que aquí se profundicen, por lo que se les dedica amplio espacio en los capítulos 2, 3 y 4.

Cambios en la sociedad

La digitalización y la introducción de la IA han cambiado radicalmente el comportamiento individual. Las personas ahora esperan experiencias de servicio rápidas y personalizadas, que son posibles gracias a tecnologías de IA (como el análisis predictivo y el aprendizaje automático). Esto ha creado un nuevo mercado en el que las empresas que pueden ofrecer este tipo de experiencias tienen una ventaja competitiva. La IA y la automatización han transformado el lugar de trabajo al mecanizar tareas que antes se realizaban manualmente. Esto ha conducido, y conducirá aún más en el futuro, a una reestructuración de los puestos de trabajo y a la demanda de nuevas competencias, tales como el análisis, la competencia técnica y la capacidad de resolución de problemas.

La introducción de la IA y de los sistemas SSD también ha afectado de diferentes maneras a las estructuras sociales y, se anticipa que las afectará aún más en el futuro. Ha cambiado también la forma en que operan los gobiernos y las instituciones públicas, por ejemplo, a través de la mejora de la eficiencia y la prestación de servicios. También ha planteado cuestiones éticas a propósito del uso de la IA en el sistema jurídico, las decisiones políticas y el impacto social. Los líderes deben mitigar estos asuntos con conciencia de las posibles consecuencias de sus decisiones. Además, la digitalización ha creado nuevos retos

49

relacionados con la brecha digital y la inclusión. Las comunidades y las organizaciones se enfrentan a desafíos para garantizar que todos tengan acceso y conocimiento de las herramientas digitales y las tecnologías de IA. Los líderes deben esforzarse por crear estrategias y programas inclusivos que garanticen que nadie se quede atrás en la transformación digital. Un ejemplo de cambio social es cómo se utilizan la IA y los SSD en la atención sanitaria para mejorar el diagnóstico y el tratamiento. Su uso ha llevado a decisiones de atención más rápidas y precisas, al mismo tiempo que ha creado nuevos desafíos con cuestiones éticas y privacidad del paciente. Otro ejemplo es cómo manejamos nuestro dinero y cómo hacemos los pagos, ya sea que se trate de pagos cotidianos (facturas mensuales), o que se trate de comprar un helado en el quiosco y, es aquí donde se presentan los mayores cambios.

Al comprender y adaptarse a los cambios sociales causados por la IA y la digitalización, los líderes pueden guiar con éxito a sus organizaciones a través de la era digital. Se necesita tomar conciencia de cómo la tecnología afecta el comportamiento del consumidor, el lugar de trabajo y la sociedad en general para crear estrategias que sean innovadoras y sostenibles a largo plazo. Al adoptar estos cambios, las organizaciones y las comunidades no sólo podrán sobrevivir, sino también prosperar en la economía digital que cambia rápidamente.

Impacto en el comportamiento del consumidor: digitalización e IA

La digitalización y la adopción de la IA han cambiado drásticamente el comportamiento de los consumidores al aumentar la expectativa de una experiencia de servicio más rápido y personalizado. Ahora los consumidores están acostumbrados a recibir respuestas instantáneas y recomendaciones personalizadas basadas en sus interacciones y comportamientos anteriores. Por ejemplo, los clientes que visitan un sitio web de comercio electrónico esperan recibir recomendaciones de productos basadas en sus patrones o preferencias de compra anteriores.

Las tecnologías de IA, como el análisis predictivo y el aprendizaje automático, permiten este servicio rápido y personalizado. Al analizar grandes cantidades de datos en tiempo real, los sistemas de IA pueden anticiparse a las necesidades de los clientes y actuar de forma proactiva para proponer ofertas y soluciones relevantes. Por ejemplo, basándose en patrones de consumo y preferencias anteriores, un servicio de streaming[13] puede utilizar el aprendizaje automático para recomendar películas o canciones que probablemente le gusten al cliente. La introducción de la IA ha creado un nuevo mercado en el que las empresas que pueden ofrecer experiencias altamente personalizadas tienen una ventaja competitiva significativa. Es más probable que los consumidores regresen a las empresas que entienden sus necesidades individuales y ofrecen soluciones personalizadas. Esto ha llevado a las empresas a invertir en tecnologías de IA para mejorar la experiencia del cliente, aumentando así la lealtad y los ingresos de los clientes.

Un ejemplo de cómo se utiliza la IA para influir en el comportamiento de los consumidores lo encontramos en el comercio al menudeo. Las grandes empresas minoristas están utilizando la IA para analizar los patrones de compra y predecir la demanda futura. Esta información se utiliza para optimizar la gestión del inventario, personalizar las ofertas de productos y crear campañas de marketing a la medida que atraigan a los clientes a comprar más.

---

[13] Streaming es, de acuerdo al diccionario Oxford, un método para enviar y recibir datos (video o audio) en una computadora de manera estable y continua, permitiendo que se reproduzcan al mismo tiempo que se descargan.

Desafíos y consideraciones

Si bien las tecnologías de IA han mejorado la experiencia del cliente, también existen desafíos y consideraciones que los líderes deben abordar. Esto incluye aspectos de protección de datos, la necesidad de garantizar la transparencia en el uso de los datos y evitar vulnerar la privacidad del cliente. La implementación de prácticas sólidas de protección de datos y pautas éticas es fundamental para generar y mantener la confianza de los clientes. Comprender cómo la digitalización y la IA han cambiado el comportamiento de los consumidores y, adaptarse a este cambio, puede ayudar a los líderes a crear estrategias que mejoren el compromiso y la lealtad de los clientes. Invertir en tecnologías de IA para ofrecer experiencias de servicio más rápidas y personalizadas puede ayudar a las empresas a seguir siendo competitivas en un mercado impulsado por lo digital. Es crucial seguir monitorizando y adaptándose a los cambios en el comportamiento de los consumidores para maximizar los beneficios a largo plazo que la adopción de la IA y la digitalización podrán aportar.

El lugar de trabajo también ha cambiado radicalmente con la IA y la automatización, mecanizando tareas que antes se realizaban manualmente. Esta transformación no sólo ha reestructurado los puestos de trabajo, sino que también ha creado nuevas exigencias sobre las competencias y habilidades de los empleados. Los líderes deben abordar estos cambios y asegurarse de que su fuerza laboral esté lista para la era digital. La automatización con la ayuda de la IA y el aprendizaje automático ha dado lugar a que muchas tareas repetitivas y basadas en reglas ahora sean realizadas por máquinas.

El aumento del uso de la IA ha creado una demanda de nuevas competencias y habilidades. El análisis de datos mediante sistemas de apoyo a la toma de decisiones es una habilidad clave, ya que las organizaciones ahora manejan grandes cantidades de datos que requieren análisis para extraer información significativa, las aplicaciones simples de hojas de cálculo ya no son suficientes. Las habilidades técnicas también son importantes, especialmente para comprender y utilizar las herramientas y plataformas de IA de manera efectiva. Las habilidades para la resolución de problemas son críticas porque los empleados a menudo tienen que resolver problemas complejos que surgen en el contexto de la implementación y el uso de la IA.

Los líderes desempeñan un papel clave en el apoyo al desarrollo profesional y al aprendizaje permanente para garantizar que su fuerza laboral pueda adaptarse a las nuevas habilidades requeridas. Esto puede incluir proponer programas de capacitación en análisis de datos, tecnologías de IA y aprendizaje automático, así como fomentar una cultura de mejora continua e intercambio de conocimientos dentro de la organización. Al invertir en el desarrollo de habilidades, las organizaciones pueden mejorar el rendimiento y la productividad de los empleados. Los empleados que tienen las habilidades y los conocimientos adecuados pueden contribuir mejor a los objetivos de la empresa y al éxito general. Además, las oportunidades de movilidad interna y desarrollo profesional para los empleados aumentan a medida que éstos desarrollan nuevas habilidades relevantes para la era digital. Un ejemplo de cómo la IA y la automatización han cambiado el lugar de trabajo es el servicio al cliente. Los chatbots[14] basados en IA ahora pueden manejar una gran parte de la atención al cliente respondiendo preguntas comunes y resolviendo problemas simples. Esto libera tiempo para que los profesionales de servicio al cliente se centren en casos de clientes más complejos que requieren interacción humana y empatía.

---

[14] Chatbot es un programa informático diseñado para simular una conversación humana.

Comprender y gestionar los cambios en el lugar de trabajo y los nuevos requisitos de habilidades puede ayudar a los líderes a garantizar que su organización esté preparada para la transformación digital. Invertir en el desarrollo de las habilidades de los empleados es fundamental para crear una fuerza laboral flexible y adaptable que pueda beneficiarse del uso de la IA y la automatización a largo plazo. La digitalización ha revolucionado nuestra sociedad y nuestras organizaciones mediante la introducción de tecnologías avanzadas como la IA y los sistemas SSD. Al mismo tiempo, también ha creado nuevos desafíos como la brecha digital o la inclusión. Es crucial que los líderes sean conscientes de estos desafíos y tomen iniciativas para crear un futuro digital más inclusivo. Uno de los mayores desafíos es garantizar que todos tengan acceso a herramientas y recursos digitales.

Muchas personas y grupos pueden estar subrepresentados en lo que respecta a las habilidades digitales y el acceso a la tecnología. Esto puede conducir a un aumento de la brecha digital en el que ciertos grupos o individuos no tienen la misma oportunidad de beneficiarse de las ventajas que pueden ofrecer la IA y los sistemas SSD. Para reducir dicha brecha digital, es importante que los líderes trabajen en la creación de estrategias y programas inclusivos. Esto significa ofrecer formación específica en habilidades digitales a grupos infrarrepresentados, así como garantizar que la tecnología sea accesible y utilizable para todos. También es importante considerar cómo se puede utilizar la IA para promover la inclusión, por ejemplo, ofreciendo acceso a la información en varios idiomas o apoyando a las personas con discapacidad.

En el desarrollo y la implementación de sistemas de IA y de SSD, es importante incluir diferentes voces y perspectivas. Las decisiones tomadas a través de la IA pueden afectar a diferentes grupos de diferentes maneras, por lo que es crucial garantizar que estos sistemas sean justos y no reproduzcan ni amplifiquen las injusticias o discriminaciones existentes. Los líderes deben ser conscientes de la posibilidad de que se produzcan desequilibrios en los algoritmos de IA e implementar medidas para mitigar estos riesgos.

La brecha digital también puede estar vinculada a barreras económicas y sociales. A algunos grupos les puede resultar difícil permitirse las nuevas tecnologías o adaptarse a los nuevos flujos de trabajo digitales. Por lo tanto, es importante que los líderes trabajen para reducir estas barreras ofreciendo apoyo financiero, subsidios o incluso iniciativas públicas para hacer que la tecnología sea más accesible para todos. Un ejemplo de iniciativa para la inclusión es ofrecer cursos de habilidades digitales para adultos mayores o para que familias de bajos ingresos mejoren sus habilidades y confianza con herramientas digitales. Otra medida podría ser incluir a representantes de diferentes grupos y comunidades minoritarias en la toma de decisiones en torno a estrategias y proyectos digitales. Al abordar y cerrar la brecha digital y promover estrategias inclusivas, los líderes promueven una transformación digital más equitativa y sostenible. Esto no sólo beneficia a las personas y comunidades afectadas por la grieta digital, sino que también puede ayudar a las organizaciones a acceder a un grupo de talentos más amplio y crear entornos de trabajo más sostenibles e inclusivos. Al priorizar la inclusión en las iniciativas digitales, los líderes pueden garantizar que todos tengan la oportunidad de beneficiarse de las ventajas que pueden ofrecer la IA y los SSD.

Creando un camino a seguir

La integración de nuevas tecnologías, como la IA y los sistemas SSD, requiere de una estrategia y un plan bien estructurados. El líder debe pensar en estrategias y pasos concretos para identificar soluciones tecnológicas apropiadas, evaluar su potencial e implementarlas de manera efectiva en la organización. Esto puede incluir la exploración de diferentes proveedores y plataformas, la realización de proyectos piloto para probar las tecnologías y el desarrollo de un plan de implementación a largo plazo. Una parte fundamental del éxito de la IA y los sistemas SSD es crear un equipo competente con habilidades digitales. El líder debe pensar y crear ideas sobre qué roles y habilidades se requieren, cómo reclutar y retener empleados digitalmente competentes y cómo desarrollar las habilidades de los miembros del equipo existentes a través de la capacitación y la mejora de habilidades.

Esto incluye comunicar una visión clara para el panorama tecnológico futuro, inspirar y motivar al equipo y tomar decisiones que apoyen la transición de la organización a las nuevas tecnologías.

Con el fin de obtener ejemplos de referencia concretos y conocimientos prácticos, el líder debe encontrar estudios de casos y ejemplos prácticos de su industria y de otras organizaciones que han estado en una situación similar a la propia. Los ejemplos pueden ayudar al líder a comprender y obtener información que le puede ayudar a navegar por la transformación digital, superar los desafíos y crear resultados exitosos mediante la adopción de IA y sistemas SSD.

Hago hincapié en la importancia de mantenerse enfocado en la sostenibilidad y el crecimiento a largo plazo en la era digital. No sólo se trata de adaptarse a los cambios tecnológicos actuales, sino también de preparar a la organización para futuras innovaciones y desafíos. Esto incluye la construcción de una infraestructura sólida para las transformaciones digitales, el fomento de una cultura de mejora continua y crecimiento sostenible y, ser lo suficientemente flexible como para adaptarse a los rápidos cambios en el mercado.

Al obtener orientación y asesoramiento sobre estrategias para la integración de la tecnología, la formación de equipos, la cultura empresarial y la sostenibilidad a largo plazo, el líder está equipado con las herramientas y los conocimientos necesarios para liderar con éxito su organización en el nuevo mundo de la IA y los sistemas SSD. Al invertir en habilidades digitales y crear una cultura de innovación, las organizaciones no sólo pueden sobrevivir, sino también prosperar en la era digital y construir un futuro sostenible.

Estrategias para la integración de nuevas tecnologías

Después de identificar las posibles soluciones tecnológicas, el siguiente paso es evaluar cuidadosamente su potencial. Esto puede incluir analizar cómo la tecnología puede mejorar la toma de decisiones, optimizar los procesos comerciales, aumentar la productividad o mejorar la experiencia del cliente. El líder debe considerar tanto los beneficios directos como los riesgos o desafíos potenciales asociados con cada solución tecnológica. Una estrategia eficaz para probar y validar soluciones tecnológicas es llevar a cabo proyectos piloto o prototipos. Estos dan a la organización la oportunidad de probar la tecnología en un entorno controlado y evaluar su rendimiento y eficacia en la práctica. También pueden proporcionar información sobre cómo integrar la tecnología con los sistemas y procesos existentes.

Para garantizar una implementación fluida y exitosa, es crucial desarrollar un plan de implementación a largo plazo. El plan debe incluir objetivos y metas claras para la adopción de la tecnología, la planificación de los recursos para garantizar el personal y el presupuesto adecuados y, una estrategia para capacitar e involucrar al personal en la nueva tecnología. Para encontrar la mejor solución tecnológica, puede ser valioso explorar diferentes proveedores y plataformas en el mercado.

Esto incluye la comparación de características, precios, soporte e integraciones disponibles. Tener una amplia gama de opciones puede ayudar al líder y a la organización a elegir la solución que mejor se adapte a sus necesidades y circunstancias específicas.

Una parte importante de la estrategia de implementación es, una vez más, la capacitación y la gestión del cambio. Es importante asegurarse de que el personal esté capacitado en la nueva tecnología y que haya apoyo y recursos disponibles para ayudarlos a adaptarse al cambio. La gestión del cambio también es crucial para enfrentar la resistencia natural al cambio y garantizar una transición fluida a la nueva tecnología.

Al seguir estas estrategias, el líder puede integrar de manera efectiva nuevas tecnologías como la IA y los sistemas SSD, aprovechando así su potencial para mejorar el rendimiento, optimizar los procesos comerciales y enfrentar los desafíos del futuro.

El papel del liderazgo en la promoción de la adaptación

El liderazgo desempeña un papel crucial en la creación de una cultura corporativa que promueva la adaptación a las nuevas tecnologías, como la IA y los SSD. Es responsabilidad del líder crear un entorno en el que el cambio se vea como una oportunidad y no como una desventaja. Una de las tareas más importantes para los líderes es definir y comunicar una visión clara de cómo se pueden utilizar la IA y los SSD para mejorar las operaciones de la organización y alcanzar sus objetivos. Esto significa comunicar claramente cómo las tecnologías pueden ayudar a resolver los desafíos comerciales, aumentar la eficiencia y crear nuevas oportunidades. Por ejemplo, el líder puede afirmar claramente que: al implementar la IA para analizar la información del área comercial, la organización puede mejorar la experiencia del cliente y aumentar las ventas al proponer ofertas personalizadas basadas en preferencias y tendencias. El líder debe fomentar una cultura de aprendizaje y adaptación a las nuevas tecnologías. Esto significa crear un entorno en el que sea seguro probar nuevas ideas y en el que el fracaso se vea como parte del proceso de aprendizaje.

El líder debe actuar como un modelo a seguir y mostrar compromiso con la adaptación y el uso de las nuevas tecnologías. Por lo que debe estar dispuesto a aprender y desafiarse a sí mismo, así como apoyar los esfuerzos de su equipo para implementar nuevas tecnologías. Al participar activamente en discusiones sobre IA y SSD, hacer preguntas y demostrar cómo se pueden usar las tecnologías para resolver desafíos comerciales, los líderes pueden inspirar y motivar a sus equipos. Al celebrar reuniones periódicas para debatir nuevas ideas e iniciativas, así como para recompensar y reconocer las contribuciones innovadoras, los líderes pueden fomentar la creatividad y las nuevas perspectivas. Esto significa, entre otras cosas, crear una plataforma en la que los empleados se sientan seguros para expresar sus opiniones y en la que la dirección escuche activamente y responda a las necesidades y sugerencias de los empleados.

Por lo tanto, al asumir un papel activo y comprometido en la promoción de la adaptación a nuevas tecnologías como la IA y los SSD, los líderes pueden crear un entorno en el que la innovación y el progreso sean posibles. Al comunicar claramente la visión, crear una cultura de aprendizaje y adaptación, actuar como modelos a seguir y fomentar la innovación y la creatividad, los líderes pueden ayudar a sus organizaciones a seguir siendo competitivas y exitosas en la era digital.

Ejemplos y casos prácticos

Los siguientes ejemplos muestran cómo los líderes han guiado a sus organizaciones en la transformación digital, superando desafíos y obteniendo resultados exitosos mediante la adopción de sistemas de IA y SSD. También proporciono referencias a los casos, para que el lector pueda obtener mayores detalles.

Venta al menudeo y e-commerce:

Un ejemplo de cómo la IA y los SSD han transformado el comercio al menudeo y el electrónico es Amazon. Al utilizar la IA para analizar el historial de compras, el comportamiento de los clientes y sus preferencias de productos, Amazon ha podido ofrecer recomendaciones personalizadas, lo que ha aumentado tanto la satisfacción del cliente como las ventas. Sus algoritmos de IA para la optimización de precios y la gestión de inventarios también han ayudado a maximizar los beneficios y minimizar los costes [2].

Salud y atención médica:

En el ámbito sanitario, la IA y los sistemas SSD han desempeñado un papel crucial en la mejora de la atención al paciente y la optimización del uso de los recursos. Un ejemplo es Watson de IBM, que utiliza la IA para analizar grandes cantidades de literatura médica y datos de pacientes para ayudar a los médicos a hacer diagnósticos y adaptar tratamientos. Al utilizar la IA para el análisis predictivo, los hospitales también pueden anticiparse a las necesidades de los pacientes y optimizar los recursos sanitarios [3].

Banca y finanzas:

En el sector bancario y financiero, la IA y los sistemas SSD han revolucionado la forma en que se gestiona el riesgo, se evalúa la solvencia y se gestionan las carteras de inversión. Un ejemplo es el uso de la IA por parte de JP Morgan para automatizar las decisiones de trading y monitorizar los mercados financieros en tiempo real. Sus sistemas de IA pueden analizar las tendencias del mercado y los flujos de datos de forma más rápida y precisa que los métodos tradicionales [4].

Manufactura e Industria:

En la fabricación y la industria, la IA y los sistemas SSD han mejorado la eficiencia y la productividad al optimizar los procesos de producción y evitar el tiempo de inactividad. Destacamos el caso de la alemana Bosch, que utiliza la IA para predecir los problemas de las máquinas y evitar el tiempo de inactividad mediante el análisis de los datos provenientes de diferentes sensores y la producción en tiempo real. Esto ha llevado a una reducción de los costes operativos y a una mejora de la fiabilidad [5].

Transporte y logística:

En el transporte y la logística, la IA y los SSD han mejorado la planificación de rutas, el mantenimiento de los vehículos y la gestión de las entregas. Un ejemplo es FedEx, que utiliza la IA para optimizar sus redes logísticas y reducir los costes de entrega. Al analizar los datos sobre las condiciones meteorológicas, el tráfico y el comportamiento de los clientes, FedEx puede planificar y ejecutar eficazmente sus envíos [6].

Sector público:

En el sector público, la IA y los SSD también han tenido un gran impacto. En Singapur, por ejemplo, se ha utilizado la IA para mejorar la planificación urbana y la infraestructura. Al recopilar y analizar datos sobre los patrones y necesidades de movimiento de los ciudadanos, la ciudad puede optimizar el uso de los recursos y mejorar la calidad de vida de sus residentes. La IA también se utiliza para supervisar los flujos de tráfico y anticipar los problemas antes de que se produzcan [7].

Resumen:

Al incluir ejemplos prácticos y casos de estudio tanto de la industria como del sector público, el libro proporciona a los lectores información del mundo real y estrategias prácticas para navegar por la transformación digital con IA y SSD. Estos ejemplos muestran cómo las organizaciones han utilizado las tecnologías para crear valor, superar desafíos y fortalecer su competitividad en el mercado.

Sostenibilidad y crecimiento a largo plazo

La sustentabilidad y el crecimiento a largo plazo son cruciales para las organizaciones y las comunidades. No se trata solamente de maximizar la eficiencia a corto plazo, sino también de construir una base sostenible y resiliente para el futuro. A continuación, incluyo ejemplos de cómo la IA y los sistemas SSD ayudan hoy en día, o ayudarán a las organizaciones futuras, desde el punto de vista de la sostenibilidad. Añado referencias para que el lector pueda profundizar en las áreas de sostenibilidad que le puedan resultar interesantes.

Certificación de sostenibilidad de edificios

En el sector público, la IA y los SSD pueden utilizarse para agilizar el proceso de certificación de la sostenibilidad de los edificios. Los sistemas de certificación como LEED (Leadership in Energy and Environmental Design) y BREEAM (Building Research Establishment Environmental Assessment Method) son métodos comunes para evaluar el desempeño ambiental de un edificio.

La IA puede desempeñar un papel central al:

1. **Automatizar la recopilación y el análisis de datos:** Al integrar la IA con sensores y dispositivos IoT (internet of things) en los edificios, se pueden recopilar datos sobre el consumo de energía, el uso del agua, el entorno interior y el uso de materiales de forma continua y en tiempo real [8].

2. **Optimizar el uso de la energía:** Los sistemas de IA pueden analizar datos energéticos y sugerir

optimizaciones para reducir el consumo de energía y las emisiones de carbono de los edificios [9].

3. **Apoyar a los responsables de la toma de decisiones:** Los sistemas SSD basados en IA pueden proporcionar información y recomendaciones a los propietarios y gestores de edificios para mejorar el rendimiento de sostenibilidad de los edificios y cumplir los requisitos de certificación.

4. **Automatizar el proceso de certificación:** Al analizar y comparar los datos de los edificios con los requisitos de certificación de sostenibilidad, los sistemas de IA pueden generar automáticamente informes y evaluar si los edificios cumplen los criterios necesarios.

Por ejemplo, la IA y los SSD podrían ser utilizados por un municipio para agilizar la certificación de edificios públicos como escuelas, bibliotecas u oficinas. Al automatizar y optimizar el proceso, el municipio puede garantizar que los edificios no solamente cumplan con los requisitos de sostenibilidad, sino que también reduzcan el consumo de energía y el impacto ambiental a lo largo del tiempo [10].

Este uso de la IA no sólo ayudaría a mejorar el rendimiento de sostenibilidad de los edificios públicos, sino que también proporcionaría beneficios como la reducción de los costes operativos y la mejora del entorno interior para los usuarios de los edificios.

Sostenibilidad y crecimiento en las empresas

Optimización de la agricultura con IA:

Para el sector agrícola, la sostenibilidad y el crecimiento son cruciales para satisfacer las necesidades alimentarias mundiales y, al mismo tiempo, minimizar el impacto ambiental. La IA y los SSD pueden utilizarse para mejorar la productividad agrícola, reducir el uso de recursos y promover prácticas agrícolas sostenibles.

Ejemplo:

Empresa: John Deere, fabricante líder de maquinaria y soluciones agrícolas.

Uso de la IA para la sostenibilidad y el crecimiento:

1. **Agricultura de precisión:** La IA y el aprendizaje automático se pueden utilizar para analizar grandes cantidades de datos originados de: satélites, sensores y maquinaria agrícola para optimizar las decisiones sobre el tratamiento del suelo, el riego y la fertilización. Mediante el uso de modelos basados en IA, los agricultores pueden obtener información en tiempo real sobre la salud del suelo y el crecimiento de las plantas, lo que reduce la necesidad de productos químicos y agua y mejora los rendimientos [11].

2. **Reducción del impacto ambiental:** La IA puede ayudar a reducir el uso de pesticidas y fertilizantes al proporcionar recomendaciones más precisas basadas en las condiciones locales y los datos históricos. Esto puede conducir a una reducción de la contaminación del suelo y el agua y a una mejor preservación de la biodiversidad [11] [12].

3. **Automatización de máquinas:** John Deere ha desarrollado cosechadoras y tractores autónomos que pueden utilizar la IA para navegar y realizar trabajos agrícolas de manera más eficiente. Esto reduce el consumo de combustible y aumenta la precisión del

trabajo agrícola, lo que conduce a una reducción de costes y a una mayor sostenibilidad [13] [14]

4. **Mantenimiento predictivo:** La IA se puede utilizar para supervisar el rendimiento de las máquinas en tiempo real y anticipar posibles fallos antes de que se produzcan. Esto reduce el tiempo de inactividad y minimiza el uso innecesario de recursos [15].

Beneficios:

- **Sostenibilidad:** Mediante el uso de la IA para la agricultura de precisión, se puede reducir el impacto al medio ambiente optimizando el uso de los recursos y reduciendo las emisiones.

- **Crecimiento:** Al ofrecer soluciones más eficientes y sostenibles se apoya la productividad y la rentabilidad de los agricultores, al tiempo que se cumple con los objetivos de sostenibilidad y los requisitos del mercado.

La integración de la IA en la agricultura es un poderoso ejemplo de cómo la tecnología puede promover la sustentabilidad y el crecimiento, al tiempo que aborda desafíos globales como la seguridad alimentaria y la protección del medio ambiente.

Crecimiento sostenible a través de datos e información:

Empresa: Siemens, líder mundial en ingeniería y fabricación.

Uso de la IA para mejorar la eficiencia y la sostenibilidad en la fabricación:

1. **Mejora de la eficiencia energética:** Siemens utiliza la IA para optimizar el consumo de energía en sus instalaciones de producción. Al analizar los datos de diferentes sensores y sistemas, la IA puede identificar patrones y predecir las necesidades energéticas en

tiempo real. Esto permite a la empresa reducir su consumo de energía y, por lo tanto, sus emisiones de carbono, manteniendo una alta capacidad de producción [16].

2. **Optimización de los procesos de fabricación:** Siemens integra la IA para optimizar sus procesos de fabricación, incluida la planificación de la producción, el mantenimiento de las máquinas y el control de calidad. Mediante el uso de algoritmos avanzados de aprendizaje automático, pueden predecir posibles tiempos de inactividad o desviaciones de calidad antes de que ocurran, reduciendo las interrupciones de producción y mejorando la calidad del producto [17].

3. **Reducción del uso de recursos:** La IA se utiliza para supervisar y optimizar el uso de materias primas y recursos en tiempo real. Al optimizar la gestión de inventarios, la logística y los flujos de producción, Siemens puede reducir el desperdicio y mejorar la eficiencia de los recursos en sus procesos de fabricación [18].

4. **Iniciativas de sostenibilidad:** Siemens está impulsando varias iniciativas de sostenibilidad utilizando IA, incluida la reducción de la huella de carbono, el consumo de agua y la gestión de residuos. Al implementar soluciones basadas en IA, la empresa puede monitorear y mejorar continuamente su impacto ambiental a lo largo de su cadena de valor [19].

Beneficios:

- **Sostenibilidad:** Siemens utiliza la IA para reducir su impacto al medio ambiente optimizando el consumo de energía y el uso de recursos, manteniendo al mismo tiempo una capacidad de producción eficiente.

- **Crecimiento:** Al mejorar los procesos de fabricación y reducir el tiempo de inactividad, Siemens puede aumentar su productividad y, por lo tanto, reduce sus costos aumentando el margen de utilidad.

Siemens ejemplifica cómo se puede utilizar la IA para impulsar iniciativas de sostenibilidad y mejorar los procesos de fabricación en la industria, lo que resulta tanto en crecimiento económico como en un menor impacto ambiental.

Crecimiento sostenible a través de datos e información:

Compañía: Nestlé, empresa líder mundial en alimentos y bebidas.

Uso de la IA para el crecimiento sostenible:

1. **Iniciativas de sostenibilidad:** Nestlé utiliza la IA para mejorar sus iniciativas de sostenibilidad en toda su cadena de valor. Al analizar los datos de sus proveedores, instalaciones de producción y redes de distribución, la empresa puede identificar áreas de mejora y reducir su impacto ambiental. Esto incluye la reducción del consumo de agua, la gestión de residuos y las emisiones de carbono [20] [21].

2. **Optimización de los procesos productivos:** La IA se utiliza para optimizar los procesos de producción de Nestlé, incluida la gestión de inventarios, la logística y la distribución. Mediante el uso de análisis predictivos, la empresa puede anticipar la demanda y optimizar sus flujos de producción para minimizar el uso de recursos y el desperdicio [22].

3. **Mejora de la calidad del producto y de la innovación:** Al analizar los datos de los consumidores y las tendencias del mercado con IA, Nestlé puede identificar nuevas oportunidades de innovación en productos y mejorar la satisfacción del cliente. Esto incluye el desarrollo de productos más sostenibles y saludables que estén en línea con las preferencias de los consumidores [23].

4. **Uso eficiente de los recursos:** Nestlé utiliza la IA para optimizar el uso de materias primas y recursos en sus instalaciones de producción. Esto incluye la eficiencia energética, la gestión del agua y el reciclado de materiales para reducir sus costes de producción y su impacto medioambiental [24].

Beneficios:

- **Sostenibilidad:** El impacto ambiental de los diversos procesos de producción de Nestlé ha mejorado al reducir el consumo de agua, las emisiones de carbono y a través de la gestión de sus residuos.

- **Crecimiento:** Al optimizar los procesos de producción e introducir productos más sostenibles, Nestlé puede aumentar su competitividad y crecimiento en el mercado al tiempo que reduce sus costes.

Nestlé es un ejemplo de cómo la IA y la información proveniente de datos se pueden utilizar para impulsar el crecimiento sostenible a través de una mayor eficiencia y estrategias comerciales innovadoras en la industria de alimentos y bebidas. El uso que la organización hace de la IA para iniciativas de sostenibilidad demuestra el potencial de integrar la tecnología para abordar los desafíos globales y, al mismo tiempo, lograr el crecimiento económico.

Crecimiento sostenible a través de datos e información:

Ejemplo:

País: Singapur

Uso de la IA para el bienestar, la equidad y el crecimiento sostenible:

1. **Mejora de la focalización de las medidas de bienestar:** Singapur utiliza la IA para analizar grandes cantidades de datos relacionados con la situación de vida de los ciudadanos, incluidas las condiciones económicas, de vivienda, la composición familiar y la salud. Mediante la aplicación de algoritmos avanzados y aprendizaje automático, las autoridades pueden identificar a las personas y familias que más necesitan apoyo financiero y servicios sociales. Esto contribuye a una distribución más eficiente y equitativa de los recursos sociales [25].

2. **Optimización del sistema de bienestar:** La IA se utiliza para optimizar el uso de los recursos en el sistema de bienestar mediante la predicción de la necesidad y la demanda de diversos servicios y medidas de apoyo. Al identificar patrones y tendencias en los datos, es posible mejorar la prestación de servicios como la atención médica, la educación y la vivienda a los ciudadanos [18].

3. **Mejorar la equidad y la transparencia:** Los sistemas de toma de decisiones basados en la IA ayudan a garantizar que los servicios de bienestar y el apoyo se asignen de manera justa y transparente. Al eliminar los intentos humanos de sesgo, los sistemas de IA pueden garantizar que todos los ciudadanos reciban un apoyo asignado de manera justa en función de sus necesidades reales [26].

4. **Promoción de la inclusión social:** Al utilizar la IA para mejorar el acceso y la calidad de los servicios de bienestar, Singapur puede promover la inclusión social y reducir las diferencias económicas. La IA puede identificar a los grupos en riesgo de ser excluidos de la sociedad y proporcionar medidas de apoyo para integrarlos en la sociedad.

Beneficios:

- **Equidad:** El uso de la IA reduce el riesgo de abuso y uso indebido del sistema de bienestar a través de evaluaciones objetivas basadas en datos.

- **Eficiencia:** La optimización de recursos y servicios con IA conlleva una reducción de costes y una mayor accesibilidad para los ciudadanos.

- **Crecimiento sostenible:** Al promover la inclusión social y la distribución equitativa de los recursos de bienestar, Singapur puede lograr un crecimiento sostenible al tiempo que mejora la calidad de vida de sus ciudadanos.

Este ejemplo muestra cómo la IA y los conocimientos derivados de datos pueden utilizarse para mejorar los sistemas de bienestar y promover el crecimiento sostenible y la distribución justa de los recursos en el sector público. Al integrar la tecnología, es posible abordar los desafíos de la sociedad y crear un desarrollo social más inclusivo y sostenible.

Resumen:

Al integrar la IA y los sistemas de apoyo a la toma de decisiones, la industria y el sector público pueden crear una base sostenible para el crecimiento y el éxito. Mediante el uso de datos y conocimientos de IA, pueden optimizar sus procesos, mejorar la prestación de servicios y fortalecer su competitividad en el mercado. Este uso estratégico de la tecnología no sólo promueve la eficiencia a corto plazo, sino también la sostenibilidad y el crecimiento a largo plazo en un mundo cada vez más digitalizado.

Guía para futuros líderes en el sector público

Este libro ofrece estrategias y conocimientos para integrar con éxito la IA y los SSD en el sector público. A continuación, se presenta un resumen de las áreas y estrategias clave que los líderes del sector público pueden utilizar:

1. **Estrategias para la integración de nuevas tecnologías:**

    - **Identificar soluciones tecnológicas adecuadas:** Es crucial elegir tecnologías que sean relevantes para las necesidades del sector público, como el análisis predictivo, el aprendizaje automático y la automatización de los procesos de toma de decisiones.

    - **Evaluar el potencial de la tecnología:** Al analizar los posibles beneficios y desafíos, los responsables de la toma de decisiones del sector público pueden comprender cómo la tecnología puede mejorar la prestación de servicios y la eficiencia. Pero es importante usar el mejor sentido común para identificar valores democráticos como la justicia asistencial antes mencionada y el uso correcto del sistema de bienestar.

    - **Programa piloto:** Probar la tecnología a menor escala permite a las autoridades estimar su impacto real y ajustar la estrategia de implementación.

- **Desarrollar un plan de implementación:** Es necesario un plan detallado con objetivos claros y asignación de recursos para garantizar una transición exitosa a las nuevas tecnologías.

2. **Construir un equipo con habilidades digitales:**

    - **Identificar las funciones y habilidades necesarias:** Los analistas de datos, los ingenieros de IA y los especialistas en apoyo a la toma de decisiones son fundamentales para garantizar que el sector público pueda aprovechar el potencial de la tecnología.

    - **Reclutar y retener talento:** Al ofrecer beneficios competitivos y oportunidades de capacitación, las dependencias gubernamentales pueden atraer y retener empleados con habilidades digitales.

    - **Desarrollar las habilidades de los empleados existentes:** La formación continua y el apoyo para mejorar las habilidades digitales de los empleados son esenciales para optimizar el uso de la tecnología.

3. **Crear una cultura empresarial que fomente la adaptación y la innovación:**

    - **El papel del liderazgo:** Los líderes deben comunicar claramente la visión de la transformación digital y apoyar una cultura de aprendizaje, experimentación y flexibilidad.

    - **Flexibilidad y agilidad:** Estar preparado para adaptarse a los cambios y actuar rápidamente sobre los datos recopilados es fundamental para mejorar la prestación de servicios y la eficiencia.

- **Recompensar la innovación:** Fomentar nuevas ideas y asumir riesgos puede fomentar la innovación en el sector público.

4. **El papel del liderazgo en la promoción de la adaptación:**

    - **Comunicación clara:** Los líderes deben comunicar una visión clara del papel de la tecnología en el sector público y crear un clima de apoyo para nuevas iniciativas.

    - **Crear una cultura de adaptación:** Al actuar como modelos a seguir y apoyar el desarrollo del personal, los líderes pueden fomentar un entorno en el que los beneficios de la tecnología se aprovechen plenamente.

5. **Ejemplos y casos prácticos:**

    - **Sector público:** La implementación de la IA para mejorar la prestación de servicios y la toma de decisiones en ciudades y regiones es un área en crecimiento. Algunos ejemplos son la automatización de los procesos de ERTE (Expediente de Regulación Temporal del Empleo) y la mejora de la gestión de la ciudad.

    - **Atención médica:** la IA se está utilizando para optimizar la atención al paciente y el uso de recursos en el sector de la salud, lo que lleva a una mayor eficiencia y mejores resultados para los pacientes.

    - **Transporte y logística:** El uso de la IA para mejorar los flujos de tráfico y la planificación del transporte puede reducir la congestión del tráfico y mejorar la seguridad en las carreteras.

Al implementar estas estrategias y aprovechar ejemplos prácticos, los líderes del sector público pueden integrar de manera efectiva la IA y los sistemas SSD para mejorar la prestación de servicios y la eficiencia, aumentando así los valores democráticos. Al construir un equipo competente, fomentar una cultura de adaptación e innovación y asumir un papel de liderazgo activo, el líder puede asegurar el futuro de la organización en la era digital.

Paradojas, síndromes y conceptos a evitar

Tener conocimiento de las teorías básicas de la ciencia del comportamiento y la psicología es benéfico para un líder por varias razones. Le ayuda a comprender por qué las personas se comportan de la manera en que lo hacen, lo cual es crucial para administrar a los empleados de manera efectiva. Los líderes pueden utilizar este conocimiento para motivar a sus equipos y aumentar el compromiso abordando sus necesidades y motivaciones. El conocimiento facilita la comunicación efectiva y ayuda al líder a adaptar su mensaje a diferentes individuos. Comprender los principios psicológicos puede ayudar al líder a resolver conflictos de una manera más constructiva. Los líderes pueden utilizar los conocimientos de las ciencias del comportamiento para navegar y liderar los cambios dentro de la organización. Proporciona al líder herramientas para la autorreflexión y el desarrollo personal, lo cual es importante para ser un líder efectivo. El conocimiento se puede utilizar para construir equipos fuertes mediante la comprensión y el manejo de la dinámica de grupo.

El líder debe evitar caer en trampas, paradojas y síndromes conocidos. La razón por la que traigo esto a colación aquí es que no importa cuán buenas sean las herramientas que adquiera el líder para apoyar su liderazgo, debe ser consciente de otros fenómenos que pueden afectarlo.

El síndrome del petrolero

El síndrome del petrolero es una metáfora que describe cómo las grandes organizaciones pueden volverse rígidas e inflexibles, como un gran buque petrolero que tarda mucho tiempo en cambiar de rumbo. A continuación, se presenta una descripción detallada de lo que significa este síndrome y sus efectos en las organizaciones:

Definición

El síndrome del petrolero se refiere a una situación en la que una organización, debido a su tamaño, complejidad y burocracia, se vuelve lenta e inflexible. Al igual que un buque petrolero que requiere mucho tiempo y mucho espacio para hacer un cambio de rumbo, estas organizaciones tienen dificultades para adaptarse rápidamente a las condiciones cambiantes del mercado, las innovaciones tecnológicas u otros factores externos.

Síntomas y signos

1. **Burocracia**: Procesos burocráticos pesados que inhiben la toma de decisiones rápidas y la innovación.

2. **Estructuras complejas**: Estructuras organizativas jerárquicas y complejas que dificultan la comunicación y la implementación efectiva del cambio.

3. **Resistencia al cambio**: Una cultura que se resiste al cambio y a las nuevas ideas, a menudo debido a rutinas y tradiciones de larga data.

4. **Proceso de decisión lento**: Las decisiones se toman lentamente debido a muchas capas de aprobación y a la falta de voluntad para asumir riesgos.

5. **Falta de innovación**: Dificultades para adaptarse a las nuevas tecnologías y tendencias del mercado, lo que conlleva una falta de innovación y competitividad.

6. **Comunicación fragmentada**: Problemas de comunicación dentro de la organización, donde la información no fluye de manera eficiente entre los diferentes departamentos y niveles.

Consecuencias

1. **Competitividad reducida**: La organización corre el riesgo de perder cuota de mercado frente a competidores más ágiles e innovadores.

2. **Menor satisfacción de los empleados**: Los empleados pueden sentirse frustrados con el entorno de trabajo lento e inflexible, lo que puede conducir a una mayor rotación de empleados.

3. **Oportunidades perdidas**: Dificultad para responder rápidamente a nuevas oportunidades de negocio o amenazas, lo que puede conducir a la pérdida de ingresos y posiciones en el mercado.

4. **Aumento de costos**: Aumento del costo de mantenimiento de procesos y estructuras ineficientes.

Causas

1. **Tamaño y escala**: Las grandes organizaciones con muchos empleados y departamentos tienen naturalmente una mayor inercia.

2. **Historia y tradiciones**: Las empresas de larga data con tradiciones profundamente arraigadas pueden tener dificultades para aceptar el cambio.

3. **Estilo de liderazgo**: Un estilo de liderazgo que prioriza la estabilidad y la previsibilidad sobre la innovación y el riesgo puede exacerbar el síndrome.

4. **Normas y reglamentos complejos**: Normas y reglamentos internos extensos que pueden inhibir la rápida adaptación y flexibilidad.

Soluciones y contramedidas

1. **Metodología "Agile"**: Implementar métodos de trabajo ágiles para aumentar la flexibilidad y facilitar los procesos de toma de decisiones.

2. **Descentralización**: Delegar la toma de decisiones a niveles inferiores de la organización para acelerar el tiempo de reacción.

3. **Cambio cultural**: Trabajar activamente para cambiar la cultura organizacional para estar más abierta al cambio y la innovación.

4. **Desarrollo del liderazgo**: Educar a los líderes en la promoción y gestión del cambio y en la toma de riesgos calculados.

5. **Inversiones en tecnología**: Invertir en nuevas tecnologías y soluciones digitales que puedan facilitar una adaptación más rápida y procesos más eficientes.

6. **Mecanismos de retroalimentación**: Implemente mecanismos de retroalimentación sólidos tanto de los empleados como de los clientes para mejorar y adaptar continuamente el negocio.

Ejemplos

1. **Kodak**: A pesar de inventar la primera cámara digital, Kodak no logró adaptarse a la era digital debido a su arraigado modelo operativo y al miedo a canibalizar la venta de sus propias películas.

2. **Blockbuster**: Blockbuster no logró adaptarse a los servicios de transmisión de medios, lo que los llevó a perder el mercado frente a Netflix y otras plataformas digitales.

Al comprender y abordar el síndrome del petrolero, las organizaciones pueden trabajar para ser más dinámicas y competitivas, incluso a medida que crecen en tamaño y complejidad.

La paradoja de "muchos cocineros y pocos ayudantes"

Esta paradoja es un fenómeno que ocurre en organizaciones o proyectos donde hay demasiados líderes o tomadores de decisiones y muy pocas personas realizando las tareas reales. Esto conduce a ineficiencia, retrasos en la toma de decisiones y, a veces, caos y confusión.

Principales características de la paradoja:

1. **Abundancia de líderes**: Hay demasiadas personas en posiciones de liderazgo o gerenciales que están tratando de orientar la dirección del proyecto o negocio.

2. **Escasez de mano de obra**: Hay muy pocos empleados que realicen las tareas prácticas diarias.

3. **Retrasos en la toma de decisiones**: Con muchos líderes involucrados en cada decisión, el proceso de toma de decisiones se vuelve lento y retrasado.

4. **Confusión y duplicación**: Cuando demasiadas personas intentan liderar, puede surgir confusión sobre quién es responsable de qué, lo que lleva a la duplicidad o, peor aún, a directivas contradictorias.
5. **Baja de moral**: Los empleados que realmente hacen el trabajo pueden sentirse abrumados y subestimados, lo que puede minarles la moral y disminuir la productividad.

Consecuencias de la paradoja:

- **Pérdida de eficiencia**: Los procesos de toma de decisiones se vuelven lentos e ineficientes, lo que dificulta el progreso de la organización.
- **Desperdicio de recursos**: El tiempo y los recursos se gastan en reuniones y discusiones en lugar de usarse para un trabajo productivo.
- **Conflictos**: La superposición de roles de liderazgo puede crear conflictos y malentendidos.
- **Falta de innovación**: Cuando se pasa mucho tiempo tratando de tomar decisiones en lugar de implementar ideas, el ritmo de la innovación se ralentiza.

Ejemplo:

Imagina un proyecto de tecnologías de la información (TI) en el que hay varios gestores de proyectos, cada uno responsable de diferentes aspectos del proyecto, pero muy pocos programadores. Los gerentes de proyecto pasan mucho tiempo coordinando reuniones y discutiendo estrategias, pero no hay suficientes programadores para codificar e implementar las soluciones técnicas. Como resultado, el proyecto avanza lentamente, se incumplen plazos importantes y los pocos programadores que existen se sobrecargan de trabajo y se frustran.

Soluciones a la paradoja:

1. **Estructura clara de rendición de cuentas**: Defina responsabilidades claras para cada líder y asegúrese de que no haya roles sobrepuestos.

2. **Equilibrio de la fuerza laboral**: Asegúrese de que haya un equilibrio entre los líderes y los que hacen el trabajo. El número de responsables de la toma de decisiones debe ser proporcional al número de trabajadores.

3. **Delegación y empoderamiento**: Delegar la toma de decisiones a las personas más cercanas al trabajo práctico y fomentar la independencia.

4. **Reuniones efectivas**: Mantenga las reuniones cortas y efectivas, e incluya solo a las personas que realmente necesitan estar allí.

5. **Enfocarse en la ejecución**: Ponga más énfasis en la ejecución y menos en los largos procesos de toma de decisiones. Implemente y evalúe en lugar de empantanarse en discusiones.

Al abordar estos problemas, las organizaciones pueden ser más eficientes y productivas evitando los elementos de la paradoja de "muchos cocineros y pocos ayudantes".

La paradoja de los rendimientos decrecientes

También conocida como la ley de los rendimientos marginales decrecientes, describe una situación en la que el aumento de la inversión en un factor particular de producción da lugar a aumentos cada vez menores en la producción. En el contexto del liderazgo, esta paradoja se puede aplicar a la forma en que se utilizan recursos como el tiempo, la mano de obra y el capital para lograr los objetivos de la organización. He aquí una explicación de esta paradoja y cómo afecta al liderazgo y a la eficacia organizativa.

Definición y explicación

La paradoja del rendimiento decreciente significa que cuando se agregan unidades adicionales de un recurso (por ejemplo, trabajo o capital) a un proceso de producción, mientras que otros recursos se mantienen constantes, la producción adicional que proporciona cada unidad de recurso adicional eventualmente disminuirá.

Aplicación en el contexto del liderazgo

1. **Fuerza laboral y eficiencia**:
   - A medida que un equipo o departamento gana más miembros, la productividad general puede aumentar inicialmente. Sin embargo, a partir de cierto punto, un mayor número de empleados puede provocar una disminución de la productividad individual debido al aumento de las dificultades de comunicación, los problemas de coordinación y el aumento de la burocracia.

2. **Reuniones y toma de decisiones**:
   - Tener más reuniones o más participantes en las reuniones puede contribuir inicialmente a una mejor toma de decisiones a través de más perspectivas e ideas. Sin embargo, después de cierto punto, puede conducir a tiempos de reunión más largos, más conflictos y dificultad para tomar decisiones, lo que reduce la eficiencia general.

3. **Inversiones de capital**:
   - Invertir más capital en actualizaciones tecnológicas puede mejorar la productividad, pero si los empleados no están debidamente capacitados para usar la nueva tecnología, o si

la nueva tecnología no se integra bien con los sistemas existentes, ese retorno de la inversión puede disminuir con el tiempo.

Síntomas de la disminución de los rendimientos en las organizaciones

1. **Aumento de los problemas de comunicación**:
   - Cuando se agregan más empleados o gerentes, puede conducir a un exceso de comunicación y sobrecarga de información, lo que puede reducir la eficiencia.

2. **Reducción del compromiso de los empleados**:
   - Un mayor número de empleados puede conducir a una reducción de la responsabilidad y el compromiso individuales, lo que puede afectar negativamente a la moral de los empleados.

3. **Ciclos de decisión más largos**:
   - Un mayor número de responsables en la toma de decisiones y más niveles de aprobación pueden prolongar el proceso, lo que puede impedir que se tomen decisiones rápidas y eficaces.

Ejemplo

- **Empresa tecnológica**: Una empresa tecnológica que contrata a muchos nuevos desarrolladores para acelerar la creación de productos puede ver inicialmente un aumento de la productividad. Sin embargo, si el equipo se vuelve demasiado grande, la coordinación y la comunicación pueden llegar a ser tan desafiantes que la productividad por desarrollador disminuye, lo que lleva a retardos en la conclusión de los proyectos e incremento de los costos.

- **Industria manufacturera**: Una fábrica que invierte en más máquinas y contrata más operadores para aumentar la producción puede aumentar inicialmente la producción. Sin embargo, si las máquinas existentes no se utilizan en su totalidad o si los nuevos operadores no están suficientemente capacitados, los recursos adicionales no pueden conducir a un aumento proporcional de la producción.

Soluciones y estrategias

1. **Asignación óptima de recursos:**
    - Encuentre un equilibrio en la asignación de recursos para así evitar la inversión excesiva en uno en particular sin invertir en otros necesarios.

2. **Comunicación efectiva:**
    - Implemente estrategias y herramientas de comunicación efectivas para gestionar la creciente complejidad que conlleva un mayor número de empleados o gerentes.

3. **Capacitación y Desarrollo:**
    - Asegúrese de que los empleados reciban la formación y el apoyo que necesitan para utilizar eficazmente los nuevos recursos y tecnologías.

4. **Adaptación cultural:**
    - Promover una cultura organizacional que fomente la innovación y el uso eficiente de los recursos, y que sea lo suficientemente flexible

como para adaptarse a las circunstancias cambiantes.

Al comprender y gestionar esta paradoja, los líderes pueden mejorar la eficiencia de la organización y evitar los escollos que conlleva el depender excesivamente de un solo recurso.

Concepto psicológico de desesperanza aprendida

Orígenes y experimentos

El concepto de desesperanza aprendida fue introducido por el psicólogo Martin Seligman en la década de 1960 a través de una serie de experimentos con perros. En estos experimentos:

1. **Fase 1 - Indefensión en el aprendizaje**:
   - Los perros se dividieron en tres grupos. El primer grupo recibió descargas eléctricas que podían interrumpir presionando una palanca. El otro grupo recibió descargas eléctricas sin posibilidad de controlarlas o interrumpirlas. El tercer grupo no recibió descargas eléctricas en absoluto (grupo de control).

2. **Fase 2 - Prueba de respuesta**:
   - En la siguiente fase, todos los perros fueron colocados en una jaula donde podían evitar descargas eléctricas saltando una pequeña barrera. Los perros que habían aprendido previamente que podían controlar las descargas presionando la palanca, así como los perros que no habían recibido ninguna, saltaron rápidamente la barrera. Sin embargo, los perros que no habían tenido control sobre las descargas eléctricas en la primera fase no hicieron ningún intento por evitarlas, a pesar de

que ahora tenían la oportunidad de hacerlo. Habían aprendido que estaban indefensos.

Desesperanza aprendida en las personas

Las personas también pueden desarrollar desesperanza aprendida después de repetidas experiencias negativas, especialmente si sienten que carecen de control sobre dichas situaciones. Algunos ejemplos de situaciones que pueden conducir a la desesperanza aprendida son:

- **Desempleo de larga duración**: Después de acumular muchas solicitudes de empleo rechazadas, una persona puede comenzar a creer que nunca encontrará un trabajo, lo que puede llevarla a dejar de intentarlo.

- **Fracaso en la escuela**: Un estudiante que repetidamente obtiene malas calificaciones a pesar de estudiar mucho puede comenzar a sentir que no importa cuánto se esfuerce.

- **Abuso**: Una persona que sufre repetidamente alguna forma de abuso puede comenzar a creer que no hay forma de escapar o de cambiar su situación.

Efectos de la desesperanza aprendida

- **Psicológicos**: Disminución de la autoestima, depresión, ansiedad y sensación de impotencia.

- **Conductual**: Disminución de la motivación para tratar de resolver problemas o cambiar situaciones negativas, pasividad y comportamiento elusivo.

- **Fisiológicos**: Síntomas relacionados con el estrés, como fatiga, dolores de cabeza y problemas estomacales.

Tratamiento y prevención

Para contrarrestar la desesperanza aprendida, se pueden utilizar las siguientes estrategias:

1. **Terapia cognitivo-conductual (TCC):** ayuda a las personas a identificar y desafiar los patrones de pensamiento negativos y a desarrollar una sensación de control y eficacia.

2. **Refuerzo positivo**: Fomentar pequeños avances y proporcionar comentarios positivos para generar confianza y motivación.

3. **Entorno de apoyo**: Cree un entorno de personas y recursos de apoyo que puedan ayudar a superar los desafíos.

4. **Metas e hitos**: Establecer metas e hitos realistas que proporcionen una sensación de progreso y logro.

La desesperanza aprendida muestra lo importante que son el control y la influencia sobre el entorno para la salud mental y la motivación. Al comprender y abordar este fenómeno, las personas y las comunidades pueden apoyar mejor a quienes experimentan indefensión y ayudarlos a recuperar su capacidad de acción y optimismo.

Comportamiento pasivo agresivo: una revisión del concepto psicológico

El comportamiento pasivo-agresivo es un patrón psicológico en el que una persona expresa emociones negativas, como la ira y la frustración, de manera indirecta y, a menudo, oculta, en lugar de tratarlas abierta y directamente. Este tipo de comportamiento puede ser perjudicial tanto para la persona que lo practica como para las personas que se ven sometidas a él, ya que puede dar lugar a malentendidos, conflictos y daños en las relaciones.

Signos de comportamiento pasivo agresivo

El comportamiento pasivo-agresivo puede expresarse de muchas maneras diferentes, entre ellas:

1. **Procrastinación y retrasos:** retrasos deliberados en la realización de tareas como una forma de expresar resistencia o insatisfacción.

2. **Sarcasmo y cinismo:** El uso del sarcasmo y los comentarios cínicos para expresar insatisfacción sin indicar directamente lo que está mal.

3. **Expresiones no verbales:** señales negativas del lenguaje corporal, como poner los ojos en blanco, suspirar o apartar la mirada.

4. **Acciones subversivas:** Realizar deliberadamente tareas de manera ineficiente o hacer algo a medias para mostrar insatisfacción o crear problemas.

5. **Silencio y retraimiento:** Evitar la confrontación al no responder o reprimir los sentimientos y pensamientos.

6. **Pretextos y excusas:** Usar excusas para evitar la responsabilidad o la confrontación.

7. **Quejas a sus espaldas:** Expresar la insatisfacción y las quejas a los demás en lugar de plantear el problema directamente a la persona afectada.

Causas del comportamiento pasivo agresivo

El comportamiento pasivo-agresivo puede tener varias causas subyacentes, entre ellas:

1. **Miedo a la confrontación:** Una fuerte renuencia o miedo a tratar directamente con el conflicto puede conducir a un comportamiento pasivo-agresivo.

2. **Baja autoestima**: Las personas con baja autoestima pueden sentir que no tienen derecho a expresar sus sentimientos de forma abierta y directa.

3. **Comportamientos aprendidos**: Este patrón de comportamiento puede aprenderse de los miembros de la familia u otras relaciones cercanas mientras crece.

4. **Disparidades de poder**: En situaciones en las que hay un desequilibrio de poder, como en el lugar de trabajo, las personas pueden utilizar el comportamiento pasivo-agresivo como una forma de abordar su falta de control.

5. **Factores culturales**: Algunas culturas y sociedades pueden fomentar expresiones indirectas de descontento en lugar de confrontación directa.

Manejo del comportamiento pasivo agresivo

Si nota que usted u otra persona a menudo se involucra en un comportamiento pasivo-agresivo, hay varias estrategias que pueden ayudar:

1. **Autoconciencia**: Identifique y reconozca sus propios sentimientos y patrones de comportamiento pasivo-agresivo.

2. **Mejora de la comunicación**: Trabaje en expresar sus sentimientos y necesidades de una manera más directa y asertiva.

3. **Manejo de conflictos**: Aprenda estrategias para manejar conflictos de una manera saludable, incluyendo escuchar activamente y expresarse con claridad.

4. **Busca apoyo**: Hable con un terapeuta o consejero que pueda ayudarle a entender y cambiar su patrón de comportamiento.

5. **Empatía y comprensión**: Trate de entender la perspectiva y las motivaciones de la otra persona, lo que puede reducir los malentendidos y crear un diálogo más abierto.

Al trabajar en ser más directo en su comunicación y manejar sus emociones de una manera abierta, puede mejorar sus relaciones y crear un ambiente más positivo y productivo tanto para usted como para quienes le rodean.

Otras paradojas

En la teoría organizacional, existen varias paradojas y síndromes que describen los aspectos complejos y a menudo contradictorios del comportamiento organizacional y el liderazgo. Para no quedar atrapado en detalles, elijo enumerar y describir brevemente algunas más a continuación [27].

- **La paradoja de la autonomía**: Describe la situación en la que el aumento de la autonomía en el trabajo puede conducir a un aumento del estrés y la carga de trabajo, ya que los empleados se sienten presionados a rendir más cuando se les da más libertad.

- **La paradoja de la productividad**: A pesar de los avances tecnológicos y las inversiones en sistemas informáticos, no siempre se ve un aumento correspondiente de la productividad, lo que puede deberse a diversos factores, como la resistencia de los usuarios o una mala implementación.

- **La paradoja de la innovación**: Las organizaciones que más necesitan innovación pueden ser las que son menos capaces de lograrla debido a las estructuras y procesos existentes que desalientan la proposición de nuevas ideas.

- **La paradoja del cambio**: Los cambios que pretenden mejorar una organización a veces pueden provocar el efecto contrario, con empleados abrumados o resistencia a la aparición de nuevas iniciativas.

- **La paradoja de la Abilene:** Describe una situación en la que un grupo de personas decide colectivamente una acción que va en contra de las preferencias de la mayoría o de todos los individuos, mientras que cada individuo cree que su decisión está en línea con las preferencias de los demás.

- **El Principio de Peter**: Una observación de que, en una organización jerárquica, cada empleado tiende a elevarse a su nivel de incompetencia, lo que significa que los empleados que son competentes en sus roles actuales son promovidos hasta que alcanzan un rol en el que ya no son competentes.

Capítulo 2: Inteligencia Artificial (IA) y Liderazgo

Los diferentes aspectos abordados en este capítulo servirán a los líderes para orientarse de manera efectiva en el panorama rápidamente cambiante de la IA y utilizar la tecnología como una herramienta para impulsar el crecimiento, la innovación y la competitividad en sus organizaciones.

Consideraciones éticas

Cuando se trata de consideraciones éticas en el uso de la IA, es importante que los líderes sean conscientes de las posibles consecuencias y riesgos del uso de las tecnologías de IA y de SSD. Algunos aspectos a tener en cuenta son la equidad y la no discriminación. Los sistemas de IA pueden introducir o amplificar las injusticias existentes si se entrenan con datos sesgados o discriminatorios. Es importante garantizar que los sistemas de IA no contribuyan a reforzar las desigualdades o la discriminación por motivos de género, raza, edad u otros factores. La transparencia y la responsabilidad también son importantes. Los líderes deben asegurarse de que las decisiones tomadas por los sistemas de IA sean transparentes y comprensibles. Esto significa que debería ser posible explicar y comprender cómo estos sistemas llegan a sus recomendaciones o decisiones. Además, es importante establecer la responsabilidad de las decisiones tomadas por la IA y estar preparado para rendir cuentas si algo sale mal. Los líderes deben cumplir con las leyes y regulaciones aplicables para garantizar la seguridad y privacidad de los datos al usar la IA. El impacto social y la responsabilidad también son aspectos importantes a tener en cuenta. La IA puede tener implicaciones de gran alcance para la sociedad en su conjunto, incluidos el mercado laboral, la economía y la estructura de la sociedad. Es importante que los líderes consideren estos impactos sociales más amplios y asuman la responsabilidad de minimizar los impactos negativos y promover resultados positivos. Al tener en cuenta estas consideraciones éticas e integrarlas en las estrategias de implementación de la IA, los líderes pueden hacer un uso más responsable y sostenible de esta tecnología. De este modo se puede ayudar a generar confianza con los usuarios, las partes interesadas y la sociedad en general.

Es crucial que la organización cumpla con las leyes, regulaciones y estándares de la industria aplicables que rigen el uso de tecnologías de IA, como el RGPD (Reglamento General de Protección de Datos) y las pautas éticas IEEE (Institute of Electrical and Electronics Engineers) para sistemas autónomos e inteligentes.

Para garantizar que todos los miembros de la organización tengan presentes los riesgos y su papel en la gestión de estos, la formación y la concientización son cruciales. Al implementar estrategias efectivas de gestión de riesgos, las organizaciones pueden minimizarlos y garantizar el uso seguro y responsable de la tecnología de IA para lograr sus objetivos comerciales. Dicho esto, profundicemos a continuación, en el siguiente capítulo, qué es la IA y cuál su aplicación.

¿Qué es la Inteligencia Artificial (IA)?

La IA es un campo de la informática que tiene como objetivo crear sistemas que puedan realizar tareas normalmente completadas usando inteligencia humana. Estas tareas incluyen la resolución de problemas, el reconocimiento de patrones, el aprendizaje y la comprensión del lenguaje natural. La IA tiene el potencial de ofrecer una serie de beneficios, como la racionalización de los procesos de trabajo, la mejora de la toma de decisiones y el desarrollo de nuevas formas de interactuar con la tecnología.

La IA se puede dividir en diferentes tipos de inteligencia y habilidades analíticas:

- **Análisis descriptivo:** Resume los datos históricos para comprender lo que ha sucedido.
- **Análisis de diagnóstico:** Analiza los datos para comprender por qué ha sucedido algo.
- **Análisis predictivo:** Utiliza modelos estadísticos para predecir eventos futuros.
- **Análisis prescriptivo:** Sugiere acciones para lograr los resultados deseados.
- **Inteligencia empresarial (BI):** Utiliza el análisis de datos para respaldar las decisiones empresariales.

Las tecnologías de IA también se pueden clasificar según sus capacidades y complejidad, desde simples sistemas automatizados hasta modelos avanzados de aprendizaje automático y sistemas de autoaprendizaje. Estas clases incluyen:

- **Sistemas de IA ágiles o débiles:** Diseñados para realizar tareas específicas.

    La Inteligencia Artificial Estrecha (ASI), también conocida como IA débil, es una tecnología que se desarrolla para manejar tareas específicas. Estos sistemas están programados para ser competentes en un campo en particular y carecen de la capacidad de realizar tareas fuera de su área definida. Un ejemplo de esto son las computadoras de ajedrez que están diseñadas para jugar al ajedrez a un alto nivel, pero no pueden realizar otras tareas. Estos sistemas de IA tienen una comprensión limitada y no pueden pensar de forma independiente ni comprender conceptos abstractos.

Están limitados a las tareas para las que están programados.

Los sistemas de IA estrechos se utilizan en muchos contextos diferentes. Por ejemplo, los asistentes de voz como Siri y Google Assistant, los sistemas de recomendación como los utilizados por Netflix y Spotify, o los sistemas de reconocimiento de imágenes. Estos sistemas ofrecen beneficios como el manejo rápido y eficiente de grandes cantidades de datos y la capacidad de realizar tareas con alta precisión. Sin embargo, se enfrentan a desafíos como el sesgo de los datos y la falta de transparencia, lo que puede dar lugar a dilemas éticos y a la necesidad de una supervisión y una regulación cuidadosas.

A pesar de sus limitaciones, los sistemas de IA estrechos desempeñan un papel importante en el desarrollo de la tecnología de IA y sientan las bases para futuros avances, incluidos sistemas más avanzados como la IA general y la superinteligencia. Estos sistemas futuros pueden tener el potencial de realizar un conjunto más amplio de tareas e imitar la inteligencia humana a un nivel más completo.

La automatización de tareas con IA estrecha puede suponer un ahorro de costes al reducir la necesidad de mano de obra humana. Además, está disponible las 24 horas del día, proporcionando servicios sin pausas ni descanso. Esto ayuda a mejorar la precisión y reducir el riesgo de error humano en tareas que requieren alta precisión. Pero también hay desventajas. La IA estrecha tiene una capacidad limitada y solo puede realizar las tareas para las que está programada, lo que significa que no puede adaptarse a nuevas situaciones. El sesgo de los datos puede producirse si el sistema de IA refleja dicha situación en los datos con los que se entrena. Los riesgos de seguridad son otra preocupación, ya que la IA puede ser vulnerable a los ciberataques y a las violaciones de datos. Por último, la IA estrecha puede tener un impacto en el mercado laboral al sustituir los trabajos que antes realizaban los humanos, lo que puede provocar el desempleo.

Estas ventajas y desventajas deben considerarse cuidadosamente al implementar y utilizar la IA estrecha en diversos contextos.

- **Sistemas de IA generales o fuertes:** Tienen la capacidad de realizar cualquier tarea intelectual que pueda realizar un humano.

Los sistemas de IA generales o fuertes, también conocidos como Inteligencia General Artificial (AGI), aún en investigación, tiene como objetivo crear sistemas con la capacidad de realizar cualquier tarea intelectual que un humano pueda hacer. A diferencia de los sistemas de IA estrechos, que se limitan a tareas específicas, la AGI podría comprender y aprender de las experiencias, resolver problemas complejos e incluso exhibir creatividad y comprensión emocional.

Una de las mayores ventajas de la AGI es su flexibilidad, sería capaz de adaptarse y manejar una amplia variedad de tareas y entornos sin necesidad de reprogramación. La AGI también tendría la capacidad de pensar de manera abstracta y resolver problemas de un modo similar al pensamiento humano, lo que podría detonar la innovación y avances científicos y tecnológicos. Además, la AGI podría trabajar codo con codo con los humanos, entendiendo las necesidades humanas y ayudando en tareas complejas, lo que podría mejorar la colaboración entre humanos y máquinas.

Sin embargo, también existen posibles inconvenientes y riesgos asociados con la AGI. Habría que abordar las cuestiones éticas en torno a los derechos, las responsabilidades y el estatus moral de la máquina. Los riesgos de seguridad también son motivo de preocupación ya que, si los sistemas AGI actuaran de manera impredecible, podrían plantear grandes riesgos para la humanidad. El impacto en el mercado laboral es otro aspecto importante, ya que la AGI podría reemplazar a las personas en muchas ocupaciones, lo que podría conducir a la desigualdad económica y al desempleo. Por último, existe el riesgo de que los sistemas AGI se vuelvan demasiado avanzados para que los humanos los controlen o los entiendan, lo que podría provocar dificultades para mantener el control sobre estos sistemas.

Si bien la visión de la AGI es emocionante, es importante tener en cuenta que aún estamos muy lejos de lograr esta etapa. La investigación en este campo está en pleno apogeo y hay muchos desafíos que superar antes de que podamos crear sistemas de IA verdaderamente generalizados.

- **Sistemas de autoaprendizaje:** Son sistemas que pueden mejorar su propio rendimiento a través de experiencias sin intervención humana.

Los sistemas de autoaprendizaje, también conocidos como sistemas de aprendizaje automático, son una forma de inteligencia artificial que tiene la capacidad de mejorar su propio rendimiento a través de experiencias sin intervención humana. Estos sistemas utilizan algoritmos para analizar datos, aprender de patrones y hacer predicciones o tomar decisiones basadas en el conocimiento recopilado.

Los sistemas de autoaprendizaje tienen la capacidad de mejorar su rendimiento con el tiempo aprendiendo de nuevos datos. Estos sistemas son adaptables y eficientes, lo que los hace capaces de administrar y analizar grandes cantidades de datos más rápido que los humanos. Debido a que están aprendiendo continuamente, cuanto más se usan, mejores se vuelven, lo que los diferencia del software tradicional. Además, pueden automatizar procesos complejos de toma de decisiones, ahorrando tiempo y recursos.

Pero también hay desventajas en los sistemas de autoaprendizaje. Pueden adaptarse demasiado a los datos con los que han sido entrenados y no generalizar a nuevas situaciones. La transparencia puede ser un problema, ya que puede ser difícil entender cómo los sistemas llegan a ciertas decisiones, lo que crea un efecto de "caja negra". La calidad de los datos con los que se entrenan los sistemas es crucial, ya que los datos deficientes pueden llevar a conclusiones incorrectas. Por último, hay que tener en cuenta las cuestiones éticas, ya que existe el riesgo de que los sistemas se utilicen de forma que violen la privacidad o discriminen.

Los sistemas de autoaprendizaje son herramientas poderosas que pueden revolucionar muchas industrias al ofrecer nuevos niveles de eficiencia y conocimiento. Pero es importante abordarlos con precaución y considerar los posibles riesgos y limitaciones.

La IA tiene mucho que ofrecer en una variedad de campos, desde la atención médica y la educación hasta el transporte y el servicio al cliente, su potencial continúa creciendo a medida que avanza la tecnología.

El ámbito del apoyo a la toma de decisiones implica el uso de tecnologías de IA para mejorar y agilizar los procesos de toma de decisiones. La IA puede ayudar a analizar grandes cantidades de datos, identificar patrones y tendencias y, proporcionar recomendaciones que pueden conducir a decisiones mejores y más informadas. Estas son algunas de las formas en que la IA contribuye al apoyo a la toma de decisiones:

- **Análisis de datos:** la IA puede procesar y analizar rápidamente grandes cantidades de datos para proporcionar información que, de otro modo, sería difícil o llevaría mucho tiempo revelar.

  El análisis de datos es una de las aplicaciones más valiosas de la IA. Con él, podemos procesar y analizar rápidamente grandes cantidades de información, lo que nos permite descubrir patrones que, de otro modo, difícilmente serían identificados. Esta capacidad es particularmente útil en situaciones en las que los conjuntos de datos son demasiado grandes para que los humanos los administren de manera efectiva.

  Los beneficios de la IA en el análisis de datos incluyen alta velocidad y precisión, lo que puede conducir a una mejor toma de decisiones y una mayor eficiencia. Por ejemplo, la IA se puede utilizar para predecir el comportamiento de los clientes, optimizar la logística, detectar fraudes y mucho más. Sin embargo, también hay inconvenientes a tener en cuenta, como el riesgo de sesgo de los datos, ya que los sistemas de IA pueden sacar conclusiones incorrectas basadas en datos defectuosos o distorsionados. Además, la capacidad de la IA para procesar información personal puede plantear preguntas sobre la privacidad y la ética.

  A pesar de estos desafíos, la IA continúa revolucionando el campo del análisis de datos, y su potencial para transformar la forma en que entendemos y usamos los datos es enorme.

- **Modelado predictivo:** Mediante el uso de datos históricos, la IA puede predecir eventos futuros y ayudar a las organizaciones a planificar diferentes escenarios.

El modelado predictivo mediante IA es un método que utiliza datos históricos para crear modelos que pueden predecir eventos. Esta tecnología permite a las organizaciones analizar patrones y tendencias pasadas para prepararse y abordar de manera proactiva varios escenarios futuros. Mediante el uso de modelos predictivos, las organizaciones pueden mejorar su planificación y optimizar sus estrategias y recursos. Esto puede implicar la adopción de medidas preventivas para evitar o mitigar posibles problemas, lo que a su vez puede conducir a una reducción del riesgo. Además, las empresas pueden obtener información más profunda sobre el comportamiento de los clientes, lo que les permite personalizar sus productos y servicios para satisfacer mejor las necesidades futuras.

La eficiencia de la IA para procesar y analizar rápidamente grandes cantidades de datos puede ahorrar tiempo y esfuerzo, lo que convierte al modelado predictivo en una herramienta valiosa para las organizaciones. Pero también hay desventajas a tener en cuenta. La precisión de los modelos depende en gran medida de la calidad de los datos históricos utilizados. Si las circunstancias cambian, los modelos pueden volverse obsoletos y menos confiables. También existe el riesgo de un exceso de confianza en las predicciones de los modelos, lo que puede llevar a malas decisiones. Además, la complejidad de crear y mantener modelos predictivos puede ser un desafío y, a menudo, requiere experiencia.

Cuando se utiliza correctamente, el modelado predictivo puede ofrecer beneficios significativos a las organizaciones al permitirles mirar hacia el futuro y prepararse en consecuencia. Sin embargo, es importante acercarse a esta tecnología con una comprensión de su potencial y limitaciones.

- **Optimización:** La IA puede identificar la mejor solución posible a un problema simulando diferentes resultados y optimizando para alcanzar objetivos específicos.

La optimización es una parte central de la IA en la que el objetivo es encontrar la mejor solución posible a un problema determinado. Los sistemas de IA utilizan algoritmos de optimización para simular diferentes resultados e identificar el camino más eficiente para lograr objetivos específicos. Esto puede implicar minimizar los costos, maximizar la eficiencia o equilibrar una variedad de factores que influyen en una decisión.

Los beneficios de la optimización basada en IA son muchos. Por ejemplo, se puede utilizar para crear planes logísticos más eficientes, mejorar el uso de la energía en edificios inteligentes o ajustar los algoritmos para proporcionar mejores resultados de búsqueda. Pero también hay desafíos, como la necesidad de grandes cantidades de datos para entrenar los sistemas y el riesgo de que las soluciones optimizadas no tengan en cuenta eventos imprevistos o factores humanos.

A pesar de estos desafíos, la optimización con IA es una herramienta poderosa que puede conducir a mejoras significativas en muchas áreas diferentes. Al utilizar la IA para analizar y optimizar, podemos encontrar soluciones que pueden no ser obvias a primera vista, lo que nos permite resolver problemas de manera más eficiente.

- **Automatización:** Algunos procesos de toma de decisiones pueden automatizarse con IA, lo que libera tiempo para que los responsables de la toma de decisiones se centren en tareas más complejas.

  La automatización a través de la IA es un proceso en el que las máquinas y el software se hacen cargo de las tareas que tradicionalmente realizaban los humanos. Esto significa que algunos procesos de toma de decisiones pueden ser manejados por IA, liberando tiempo para que los humanos se concentren en tareas más complejas y creativas que requieren intuición y experiencia humanas.

  Los beneficios de la automatización incluyen una mayor eficiencia y productividad, ya que la IA puede trabajar más rápido y con mayor precisión que los humanos en ciertas tareas. También reduce el riesgo de error humano y puede conducir a ahorros en costos a través de la reducción de la necesidad de mano de obra para tareas repetitivas y que consumen mucho tiempo.

  Las desventajas pueden ser que se requiere una inversión inicial para desarrollar e implementar los sistemas de IA. Además, puede ser difícil garantizar que los sistemas de IA siempre tomen decisiones éticas y correctas sin supervisión humana.

  A pesar de estos desafíos, la automatización con IA es una tendencia creciente que tiene el potencial de transformar muchas industrias y lugares de trabajo, permitiendo que las personas se involucren en tareas más significativas y gratificantes. En el sector público, esto puede significar un servicio más eficiente a los ciudadanos y un mejor uso del dinero de los contribuyentes. Por otro lado, también existe una preocupación ya que la automatización podría reemplazar algunos puestos de trabajo y conducir a un aumento en el desempleo.

La IA en el apoyo a la toma de decisiones se puede dividir en diferentes clases en función de las capacidades del sistema:

- **Sistema de Apoyo a la Decisión Operativas (SADO):** Se utiliza para automatizar las decisiones rutinarias.

    El sistema SADO desempeña un papel crucial a la hora de facilitar las operaciones diarias de una empresa mediante la automatización de los procesos de toma de decisiones que, de otro modo, requerirían de intervención manual. Este sistema está diseñado para aumentar la eficiencia y acelerar la toma de decisiones en diversas áreas operativas, como la gestión de inventarios y la planificación del trabajo. Una de las principales ventajas del sistema es su capacidad para automatizar decisiones repetitivas, lo que no sólo ahorra tiempo, sino que también reduce el riesgo de error humano. Además, proporciona datos en tiempo real que son fundamentales para tomar decisiones rápidas y precisas que impactan directamente en el funcionamiento cotidiano del negocio.

    La facilidad de uso del SADO es otro factor importante, está diseñado para ser intuitivo y requiere una formación mínima, lo que lo hace accesible a empleados de todos los niveles. La integración de SADO con otros sistemas empresariales, como ERP (siglas en inglés para Enterprise Resource Planning) y CRM (siglas en inglés para Customer Relationship Management), contribuye a una visión general fluida y unificada de las operaciones de la empresa. Esta colaboración entre los sistemas permite una gestión más coherente y eficiente de los recursos de la empresa.

Al reducir el tiempo necesario para tomar decisiones rutinarias, los SADO contribuyen a aumentar la productividad y también puede suponer un ahorro de costes. Esto hace que los SADO sean una herramienta invaluable para las organizaciones que se esfuerzan por optimizar sus procesos operativos y garantizar que las decisiones se tomen de manera coherente y eficiente.

- **Sistema Táctico de Apoyo a la Decisión (STAD):** Ayuda con decisiones que tienen un impacto y complejidad medios.

Este sistema está destinado a ayudar a la toma de decisiones de nivel medio dentro de las organizaciones, aquellas decisiones con complejidad e impacto moderados. Juega un papel importante a la hora de influir en las funciones de la organización a corto y mediano plazo. Admite decisiones relacionadas con la asignación de recursos, la elaboración de presupuestos y la optimización del rendimiento, lo cual es fundamental para mantener operaciones eficientes.

Una de las características más destacadas del STAD es su capacidad para analizar diferentes opciones de acción y evaluar sus posibles consecuencias. Esto ayuda a los responsables de la toma de decisiones a identificar el camino más ventajoso a seguir. La flexibilidad de estos sistemas los hace capaces de adaptarse a las condiciones cambiantes y reevaluar rápidamente las decisiones basadas en nueva información, lo cual es crucial en un entorno empresarial dinámico.

El STAD a menudo incluye simulación y modelado, lo que permite a las organizaciones anticipar los resultados de diferentes estrategias antes de que se implementen. Esto puede reducir el riesgo y aumentar las posibilidades de éxito. Además, la integración de

STAD con otros sistemas operativos y estratégicos puede proporcionar una visión más coherente de las operaciones de la organización, lo que conduce a decisiones mejor informadas y más efectivas.

El STAD es esencial para las organizaciones que desean un nivel intermedio de apoyo a la toma de decisiones que pueda manejar tareas complejas y, al mismo tiempo, ser lo suficientemente ágil como para adaptarse rápidamente al cambio.

- **Sistema de Apoyo a la Decisión Estratégica (SADE):** Es utilizado para tomar decisiones que tienen un gran impacto en el futuro de la organización.

El SADE es una herramienta crítica para la alta dirección, ya que proporciona apoyo en las decisiones que tienen un impacto significativo y a largo plazo en el futuro de la organización. Este sistema aprovecha grandes cantidades de datos de una variedad de fuentes y utiliza modelos analíticos avanzados para proporcionar información que es crítica para la planificación estratégica. Una de las características más destacadas del SADE es su capacidad para realizar análisis de datos complejos, lo que significa que se pueden identificar tendencias, patrones y relaciones que no son evidentes de inmediato.

El SADE también permite la planificación hacia el futuro de modo que la gerencia puede explorar y evaluar diferentes escenarios y su impacto potencial en la organización. Esto puede incluir desde cambios en el mercado hasta desarrollos tecnológicos. La gestión de riesgos es otro aspecto importante del SADE, ya que puede utilizarse para evaluar y gestionar el riesgo, lo que permite a las organizaciones tomar decisiones informadas al asumir riesgos.

La planificación a largo plazo es donde realmente brilla el SADE, ya que es particularmente útil en el desarrollo de estrategias y planes a largo plazo, como determinar inversiones futuras o planes de expansión. Por último, la adaptabilidad del SADE es un factor crucial, se puede adaptar a las necesidades y requisitos específicos dentro de una organización, lo que lo convierte en una herramienta flexible y valiosa para la toma de decisiones estratégicas.

Al integrar la IA en los sistemas de apoyo a la toma de decisiones, las organizaciones pueden mejorar su capacidad de respuesta, eficiencia y rendimiento general.

Beneficios de la IA en los sistemas SSD

La inteligencia artificial tiene el potencial de revolucionar los sistemas SSD al ofrecer una serie de beneficios que pueden mejorar los procesos y la eficiencia de dichos sistemas. Las tecnologías de IA, como el aprendizaje automático y el aprendizaje profundo, están diseñadas para procesar y analizar rápidamente grandes cantidades de datos, lo que es especialmente valioso en una era en la que el volumen de éstos crece exponencialmente. Con la IA, los SSD pueden identificar patrones, tendencias y anomalías en tiempo real, lo que permite tomar decisiones más rápidas e informadas.

Los sistemas de IA suelen ser altamente personalizables y pueden ampliarse o reducirse en función de las necesidades. Esto significa que los SSD se pueden adaptar para manejar diferentes tipos de situaciones de toma de decisiones, desde simples decisiones operativas hasta consideraciones estratégicas complejas. La IA también puede mejorar la experiencia del usuario en los SSD al ofrecer interfaces más intuitivas y fáciles de usar. Los chatbots y asistentes virtuales impulsados por IA pueden proporcionar respuestas rápidas a las preguntas de los usuarios y guiarlos a través del proceso de toma de decisiones.

La IA tiene el potencial de revolucionar la forma en que gestionamos los procesos empresariales al integrarse con los sistemas existentes:

-En los sistemas financieros, la IA puede agilizar la contabilidad automatizando la entrada de datos y la coincidencia de transacciones, reduciendo el riesgo de error humano y liberando tiempo para tareas más estratégicas. La IA también puede analizar datos financieros para proporcionar información más detallada y mejorar la elaboración de presupuestos y previsiones.

-Cuando se trata de sistemas CRM, la IA puede mejorar las relaciones con los clientes mediante el uso de chatbots para brindar un servicio oportuno y relevante. También puede ayudar con la previsión de ventas y liquidez mediante el análisis de los datos de los clientes para identificar tendencias y optimizar estrategias.

-En el caso de los sistemas ERP, la IA puede anticipar las necesidades de inventario y gestionar las cadenas de suministro de forma más eficiente, así como optimizar la planificación de la producción mediante la predicción de las necesidades de mantenimiento.

La integración de la IA en estos sistemas crea un flujo de información más coherente, mejorando la toma de decisiones y aumentando la eficiencia operativa. Esto también conduce a una mejor coordinación entre departamentos y a una visión más unificada de los datos de la organización. En el sector público, esto puede reducir el riesgo de decisiones arbitrarias al ofrecer un proceso de toma de decisiones más objetivo y coherente. A pesar de los desafíos, como los costos de inversión inicial y las preocupaciones sobre el desempleo, la automatización con IA es una tendencia que tiene el potencial de transformar la industria y los lugares de trabajo, permitiendo que las personas se dediquen a tareas más significativas.

Beneficios de la IA en los sistemas SSD:

- **Análisis de datos más rápido**: Las tecnologías de IA, como el aprendizaje automático y el aprendizaje profundo, están diseñadas para procesar y analizar rápidamente grandes cantidades de datos, lo que es especialmente valioso en una era en la que éstos crecen exponencialmente. Con ayuda de la IA, los SSD pueden identificar patrones, tendencias y anomalías en tiempo real, lo que permite tomar decisiones más rápidas e informadas.

- **Mejora de la calidad de las decisiones**: Mediante el uso de la IA, los SSD pueden aprovechar los algoritmos avanzados para predecir los resultados y generar recomendaciones basadas en datos históricos y tendencias actuales. Esto puede conducir a una mayor calidad en la toma de decisiones y reducir el riesgo de error humano.

- **Automatización de tareas repetitivas**: La IA puede automatizar muchas de las tareas repetitivas que consumen mucho tiempo y que tradicionalmente realizaban los humanos. Esto incluye la captura de datos, la generación de informes e incluso algunos tipos de análisis. Al automatizar estas tareas, los SSD pueden liberar el tiempo del personal para que pueda centrarse en tareas más complejas y estratégicas.

- **Personalización y escalabilidad**: Los sistemas de IA suelen ser altamente personalizables y pueden ampliarse o reducirse en función de la necesidad. Esto significa que los SSD se pueden adaptar para manejar diferentes tipos de situaciones de toma de decisiones, desde simples decisiones operativas hasta consideraciones estratégicas complejas.

- **Experiencia de usuario mejorada**: La IA también puede mejorar la experiencia del usuario en SSD al ofrecer interfaces más intuitivas y fáciles de usar. Por ejemplo, los chatbots y asistentes virtuales impulsados por IA pueden proporcionar respuestas rápidas a las preguntas de los usuarios y guiarlos a través del proceso de toma de decisiones.

- **Gestión y prevención de riesgos**: Con la IA, los SSD pueden identificar riesgos y problemas potenciales antes de que ocurran. La IA puede analizar datos para encontrar indicadores de problemas futuros, lo que permite a las organizaciones tomar medidas proactivas para evitar o mitigar estos riesgos.

- **Integración con otros sistemas**: La IA puede integrarse con otros sistemas empresariales, como sistemas ERP y CRM para crear un flujo de información más coherente y eficiente. Esto puede conducir a una mejor coordinación entre departamentos y a una visión más unificada de los datos de su organización.

Los sistemas SSD facultados con IA ofrecen una serie de beneficios que pueden transformar la manera en que las organizaciones toman decisiones. Desde un análisis de datos más rápido hasta la mejora de la calidad de las decisiones y la automatización de tareas, la IA puede ayudar a que los SSD sean más eficientes, adaptables y fáciles de usar. Si bien existen desafíos y riesgos asociados con la implementación de la IA, el potencial de mejora es significativo y vale la pena explorarlo para cualquier organización que busque seguir siendo competitiva en un mundo cada vez más impulsado por los datos.

Beneficios del uso de la IA en los sistemas SSD en el sector privado

La IA tiene un enorme potencial en el sector privado, no sólo para mejorar los procesos internos, sino también para impulsar el crecimiento y la innovación. La IA es un recurso poderoso que, cuando se usa correctamente, puede transformar la forma en que las empresas operan y compiten en el mercado. La IA puede automatizar y optimizar los flujos de trabajo, reduciendo el tiempo que se emplea para completar las tareas y aumentando la productividad dentro de la empresa. Esto conduce a una mayor eficiencia y permite a los empleados centrarse en actividades más generadoras de valor. La IA puede mejorar la experiencia del cliente mediante el análisis de sus datos para crear interacciones más personalizadas y relevantes. Esto puede aumentar la satisfacción y la lealtad, lo cual es crucial para el éxito a largo plazo de un negocio. El ahorro de costes es otro beneficio de la IA, ya que puede ayudar a reducir aquellos relacionados con la operación, mediante la racionalización de los procesos y la reducción de la necesidad de intervención manual. Esto puede conducir a costos más bajos y márgenes más altos. La gestión de riesgos también se mejora con la IA, ya que puede identificar y evaluar los riesgos de forma más rápida y precisa que los analistas humanos. Esto ayuda a las empresas a evitar errores costosos y a adaptarse rápidamente a las condiciones cambiantes del mercado.

La IA en el desarrollo de productos innovadores ofrece ventajas ya que permite analizar las tendencias del mercado y el comportamiento de los consumidores, permitiendo el desarrollo de productos y servicios que satisfagan las necesidades y expectativas de los clientes. Por último, la IA puede ayudar a impulsar una toma de decisiones más eficaz al proporcionar a los líderes empresariales acceso a datos e información en tiempo real, ayudándoles a tomar decisiones más rápidas e informadas. Esto es especialmente valioso en un entorno empresarial que cambia rápidamente y en el que las decisiones rápidas y precisas pueden marcar la diferencia entre el éxito y el fracaso.

Beneficios del uso de la IA en los sistemas SSD para el sector privado:

- **Aumento de la productividad:** La IA puede automatizar y optimizar los flujos de trabajo, reduciendo el tiempo que toma completar las tareas y aumentando la productividad dentro de la empresa.

- **Mejora de la experiencia del cliente:** Mediante el uso de la IA para analizar los datos de los clientes, las empresas pueden crear para ellos experiencias más personalizadas y relevantes, lo que puede conducir a una mayor satisfacción y lealtad.

- **Ahorro de costes:** La IA puede ayudar a reducir los costes operativos mediante la racionalización de los procesos y la reducción de la necesidad de intervención manual.

- **Gestión de riesgos:** La IA puede identificar y evaluar los riesgos de forma más rápida y precisa que los analistas humanos, lo que ayuda a evitar errores costosos en las empresas.

- **Desarrollo de productos innovadores:** Mediante el uso de la IA para analizar las tendencias del mercado y los comportamientos de los consumidores, las empresas pueden desarrollar productos y servicios innovadores que satisfagan las necesidades de los clientes.

- **Toma efectiva de decisiones:** La IA puede proporcionar a los líderes empresariales acceso a datos e información en tiempo real que les ayuden a tomar decisiones más rápidas e informadas.

Beneficios del uso de la IA en los sistemas SSD en el sector público

La IA puede ayudar a identificar áreas en las que puede ser necesario ajustar o mejorar las políticas públicas, garantizando que sigan siendo relevantes y eficaces a lo largo del tiempo. La IA puede ayudar a que la formulación de políticas sea más dinámica, receptiva y adaptada a un mundo en constante cambio, lo cual es esencial para mantener una administración pública justa y que funcione bien. La IA también puede mejorar la interoperabilidad entre los SSD y los sistemas de apoyo operativo, facilitando la colaboración y el intercambio de información. Esto es particularmente importante en el sector público, donde diferentes organismos a menudo necesitan compartir información para ofrecer servicios coherentes.

Además, la IA en los SSD puede facilitar una planificación de recursos más fluida. Al combinar las dos tecnologías, para predecir la demanda de diversos servicios y recursos, las autoridades públicas pueden planificar de manera más eficiente y evitar la sobreabundancia o la escasez. Esto puede dar lugar a servicios públicos más rentables y sostenibles, lo cual es esencial para mantener un alto nivel de servicio a pesar de las limitaciones presupuestarias.

En el sector público, la automatización con IA puede reducir el riesgo de decisiones arbitrarias que, de otro modo, podrían ser tomadas por agentes humanos. Al utilizar la IA en los procesos de toma de decisiones, podemos garantizar una gestión más objetiva y coherente de los casos, lo que conduce a la justicia social, al uso correcto del sistema de bienestar y a resultados predecibles. Esto es especialmente importante en situaciones en las que las decisiones pueden tener un gran impacto en la vida y el bienestar de las personas.

Por último, la IA puede mejorar los procesos de validación de datos y digitalización de documentos, aumentando la precisión y accesibilidad de la información pública. Esto es especialmente importante en un momento en el que el acceso a información precisa y actualizada es crucial tanto para los ciudadanos como para los responsables políticos.

Estos beneficios demuestran que el potencial de la IA no sólo moderniza el sector público, sino que también puede mejorar su calidad y accesibilidad para los ciudadanos. Es un momento emocionante para que el sector público explore e implemente soluciones de IA para enfrentar los desafíos del futuro.

Beneficios del uso de la IA en los sistemas de apoyo a la toma de decisiones para el sector público:

- **Optimización de los servicios:** La IA puede automatizar actividades cognitivas simples y repetitivas, liberando tiempo de trabajo para actividades de mayor valor.

- **Mejora de la creación de políticas:** La IA tiene el potencial de mejorar la eficiencia y la eficacia en todas las etapas de la creación de políticas al proporcionar a los responsables de la toma de decisiones herramientas para ofrecer más valor a sus partes interesadas.

- **Mejora de la prestación de servicios:** La IA puede respaldar la personalización de servicios centrada en el usuario, lo que aumenta la eficiencia de la prestación de servicios públicos.

- **Mayor interoperabilidad:** La IA puede utilizarse como herramienta para mejorar la interoperabilidad, facilitando la colaboración y el intercambio de información entre diferentes organismos públicos.

- **Planificación ágil de los recursos:** La IA puede contribuir a una mejor planificación y control de los recursos, lo que conduce a unos servicios públicos más rentables y sostenibles.

- **Validación y digitalización de datos:** La IA puede mejorar los procesos de validación de datos y digitalización de documentos, aumentando la precisión y accesibilidad de la información pública.

- **Justicia de bienestar y uso correcto del sistema de bienestar:** Mediante el uso de la IA, podemos garantizar el uso correcto y justo del sistema de bienestar a través de procesos de toma de decisiones objetivos y basados en datos que minimicen el sesgo y el error humanos.

Desventajas de la IA en los SSD

Los sistemas de IA pueden carecer de la emoción y la creatividad humanas que a veces se requieren para tomar decisiones. Si bien la IA puede manejar tareas lógicas y basadas en datos de manera efectiva, puede ser más difícil para el sistema manejar situaciones que requieren empatía, juicio ético o soluciones creativas. El uso de la IA en los SSD también plantea cuestiones éticas y legales, especialmente en lo que respecta al manejo de datos personales y la necesidad de cumplir con regulaciones como el RGPD. Las decisiones basadas en la IA pueden cuestionarse si no pueden explicarse de forma transparente, lo que se conoce como el problema de la "caja negra".

La eficacia de los sistemas de IA depende en gran medida de la calidad de los datos con los que se entrenan. Si la información es incompleta o sesgada, puede llevar a conclusiones y decisiones incorrectas, lo que puede tener graves consecuencias para las personas y las organizaciones. Los sistemas de IA requieren una supervisión y actualización continuas para seguir siendo eficaces y relevantes. La tecnología está evolucionando rápidamente y los sistemas deben actualizarse para mantenerse al día con las nuevas tendencias y cambios en el mundo que los rodea. Esto hay que tenerlo en cuenta durante todo el proceso. Consultar mi libro que pronto se publicará sobre el modelo de refractor "AI and SSD: The Road to Agile Business Integration with the Refractor Model".

El modelo refractor puede ayudar a abordar los posibles inconvenientes y riesgos de la IA en los SSD mediante la aplicación de un enfoque estructurado y metodológico. El modelo fomenta un proceso paso a paso en el que cada fase implica una evaluación cuidadosa del impacto de la tecnología, los costos y los aspectos éticos y legales de la implementación de la IA. En los pasos iniciales que conducen a la especificación de los requisitos, se identifican las necesidades y los objetivos específicos de la integración de la IA, lo que ayuda a definir una dirección clara para el proyecto.

El paso 4 del modelo refractor, que se centra en garantizar el cumplimiento de las leyes y directrices, es una parte fundamental del proceso de integración de la IA en los sistemas SSD. Este paso implica revisar y adaptar cuidadosamente el sistema de IA para garantizar que cumple con la legislación aplicable, incluidas las regulaciones de protección de datos (como el RGPD), así como las políticas internas y las pautas éticas. Durante este paso, se evalúan las medidas de protección de datos del sistema de IA para garantizar que los datos personales se manejen de manera segura y legal. Esto incluye la implementación de protocolos de seguridad adecuados y la garantía de que la privacidad de los usuarios esté protegida. Además, se revisan los procesos de toma de decisiones del sistema para garantizar que sean justos, no discriminatorios y transparentes.

Al incorporar el paso 4 del modelo refractor, las organizaciones pueden abordar de manera proactiva los aspectos legales y éticos del uso de la IA en los SSD, reduciendo el riesgo de litigios y ayudando a mantener la confianza pública en la tecnología. Este paso también ayuda a garantizar que el sistema de IA pueda adaptarse y actualizarse a medida que cambia la legislación, lo cual es crucial para la integración sostenible y a largo plazo de la IA.

Durante la fase de diseño, se tiene en cuenta la experiencia del usuario y la interacción con el sistema de IA, lo que garantiza que la tecnología complemente a los responsables humanos de la toma de decisiones en lugar de sustituirlos. Durante la fase de implementación, el sistema de IA se supervisa de cerca para identificar y corregir cualquier laguna o sesgo en la información. Esto también incluye garantizar que el sistema sea transparente y explicable, lo cual es importante para mantener la confianza en los SSD.

Finalmente, durante la fase de evaluación, se revisa continuamente el rendimiento y la eficiencia del sistema de IA y se realizan ajustes para mejorar y adaptar el sistema a las condiciones y necesidades cambiantes.

Al seguir las pautas del modelo Refractor, las organizaciones pueden reducir el riesgo y maximizar los beneficios de la IA en los SSD, lo que conduce a un uso más responsable y sostenible de la tecnología.

La implementación de la IA en los sistemas SSD puede implicar costes significativos. Se requieren inversiones no sólo en tecnología y software, sino también en capacitación del personal y reestructuración de los procesos de trabajo. Para las organizaciones más pequeñas o aquellas en el sector público con presupuestos limitados, estos costos pueden ser un gran desafío. Cuando los sistemas de IA se hacen cargo de tareas que antes realizaban los humanos, existe el riesgo de alimentar el desempleo. Esto puede crear ansiedad entre los empleados y requiere una gestión cuidadosa para garantizar una transición sin problemas. Las organizaciones deben encontrar formas de volver a capacitar o redistribuir al personal afectado por la automatización.

Se ha dicho ya que la eficacia de los sistemas de IA depende del aseguramiento de la calidad de los datos para evitar concluir o decidir de manera equívoca, con las consecuencias que ello tiene. Por lo tanto, los sistemas de IA requieren una supervisión y actualización continuas para seguir siendo eficaces y relevantes, especialmente porque la tecnología evoluciona rápidamente y los sistemas deben actualizarse para mantenerse al día con las nuevas tendencias y cambios en el mundo que los rodea.

Desventajas:

Costos de implementación: La implementación de la IA en los sistemas de apoyo a la toma de decisiones puede ser un asunto costoso. Requiere inversión no solo en tecnología y software, sino también en capacitación del personal y reestructuración de los procesos de trabajo. Estos costos pueden ser significativos, especialmente para las organizaciones más pequeñas o aquellas en el sector público con presupuestos limitados.

Riesgo de pérdida de empleo: Cuando los sistemas de IA automatizan tareas que antes realizaban los humanos, existe el riesgo de pérdida de empleo. Esto puede provocar ansiedad entre los empleados y requiere una gestión cuidadosa para garantizar una transición sin problemas. Las organizaciones deben encontrar formas de volver a capacitar o redistribuir al personal afectado por la automatización.

Falta de emoción y creatividad humanas: Los sistemas de IA pueden carecer de la emoción y la creatividad humanas que a veces se requieren para tomar decisiones. Si bien la IA puede manejar tareas lógicas y basadas en datos de manera efectiva, puede ser más difícil para el sistema manejar situaciones que requieren empatía, juicio ético o soluciones creativas.

Cuestiones éticas y jurídicas: El uso de la IA en los aspectos de seguridad también plantea cuestiones éticas y jurídicas. Existen preocupaciones sobre cómo la IA maneja los datos personales, y es importante cumplir con regulaciones de confidencialidad. Además, las decisiones basadas en la IA pueden ser cuestionadas si no pueden explicarse de forma transparente.

Dependencia de la calidad de los datos: La eficacia de los sistemas de IA depende en gran medida de la calidad de los datos con los que se entrenan. Si los datos son defectuosos o sesgados, pueden llevar a conclusiones y decisiones incorrectas, lo que puede tener graves consecuencias para las personas y las organizaciones.

Necesidad de supervisión y actualización continuas: Los sistemas de IA requieren una supervisión y actualización continuas para seguir siendo eficaces y relevantes. La tecnología está evolucionando rápidamente y los sistemas deben actualizarse para mantenerse al día con las nuevas tendencias y cambios en el mundo que los rodea.

En conclusión, si bien la IA ofrece muchos beneficios a los SSD, es importante considerar y gestionar cuidadosamente los posibles inconvenientes y riesgos para garantizar el uso responsable y sostenible de la tecnología.

Peligros de la IA en sistemas SSD

La integración de la IA en los sistemas SSD puede conllevar ciertos peligros que es importante tener en cuenta. Uno de los mayores desafíos es que los sistemas de IA a menudo pueden ser opacos, lo que significa que sus procesos de trabajo internos y su lógica de toma de decisiones no siempre son claros o comprensibles para los usuarios. Esto puede conducir a una falta de confianza en el sistema, ya que los usuarios y los responsables de la toma de decisiones pueden tener dificultades para entender cómo y por qué se toman ciertas decisiones. Es importante que los sistemas de IA se diseñen teniendo en cuenta la transparencia, para que puedan explicar sus decisiones de una manera que sea comprensible para los humanos.

Para hacer frente a estos peligros, el modelo refractor puede utilizarse para garantizar que los sistemas de IA se desarrollen e implementen de forma responsable. El modelo fomenta un proceso iterativo en el que cada paso implica una cuidadosa evaluación y ajuste del sistema. Esto incluye garantizar que el sistema de IA sea transparente y que sus decisiones puedan explicarse, así como supervisar y probar continuamente el sistema en busca de sesgos. Siguiendo estos pasos, las organizaciones pueden reducir el riesgo y crear sistemas SSD potentes y fiables.

Conclusión

La IA tiene el potencial de revolucionar los sistemas SSD al ofrecer herramientas analíticas avanzadas, una mejor gestión de datos y procesos automatizados de toma de decisiones. Estas tecnologías pueden conducir a decisiones más rápidas, precisas y rentables. La IA también puede ayudar a descubrir patrones e información que, de otro modo, estarían ocultos en grandes cantidades de datos, lo que permite tomar decisiones proactivas y estratégicas.

Al mismo tiempo, es importante ser conscientes de los desafíos y riesgos que puede traer la IA. Sin una supervisión y una gobernanza cuidadosas, los sistemas de IA pueden tener consecuencias no deseadas, como el sesgo en la toma de decisiones o la falta de transparencia. Es crucial que las organizaciones consideren estos riesgos e implementen la IA de una manera que respete las pautas éticas y los requisitos legales.

Para maximizar los beneficios y minimizar los riesgos de la IA en los sistemas SSD, las organizaciones deben seguir un marco estructurado para su implementación y monitoreo. Esto incluye establecer objetivos claros para el uso de la IA, garantizar la calidad de los datos utilizados para entrenar los modelos y crear procesos para la revisión y mejora continua de los sistemas de IA.

Al combinar las capacidades avanzadas de la IA con la experiencia y el juicio humanos, los SSD pueden ser más robustos y eficientes. Es a través de este enfoque equilibrado que las organizaciones y las personas pueden aprovechar al máximo las capacidades de la IA mientras navegan a través de su complejidad de manera responsable. El modelo refractor es de gran ventaja en este contexto, ya que ofrece una metodología estructurada para el desarrollo de los SSD con IA. El modelo ayuda a identificar y abordar los riesgos potenciales en las primeras etapas, asegurando que todos los aspectos de la integración de la IA estén bien pensados y que el sistema esté alineado para satisfacer las necesidades actuales y futuras. Esto permite a las organizaciones desarrollar un SSD que no sólo sea tecnológicamente avanzado, sino también ética y legalmente sólido, lo cual es fundamental para el éxito y la aceptación a largo plazo de la IA dentro de los SSD.

Una anécdota divertida en este contexto

Esta vez se trata de un chico que trabajaba en una tienda de comestibles. Era bueno y se atenía a las reglas e instrucciones. Un día, mientras hacía su trabajo rutinario, se le acercó un cliente que quería comprar media sandía en el departamento de frutas. El chico que trabajaba en la tienda le explicó al cliente que no vendían medias sandías, que tendría que comprar una sandía entera. El cliente insistió y dijo: "Soy el cliente y le exijo que confirme con el gerente que está bien que compre media sandía".

Avergonzado, el empleado entró en el almacén para hablar con el jefe y dijo: "Hay un idiota por ahí que quiere que corte una sandía, porque solo quiere comprar la mitad". Inmediatamente después, giró la cabeza y se dio cuenta, para su desesperación, que el cliente lo había seguido hasta el almacén y había escuchado su conversación con el gerente. Así que rápidamente agregó: "... ¡Y este señor quiere comprar la otra mitad!"

El cliente salió satisfecho de la tienda con su media sandía. El jefe se dio cuenta de lo rápido e inteligente que era el chico. Después de un rato, se le acercó y le dijo: "Me di cuenta de tu forma rápida y hábil de resolver el problema potencial en el que podríamos habernos metido, y de la inteligencia con la que lo resolviste".

El jefe continuó: "Tengo una sugerencia para ti. Vamos a abrir una sucursal en el norte del país y necesitamos un gerente de tienda. Quiero ofrecerte el trabajo".

El tipo respondió rápidamente y sin pensarlo: "Nunca me mudaría a la parte norte del país, solo hay futbolistas y prostitutas".

"Mmm", respondió el gerente, "mi esposa es de la parte norte del país".

El empleado pensando rápidamente respondió interrogativamente: "¡Oh! ¿Y en qué equipo de fútbol jugó?

Esta historia está llena de humor y muestra rapidez de pensamiento y creatividad, pero también incluye varias lecciones importantes para los líderes:

1. La importancia del pensamiento rápido y la resolución creativa de problemas

El empleado demostró una impresionante capacidad para adaptarse rápidamente y manejar una situación potencialmente embarazosa. Los líderes pueden aprender a valorar y fomentar estas cualidades en sus empleados, ya que pueden ser invaluables para hacer frente a desafíos inesperados.

2. Servicio al cliente y flexibilidad

La historia subraya la importancia de ser flexible y estar orientado al cliente. Aunque la empresa tiene reglas y políticas, a veces es necesario adaptarse a las necesidades de los clientes para mantener buenas relaciones con ellos. Los líderes deben crear una cultura de trabajo en la que los empleados se sientan capacitados para hacer excepciones cuando sea razonable y beneficie la satisfacción del cliente.

3. Habilidades de comunicación y tacto

Incluso si el empleado logró darle la vuelta a la situación con el cliente, su comentario posterior al gerente muestra una falta de tacto y conciencia del entorno. Esto subraya la necesidad de capacitar a los empleados en habilidades de comunicación efectivas y la importancia de ser conscientes de sus palabras y su impacto potencial.

4. Sensibilidad cultural y respeto

La historia también ilustra la necesidad de ser sensible y mostrar respeto a otras culturas. Los comentarios que pueden percibirse como despectivos sobre una región o grupo en particular pueden crear un mal ambiente y malentendidos. Los líderes deben fomentar un ambiente de trabajo en el que todos sean tratados con respeto y en el que se valoren los diversos orígenes.

5. Recompensar y desarrollar el talento

El gerente vio el potencial del empleado y estaba dispuesto a recompensarlo con una responsabilidad mayor. Es importante que los líderes reconozcan y fomenten el talento dentro de la organización. Al ofrecer oportunidades de crecimiento y desarrollo, los líderes pueden retener y motivar a sus mejores empleados.

6. Aprendiendo de los errores

Aunque el empleado cometió un error con su comentario sobre la parte norte del país, mostró la capacidad de recuperarse rápidamente. Los líderes deben crear un entorno en el que los errores se vean como lecciones aprendidas y en el que los empleados se sientan seguros para admitir y corregir sus errores.

Al reflexionar sobre estas lecciones, los líderes pueden mejorar su estilo de liderazgo y contribuir a un lugar de trabajo más dinámico, respetuoso y eficaz.

Capítulo 3: Sistemas de Soporte a la Toma de Decisiones (SSD) y Liderazgo

Crear estrategias adaptables

Cuando observamos los sistemas SSD desde una perspectiva de liderazgo, queda claro que no solamente son una solución técnica, sino también una poderosa herramienta para apoyar el liderazgo y la toma de decisiones en todos los niveles de una organización. Para los líderes, los SSD son más que una herramienta para el análisis de datos, son un recurso que les permite tomar decisiones informadas basadas en conocimientos objetivos. Al utilizar los SSD, los líderes pueden beneficiarse de una comprensión más profunda del rendimiento de la organización, las condiciones del mercado y el comportamiento de los clientes, lo que da una ventaja competitiva a la hora de formular estrategias y tomar decisiones. Una de las principales ventajas de los SSD es su capacidad para actuar como una "única fuente de verdad" para la organización. Al recopilar e integrar datos de varias fuentes, los SSD crean una visión unificada y coherente del negocio, lo que permite a los líderes tomar decisiones sobre una base sólida de hechos e información. Además de proporcionar datos y análisis, los SSD desempeñan un papel importante en el apoyo a los líderes a lo largo del proceso de toma de decisiones. Al ofrecer herramientas de modelado y simulación de decisiones, los SSD permiten a los líderes explorar diferentes escenarios y evaluar las implicaciones de las diferentes opciones antes de tomar decisiones.

Otra función importante de los SSD es su capacidad para apoyar la planificación estratégica y la implementación. Al proporcionar datos y análisis en tiempo real, los SSD pueden ayudar a los líderes a monitorear la ejecución de la estrategia, identificar cualquier discrepancia y tomar medidas para corregir el rumbo cuando sea necesario. Por último, los SSD también pueden ayudar a fomentar una cultura de toma de decisiones basada en hechos y de mejora continua en la organización. Al poner los datos y la analítica a disposición de todos los empleados, los SSD pueden ayudar a aumentar la transparencia y la apertura en el proceso de toma de decisiones y fomentar un entorno de trabajo más colaborativo y basado en el conocimiento. Los sistemas de apoyo a la toma de decisiones no son sólo una herramienta para el análisis de datos, sino también un recurso fundamental para los líderes que desean tomar decisiones informadas, impulsar el cambio estratégico y fomentar una cultura de mejora continua en sus organizaciones.

Los SSD no son solamente una herramienta para recopilar y analizar datos, sino también un recurso crítico para crear e implementar estrategias flexibles y ágiles (ver Capítulo 4: Modelo de integración de los sistemas de soporte a la decisión del refractor). El desarrollo de planes flexibles utilizando SSD permite que los líderes adapten rápidamente sus estrategias a las condiciones cambiantes del mercado. Al proporcionar herramientas y datos que respaldan un proceso de planificación ágil, los SSD pueden ayudar a los líderes a reevaluar y ajustar sus estrategias en tiempo real. Esto brinda a las organizaciones la oportunidad de reaccionar rápidamente al cambio y así mantener su competitividad.

La planificación receptiva habilitada por SSD significa que las empresas pueden utilizar datos y análisis en tiempo real para identificar cambios en el mercado y ajustar inmediatamente sus planes en consecuencia. Al contar con planes flexibles, las empresas pueden gestionar mejor la incertidumbre y aprovechar las nuevas oportunidades de negocio que surgen. Además, una metodología ágil en SSD apoya una cultura de mejora continua y adaptación. Al permitir una respuesta rápida al cambio, las empresas pueden adaptar sus procesos y sistemas en tiempo real, lo que les brinda una ventaja competitiva en un entorno empresarial que cambia rápidamente. Al trabajar en ciclos de desarrollo cortos, las empresas pueden probar y mejorar continuamente sus sistemas y estrategias, lo que conduce a una mayor productividad y mejores soluciones. La metodología ágil también promueve la colaboración y el compromiso dentro de los equipos, lo cual es fundamental para el éxito de la implementación de estrategias adaptativas. Al integrar estas capacidades, los SSD pueden ayudar a las empresas no sólo a responder a los cambios del mercado, sino también a darle forma de manera proactiva a través de la innovación y la planificación estratégica.

Mejorar la toma de decisiones

Cuando se trata de mejorar la toma de decisiones desde la perspectiva del líder, los SSD se convierten en un recurso indispensable que abarca tanto los aspectos estratégicos como operativos de la empresa.

Decisiones estratégicas:

Para los líderes, los SSD son un activo valioso a la hora de tomar decisiones estratégicas que pueden afectar a largo plazo la dirección de la empresa. Al proporcionar una gran cantidad de datos y análisis, los SSD permiten a la gerencia tomar decisiones informadas. Con análisis y conocimientos en profundidad, la gerencia puede evitar tomar decisiones basadas en percepciones subjetivas y, en su lugar, utilizar datos objetivos para respaldar decisiones que se alineen con la visión y los objetivos a largo plazo de la empresa. Además, los SSD hacen posible la planificación a largo plazo al permitir a la gerencia anticipar las tendencias y desafíos futuros y preparar medidas para enfrentarlos. Cuando el líder identifica y gestiona los riesgos potenciales con antelación, los SSD también pueden ayudar a garantizar que las estrategias de la empresa sean sostenibles y sólidas.

Decisiones operativas:

A nivel operativo, el uso de SSD es fundamental para optimizar las operaciones diarias y mejorar la eficiencia. Al utilizar SSD para analizar y evaluar los flujos de trabajo y procesos diarios, la administración puede identificar cuellos de botella e ineficiencias y tomar medidas para solucionarlos. Cuando el líder optimiza las operaciones, el uso de recursos y reduce los costos innecesarios, la organización puede lograr ahorros y una mayor rentabilidad. Además, los SSD pueden ayudar a implementar cambios que conduzcan a una mayor productividad y formas de trabajo más rápidas, lo que permite a la empresa operar de manera más eficiente y competitiva en el mercado.

Apoyo al proceso de innovación

Para los líderes, estimular el proceso de innovación es fundamental para mantener la competitividad y sostenibilidad de la empresa a largo plazo. Los sistemas SSD desempeñan un papel fundamental permitiendo y apoyando este proceso de innovación, tanto al ofrecer información basada en datos como abriendo oportunidades para la creación rápida de prototipos.

Innovación basada en datos

La innovación basada en datos es un método poderoso para que los líderes comprendan y den forma al mercado en un mundo empresarial que cambia rápidamente. Cuando los líderes utilizan datos transformados en información estratégica, la información se puede utilizar como piedra angular del sistema SSD y luego el líder puede comprender más profundamente las tendencias del mercado, los comportamientos de los clientes y los desafíos comerciales. Con un análisis cuidadoso, los SSD pueden descubrir patrones y tendencias que de otro modo podrían pasar desapercibidos, señalando así las necesidades o deseos no descubiertos de los clientes. Estos conocimientos proporcionan el combustible para la creatividad y la innovación dentro de la organización. El líder puede aplicar métodos basados en datos y animar a sus equipos a pensar fuera de la caja y crear nuevos productos, servicios o modelos de negocio que respondan a las demandas y expectativas del mercado. Al identificar las áreas en las que hay margen de mejora o nuevas soluciones, los líderes pueden encabezar el desarrollo de ofertas innovadoras que satisfagan mejor las necesidades y deseos de los clientes.

Cuando el líder puede adoptar innovaciones basadas en datos, las organizaciones pueden ser más ágiles y adaptables respondiendo a un mercado que cambia rápidamente. Al utilizar los datos como guía, los líderes pueden crear una cultura de mejora continua e innovación, que es fundamental para mantener la competitividad e impulsar el crecimiento en el mundo empresarial actual.

"Prototipado" rápido

Para facilitar el rápido desarrollo de nuevas ideas e innovaciones, los SSD pueden actuar como catalizadores para la creación rápida de prototipos. Mediante el uso de herramientas y plataformas dedicadas para crear y probar prototipos basados en modelos analíticos, los SSD pueden permitir un proceso fluido e iterativo para explorar y mejorar nuevos conceptos. Esta metodología de desarrollo iterativo permite a la organización probar y validar de manera efectiva diferentes ideas antes de que se implementen por completo en el mercado.

La empresa puede acortar el tiempo de desarrollo desde la idea hasta el lanzamiento para una rápida adaptación a las nuevas oportunidades de negocio y a las necesidades de los clientes. La organización puede experimentar e iterar rápidamente a través de diferentes conceptos evitando invertir grandes recursos en ideas que no necesariamente tendrán éxito. En su lugar, la organización concentrará sus recursos en las ideas que resulten más prometedoras y estratégicamente relevantes para el futuro de la empresa.

En su conjunto, los SSD desempeñan un papel fundamental apoyando e impulsando a los líderes en el proceso de innovación dentro de la organización. Al combinar los conocimientos basados en datos con la capacidad de crear prototipos rápidamente, la empresa puede adoptar un enfoque proactivo e innovador, que es de suma importancia para mantener el beneficio social o la competitividad y estimular la rentabilidad o el crecimiento y el éxito a largo plazo.

Rentabilidad y ventaja competitiva a través de los SSD

Los SSD son soluciones tecnológicas que ayudan a las organizaciones a tomar decisiones informadas mediante el análisis y la presentación de datos de forma comprensiva. Al integrar fuentes de datos dispares y proporcionar información en tiempo real, los SSD pueden proporcionar a las operaciones una eficiencia de costos significativa o una ventaja competitiva.

Los SSD ofrecen una serie de beneficios que pueden transformar la forma en que opera el negocio. En primer lugar, permiten una toma de decisiones más rápida al proporcionar acceso inmediato a información crítica, para que así la empresa responda rápidamente a los cambios sociales y aproveche las oportunidades. La automatización de la recopilación y el análisis de datos conduce a una mayor eficiencia al eliminar la necesidad de hacer dichas tareas manualmente, en consecuencia, se ve favorecida la productividad y se liberan recursos para iniciativas más estratégicas.

Otro aspecto importante es una mejor asignación de recursos. Las empresas pueden analizar con precisión los datos y optimizar el uso de sus recursos, reduciendo costos y maximizando el retorno de la inversión. Además, la mejora en la calidad de la información permite a los SSD analizar con mayor precisión los datos de los usuarios para identificar patrones y tendencias, lo que ayuda a la empresa a adaptar sus servicios y/o productos para satisfacer mejor las necesidades de los usuarios.

La previsibilidad es otra ventaja. Mediante el uso de herramientas analíticas avanzadas y de la IA, los SSD pueden anticipar tendencias y desafíos futuros, permitiendo a las empresas planificar y adaptar sus estrategias de forma proactiva. Por último, el monitoreo de la comunidad es una función crítica en la que los SSD pueden detectar el cambio, proporcionando información valiosa que se puede utilizar para desarrollar estrategias óptimas para el negocio y mantener una posición sólida.

Ventajas de los SSD:

1. **Toma de decisiones más rápida:** Los SSD proporcionan acceso instantáneo a información crítica, lo que permite a la empresa responder más rápidamente a los cambios y oportunidades.

2. **Mayor eficiencia:** La automatización de la recopilación y el análisis de datos reduce el tiempo dedicado a tareas manuales, lo que aumenta la productividad y libera recursos para iniciativas más estratégicas.

3. **Mejor asignación de recursos:** Al analizar los datos, la organización puede optimizar el uso de sus recursos, reduciendo los costos y maximizando el retorno de la inversión.

4. **Mejor explotación de la información de los clientes:** Los SSD pueden analizar los datos de los clientes para identificar patrones y tendencias, lo que ayuda a la organización a adaptar sus productos y servicios.

5. **Previsibilidad:** Mediante el uso de herramientas analíticas avanzadas e inteligencia artificial, los SSD pueden anticipar tendencias y desafíos futuros, lo que permite a las empresas planificar y alinear sus estrategias de manera proactiva.

6. **Monitoreo competitivo:** Los SSD pueden monitorear las actividades de los competidores y los cambios en el mercado, proporcionando a la organización información para desarrollar estrategias óptimas para el negocio.

Usos:

- **Marketing/Comunicación:** Optimización de campañas a través del análisis del comportamiento de los usuarios y de los datos de mercado o sociales.

- **Finanzas/Economía:** Mejora de la gestión de riesgos y la planificación financiera a través de un análisis detallado de datos.

- **Planificación de la cadena de suministro/recursos:** Optimización del inventario, los recursos y la logística a través del análisis de los datos de los proveedores y/o la previsión de la demanda.

- **RRHH:** Mejora de la gestión de la fuerza laboral a través del análisis de datos de empleo y tendencias de la fuerza laboral.

Resumen:

Los sistemas de apoyo a la toma de decisiones dan a la organización una ventaja al facilitar decisiones más rápidas e informadas, mejoran la eficiencia y optimizan la asignación de recursos. Al ofrecer información detallada sobre los comportamientos, las tendencias y los procesos internos de los usuarios, los SSD pueden ayudar a las empresas a anticiparse y adaptarse al cambio, fortaleciendo su posición. Con la capacidad de analizar grandes cantidades de datos y generar información procesable, los sistemas SSD se convierten en un activo indispensable para las organizaciones que se esfuerzan por ser líderes en su campo.

Apoyo a las oportunidades innovadoras

Los sistemas SSD desempeñan un papel fundamental en la identificación y el apoyo a las oportunidades innovadoras al proporcionar análisis detallados de datos e información. Estas son algunas de las formas en que los SSD pueden facilitar la innovación y el crecimiento.

Los SSD son un poderoso impulsor de la innovación y la eficiencia en las operaciones, lo que permite la innovación basada en datos. Las diferentes organizaciones pueden aprovechar este conocimiento para identificar nuevas tendencias y oportunidades, lo que lleva al desarrollo de servicios y productos innovadores que respondan tanto a la dinámica empresarial como a las necesidades de los usuarios.

Además, los SSD contribuyen a mejorar la comunicación y la segmentación. Al aprovechar los datos de los usuarios, los responsables de mercadotecnia pueden crear campañas específicas e identificar nuevos segmentos de usuarios, lo que da como resultado estrategias de comunicación más efectivas y personalizadas.

En términos del desarrollo de servicios, los SSD se pueden utilizar para analizar los comentarios de los usuarios y los datos comerciales para proporcionar información valiosa que puede mejorar el proceso de desarrollo de servicios. Esto permite que la organización adapte rápidamente estos últimos para satisfacer las necesidades cambiantes.

La gestión de riesgos es otra área en la que los SSD desempeñan un papel importante. Los riesgos y amenazas potenciales se pueden identificar para ayudar a la organización a minimizar los riesgos asociados con las nuevas iniciativas, creando un entorno más seguro para la innovación y la experimentación.

Otra ventaja es una asignación más eficiente de los recursos. Con los SSD se pueden analizar los recursos y procesos internos para identificar áreas en las que se puede mejorar la eficiencia, liberando recursos que se pueden reasignar para impulsar la innovación y explorar nuevas oportunidades.

Por último, en lo que respecta a la previsibilidad y los escenarios futuros, los SSD ofrecen a la organización una capacidad única para predecir tendencias y escenarios futuros mediante la analítica avanzada y el aprendizaje automático. Esto le da a la organización la oportunidad de adaptar proactivamente sus estrategias y prepararse para las nuevas oportunidades que puedan surgir.

Beneficios de los SSD para oportunidades de negocio innovadoras:

1. **Innovación basada en datos:** Los SSD recopilan y analizan grandes cantidades de datos de diversas fuentes, lo que ayuda a la organización a identificar nuevas tendencias y oportunidades. Al comprender la dinámica empresarial y las necesidades de los usuarios, la organización puede desarrollar servicios y productos innovadores.

2. **Marketing y segmentación mejorados:** Al analizar los datos de los clientes, los SSD pueden ayudar a las

empresas a crear campañas de marketing específicas e identificar nuevos segmentos de clientes. Esto permite estrategias comerciales más efectivas y personalizadas.

3. **Desarrollo optimizado de productos:** Los SSD se pueden utilizar para analizar los comentarios de los clientes y los datos del mercado, proporcionando información que puede mejorar el proceso de desarrollo de productos. La organización puede adaptar sus servicios más rápidamente para satisfacer las necesidades cambiantes del mercado.

4. **Gestión de riesgos:** Al identificar riesgos y amenazas potenciales, los SSD pueden ayudar a las organizaciones a minimizar estos elementos en las nuevas iniciativas. Esto crea un entorno más seguro para la innovación y la experimentación.

5. **Asignación de recursos más eficiente:** Con ayuda de los SSD se pueden analizar los recursos y procesos internos para identificar áreas en las que se puede mejorar la eficiencia. Esto libera recursos que se pueden utilizar para impulsar la innovación y nuevas oportunidades de negocio.

6. **Previsibilidad y escenarios futuros:** Mediante el uso de análisis avanzados y aprendizaje automático, los SSD pueden predecir tendencias y escenarios futuros. Esto le da a la organización la oportunidad de adaptar proactivamente sus estrategias y estar preparada para nuevas oportunidades.

Aplicaciones prácticas en el sector privado

- **Desarrollo de negocio:** Identificar nuevos mercados y modelos de negocio basados en el análisis de datos.

- **Información sobre los clientes:** Comprender los comportamientos y preferencias de los clientes para desarrollar innovaciones centradas en ellos.

- **Gestión de la cadena de suministro:** Optimizar la cadena de suministro a través del análisis de datos para mejorar la eficiencia y reducir los costes.

- **Finanzas y presupuestos:** Anticiparse a las tendencias económicas y planificar estratégicamente para invertir en nuevas oportunidades de negocio.

Resumen

Los sistemas SSD aumentados con IA son un recurso poderoso para impulsar la innovación y respaldar nuevas oportunidades. Pueden ayudar a la organización a identificar tendencias emergentes, optimizar recursos y tomar decisiones informadas. Esto conduce a procesos más eficientes, un mejor enfoque en el usuario o cliente, una posición más fuerte hacia los ciudadanos en el sector público y una posición más fuerte hacia los clientes en el sector privado, lo que a su vez promueve la rentabilidad, el crecimiento y la innovación.

Análisis dinámicos e informes

Análisis dinámicos e informes con los sistemas SSD

Los sistemas SSD ofrecen herramientas avanzadas para el análisis dinámico y la elaboración de informes, lo que mejora en gran medida la capacidad de las organizaciones para tomar decisiones informadas y oportunas. Estos son algunos aspectos clave de cómo el análisis dinámico y los informes con SSD pueden beneficiar a las organizaciones. Estos sistemas ofrecen una serie de características que son esenciales para las organizaciones modernas, especialmente en un mundo donde la información rápida y precisa es clave para el éxito. Con el acceso a datos en tiempo real, los SSD pueden recopilar y procesar información, lo que brinda a los responsables de la toma de decisiones acceso a los datos más recientes. Esto tiene un valor incalculable en un entorno que cambia rápidamente y en el que los datos oportunos pueden representar la diferencia entre el éxito y el fracaso.

Para facilitar el manejo y el entendimiento de los datos los SSD ofrecen paneles interactivos. Estas interfaces fáciles de usar permiten a los usuarios visualizar y analizar datos, se pueden además adaptar para satisfacer necesidades específicas. Esto significa que los líderes pueden obtener rápidamente información sobre los indicadores clave y las tendencias que son relevantes para su trabajo. Otra característica que ahorra tiempo son los informes automatizados. Con los SSD se puede automatizar la creación y distribución de informes, lo que no solo ahorra tiempo, sino que también reduce el riesgo de error humano. Estos informes se pueden programar para su generación y distribución regulares, lo que garantiza que todas las partes interesadas se mantengan informadas.

Cuando se trata de comprender una gran cantidad de información, los SSD pueden realizar análisis de datos en profundidad utilizando herramientas avanzadas. Esto incluye todo, desde el análisis de tendencias hasta el análisis predictivo y los estudios de correlación, lo que proporciona una comprensión más profunda tanto del negocio como del mercado. Los SSD también se conocen por su flexibilidad y adaptabilidad. Es decir, se pueden adaptar para satisfacer las necesidades únicas de la organización y, los usuarios pueden crear sus propios informes y análisis sin necesidad de amplios conocimientos técnicos. Esto hace que los SSD sean accesibles y útiles no sólo para el líder sino para toda la organización. Por último, la integración con diferentes fuentes de datos es una característica central de los SSD. Los sistemas pueden recopilar datos de una variedad de fuentes, incluidos sistemas internos, bases de datos externas y servicios en la nube. Esto proporciona una visión integral del negocio y permite análisis e informes más completos, lo cual es crucial para tomar decisiones comerciales informadas.

Beneficios de la analítica dinámica y de los informes punto a punto:

1. **Acceso a datos en tiempo real:** Los SSD recopilan y procesan datos en tiempo real, lo que garantiza que los responsables de la toma de decisiones siempre tengan acceso a información actualizada. Esto es especialmente importante en entornos empresariales que cambian rápidamente, donde los datos actualizados son fundamentales para tomar las decisiones correctas.

2. **Tableros interactivos:** Con tableros interactivos y fáciles de usar, el líder y todos los miembros de la organización pueden visualizar y analizar datos fácilmente, y estos tableros se pueden personalizar según necesidades específicas, lo que permite al tomador de decisiones obtener rápidamente información sobre indicadores y tendencias clave.

3. **Informes automatizados:** La creación de informes puede ser automatizada con los SSD, ahorrando tiempo y reduciendo el riesgo de errores. Estos informes se pueden programar para que se generen y distribuyan de forma regular, lo que garantiza que todas las partes interesadas tengan la información que necesitan.

4. **Análisis de datos en profundidad:** A través de herramientas avanzadas de análisis, los SSD pueden trabajar en profundidad grandes conjuntos de datos. Esto incluye análisis de tendencias, análisis predictivos y estudios de correlación, lo que proporciona una comprensión más profunda del negocio y del mercado.

5. **Flexibilidad y adaptabilidad:** Los SSD son flexibles y se pueden personalizar según las necesidades específicas de la organización. El responsable de la toma de decisiones puede crear sus propios informes y análisis sin necesidad de amplios conocimientos técnicos, lo que hace que el sistema sea más accesible para toda la organización.

6. **Integración con varias fuentes de datos:** Con ayuda de los SSD es posible integrar datos de varias fuentes, incluidos sistemas internos, bases de datos externas y servicios en la nube. Esto proporciona una visión holística del negocio y permite un análisis e informes más completos.

Aplicaciones prácticas en el sector privado

- **Análisis financiero:** Siga los KPI financieros en tiempo real y genere informes automáticos de presupuesto y previsiones.

- **Marketing:** Analice el rendimiento de las campañas y los comportamientos de los clientes para optimizar las estrategias de mercadotecnia.

- **Ventas:** Realice un seguimiento del rendimiento de las ventas e identifique nuevas oportunidades mediante el análisis de los datos de ventas.

- **Eficiencia operativa:** Supervise los procesos de producción e identifique los cuellos de botella para mejorar la eficiencia.

Aplicaciones prácticas en el sector público

- **Análisis financiero:** Siga los KPI financieros en tiempo real y genere informes automáticos de presupuesto y previsiones.

- **Análisis de la comunicación:** Analice el rendimiento de la comunicación y el comportamiento de los usuarios para optimizar las estrategias de comunicación.

- **Entrega:** realice un seguimiento del rendimiento de las entregas e identifique nuevas oportunidades mediante el análisis de los datos de entrega.

- **Eficiencia operativa:** Supervise los procesos de entrega e identifique los cuellos de botella para mejorar la eficiencia y los costes.

Resumen

El análisis dinámico y la generación de informes con los sistemas SSD brindan a las organizaciones herramientas poderosas para administrar y analizar datos de manera efectiva. Con acceso a los datos en tiempo real, paneles interactivos e informes automatizados, los responsables de la toma de decisiones y la organización pueden obtener rápidamente información y actuar en consecuencia. Esta capacidad de análisis profundo y flexible no solamente representa una mejora para el tomador de decisiones, sino que también aumenta la eficiencia y competitividad general de toda la organización.

Flexibilidad en los sistemas SSD.

La flexibilidad es un componente crítico de los sistemas SSD eficaces que permite que el sistema se adapte a necesidades cambiantes. Un SSD flexible puede integrar una variedad de fuentes de datos y brindar a los usuarios la capacidad de crear informes y análisis personalizados. Lograr esto requiere un diseño modular que permita agregar nuevas funciones y herramientas sin interrumpir los procesos existentes. Los líderes y la organización también deben poder crear y personalizar tableros de acuerdo con sus propias necesidades y preferencias.

La integración de diferentes fuentes de datos es crucial, por lo tanto, el sistema debe ser capaz de manejar bases de datos internas, servicios externos y plataformas en la nube. Es necesaria una arquitectura API abierta (del inglés, Application Programming Interface) para permitir la integración con otros sistemas y aplicaciones. Los SSD deben ser capaces de manejar volúmenes de datos crecientes y más usuarios sin degradar el rendimiento y, debe poder escalar hacia arriba o hacia abajo según el tamaño y las necesidades de la organización.

La facilidad de uso es otro factor clave. El sistema debe tener una interfaz intuitiva que facilite la navegación a usuarios de todos los niveles de conocimiento informático, así como permitirles el autoservicio para que puedan crear sus propios informes y análisis sin necesidad de soporte técnico. Poder acceder a los datos en tiempo real también es importante para permitir la toma de decisiones rápidas e informadas. Adicionalmente, el sistema debe ser capaz de actualizar automáticamente los datos y los informes para garantizar que los usuarios siempre tengan acceso a la información más reciente.

La flexibilidad de los informes significa que los usuarios deben poder crear y modificar plantillas para adaptarlas a requisitos y procesos empresariales específicos, el sistema debe ofrecer herramientas para interactuar con los datos de los informes y explorarlos de diferentes maneras. También es importante la compatibilidad con diferentes modos de análisis, como la analítica descriptiva para comprender lo que ha sucedido a través de datos históricos, la analítica de diagnóstico para analizar por qué ha ocurrido algo, la analítica predictiva para anticipar eventos y tendencias futuras y, la analítica prescriptiva para recomendar acciones basadas en los resultados analizados.

La seguridad y el control de acceso son cruciales por lo que el sistema debe garantizar un alto nivel de seguridad de los datos y proteger la información confidencial. Debe contar con un acceso basado en roles, es decir, que los usuarios accederán a información y funciones a los que estén facultados por su nivel. Por último, el soporte a la movilidad es esencial, con características que se adapten a los dispositivos móviles para apoyar la toma de decisiones sobre la marcha al tiempo que permita una óptima experiencia de usuario.

Beneficios de la flexibilidad en los SSD aumentados de IA:

1. Personalización:

- **Diseño modular:** El sistema debe permitir agregar nuevas funciones y herramientas sin interrumpir los procesos existentes.

- **Cuadros de mando personalizables:** Los líderes y la organización deben ser capaces de crear y personalizar cuadros de mando de acuerdo con sus necesidades y preferencias específicas.

2. Integración con varias fuentes de datos:

- **Fuentes de datos:** El sistema debe ser capaz de integrar datos de una variedad de fuentes, incluidas bases de datos internas, servicios externos y plataformas en la nube.

- **Integración de API:** Una API (interface de programación abierta) permite conectar los SSD con otros sistemas y aplicaciones.

3. Escalabilidad:

- **Gestión de conjuntos de datos crecientes:** Los SSD deben ser capaces de manejar volúmenes de datos crecientes y más usuarios sin degradar el rendimiento.

- **Personalización del tamaño de la organización:** El sistema debe poder ampliarse o reducirse en función del tamaño y las necesidades de la organización.

4. **Facilidad de uso:**

   - **Interfaz intuitiva:** El sistema debe tener una interfaz intuitiva que facilite la navegación a usuarios de todos los niveles.

   - **Autoservicio:** Los usuarios deben poder crear sus propios informes y análisis sin necesidad de soporte técnico.

5. **Datos en tiempo real:**

   - **Acceso rápido a los datos:** Los SSD deben ofrecer acceso en tiempo real a los datos para permitir la toma de decisiones rápidas e informadas.

   - **Actualizaciones automatizadas:** El sistema debe actualizar automáticamente los datos y los informes para garantizar que los usuarios siempre tengan la información más reciente.

6. **Informes flexibles:**

   - **Plantillas de informes personalizables:** Los usuarios deben poder crear y modificar plantillas de informes para adaptarse a requisitos y procesos empresariales específicos.

   - **Herramientas de informes interactivos:** El sistema debe ofrecer herramientas para interactuar y explorar los datos del informe de diferentes maneras.

7. **Soporte para diferentes modos de análisis:**

   - **Analítica descriptiva:** Comprender lo que ha sucedido a través de datos históricos.

   - **Análisis diagnóstico:** Analizar por qué sucedió algo.

   - **Análisis predictivo:** Anticipa eventos y tendencias futuras.

- **Análisis prescriptivo:** Permite recomendar acciones basadas en los resultados de los análisis.

8. Seguridad y control de acceso:

- **Acceso basado en roles:** Los usuarios sólo deben tener acceso a los datos y funciones que sean relevantes para su rol.
- **Seguridad de los datos:** El sistema debe garantizar un alto nivel de seguridad de los datos y la protección de la información sensible.

9. Apoyo a la movilidad:

- **Funciones compatibles con dispositivos móviles:** Los SSD deben ser accesible a través de dispositivos móviles para respaldar la toma de decisiones sobre la marcha.
- **Diseño responsivo:** El sistema debe adaptarse a diferentes tamaños de pantalla y dispositivos para brindar una experiencia de usuario óptima.

Resumen

La flexibilidad en un sistema SSD es crucial para garantizar que pueda adaptarse a las necesidades únicas y cambiantes de la organización. Al ser personalizable, integrado, escalable y fácil de usar, un SSD flexible puede proporcionar a las organizaciones las herramientas y los conocimientos que necesitan para tomar decisiones rápidas e informadas. La seguridad, la movilidad y el soporte para diferentes modos de análisis también son aspectos importantes que contribuyen a la eficiencia general y la facilidad de uso del sistema.

Informes

Los SSD son herramientas poderosas para mejorar la presentación de informes dentro de las organizaciones.

Permiten automatizar, adaptar y optimizar los procesos de elaboración de informes, lo que permite obtener mejores conocimientos y tomar decisiones más informadas. Estos son algunos aspectos clave de la elaboración de informes con SSD:

1. Generación automatizada de informes

- **Informes programados:** Los SSD pueden generar y distribuir automáticamente informes según un cronograma, lo que ahorra tiempo y garantiza que las partes interesadas reciban información actualizada de forma regular.

- **Informes ad-hoc:** Los usuarios pueden crear informes rápidamente cuando sea necesario, sin tener que esperar a que manualmente se recopilen y analicen los datos.

2. Informes personalizables

- **Plantillas flexibles:** Los SSD ofrecen una variedad de plantillas que se pueden personalizar para satisfacer necesidades y preferencias específicas. Esto permite crear informes relevantes y fáciles de usar.

- **Personalización:** Los usuarios pueden adaptar los informes a criterios y segmentos de datos específicos, lo que facilita centrarse en la información de interés.

3. Cuadros de mando interactivos

- **Visualización de datos:** Los SSD incluyen paneles interactivos que muestran datos en forma de gráficos y tablas, lo que facilita la interpretación y el análisis de la información.

- **Funciones de desglose:** Los usuarios pueden hacer clic en gráficos y tablas para explorar los datos subyacentes y obtener información más profunda.

4. Informes en tiempo real

- **Datos actualizados:** Los SSD ofrecen actualizaciones en tiempo real, lo que garantiza que los informes siempre contengan la última información disponible.

- **Reacción rápida:** Los informes en tiempo real permiten a las organizaciones reaccionar rápidamente a las nuevas tendencias y cambios en las operaciones.

5. Integridad y coherencia de los datos

- **Gestión centralizada de datos:** Al reunir todos los datos en una plataforma centralizada, los SSD garantizan que los informes se basen en información coherente y precisa.

- **Calidad de los datos:** El sistema puede realizar la validación y purificación de los datos para mejorar su calidad y así garantizar que los informes sean fiables.

6. Seguridad y controles de acceso

- **Restricciones de acceso:** Los SSD ofrecen funciones avanzadas de seguridad que controlan quién tiene acceso a informes y datos específicos, protegiendo la información confidencial.

- **Trazabilidad:** El sistema registra todas las actividades de los usuarios, lo que permite realizar un seguimiento de los cambios e identificar cualquier incidente de seguridad.

7. Herramientas de colaboración integradas

- **Intercambio y colaboración:** Los SSD facilitan el intercambio de informes y colaboraciones a través de herramientas integradas que facilitan el comentario y la discusión de datos con colegas.

- **Notificaciones:** los usuarios pueden recibir notificaciones automáticas tan pronto como haya nuevos informes disponibles o cuando se alcanzan objetivos y umbrales específicos.

8. Análisis predictivo y prescriptivo

- **Pronóstico:** Los SSD pueden usar datos históricos y algoritmos avanzados para crear pronósticos y escenarios que ayuden a predecir tendencias y eventos futuros.

- **Recomendaciones:** El sistema puede proporcionar recomendaciones prácticas basadas en el análisis de datos, apoyando la planificación estratégica y la toma de decisiones.

Resumen

La generación de informes con sistemas SSD ofrece automatización, personalización y análisis avanzado de datos, lo que mejora la información y la eficiencia de los procesos de generación de informes de su organización. Con características como paneles interactivos, actualizaciones en tiempo real y análisis predictivos, los SSD permiten a los usuarios tomar decisiones basadas en información oportuna y precisa. Además, los controles avanzados de seguridad y acceso garantizan la protección de la información confidencial, mientras que las herramientas de colaboración integradas fomentan una cultura de toma de decisiones basada en datos. En conclusión, los SSD son un recurso invaluable para optimizar los informes y fortalecer la capacidad de la organización para navegar en un entorno empresarial complejo y dinámico.

Reducir el trabajo manual

Al automatizar procesos y racionalizar los flujos de trabajo, los sistemas SSD desempeñan un papel crucial en la reducción del trabajo manual dentro de las organizaciones. Estas son algunas de las formas en que los SSD ayudan a reducir el trabajo manual:

1. Recopilación y análisis automatizados de datos

- **Recopilación de datos:** Los SSD pueden recopilar automáticamente datos provenientes de varias fuentes, lo que elimina la necesidad de hacerlo manualmente.

- **Análisis de datos:** El sistema analiza los datos recopilados y genera informes sin intervención humana, ahorrando tiempo y reduciendo el riesgo de errores.

2. Generación automatizada de informes

- **Informes programados:** Los SSD pueden crear y distribuir informes automáticamente de acuerdo con un cronograma predeterminado, liberando tiempo para los empleados.

- **Informes ad-hoc:** Los usuarios pueden generar rápidamente informes específicos cuando sea necesario, seleccionando y analizando los datos que le son de interés.

3. Racionalización de las tareas rutinarias

- **Automatización de procesos:** Las tareas rutinarias, como la captura de datos, las actualizaciones y las validaciones, pueden automatizarse, lo que reduce la carga de trabajo manual.

- **Flujos de trabajo:** Los SSD pueden gestionar flujos de trabajo y procesos, asegurando que las tareas se completen de manera eficiente y en el orden correcto.

4. Mejora de la toma de decisiones

- **Información más rápida:** La analítica automatizada proporciona información más rápidamente, lo que facilita tomar decisiones prontas e informadas sin necesidad de un extenso trabajo manual.

- **Análisis predictivo:** Mediante el uso de datos históricos, los SSD pueden predecir tendencias y eventos futuros, lo que reduce la necesidad de análisis manual.

5. Sistemas integrados

- **Plataforma centralizada:** Los SSD integran datos de diferentes departamentos y sistemas en una plataforma centralizada, lo que elimina la necesidad de transferencia y consolidación manual de datos.

- **Colaboración y uso compartido:** El sistema facilita el intercambio de información y la colaboración entre equipos, lo que reduce el trabajo manual al garantizar que todos tengan acceso a los mismos datos actualizados.

6. Control de datos reducido y corrección de errores

- **Validación de datos:** Los SSD realizan validaciones automáticas de datos para garantizar su calidad y precisión, lo que reduce la necesidad de revisión manual y corrección de errores.

- **Purificación de datos:** El sistema puede identificar y corregir inconsistencias y errores en los datos, mejorando su calidad y reduciendo el trabajo manual.

7. Flexibilidad y escalabilidad

- **Características personalizables:** Los SSD se pueden personalizar para satisfacer necesidades específicas y ampliarse o reducirse según el tamaño y la complejidad de la organización, lo que agiliza el trabajo y reduce el esfuerzo manual.

- **Agilidad:** En un entorno que cambia rápidamente, los SSD pueden adaptarse dinámicamente a los nuevos requisitos, lo que reduce la necesidad de adaptación y reestructuración manual.

Resumen

Al automatizar la recopilación de datos, el análisis y la generación de informes, así como la optimización de las tareas rutinarias y los flujos de trabajo, los sistemas SSD reducen significativamente el trabajo manual. Esto conduce a una mayor eficiencia, precisión y velocidad en la toma de decisiones, liberando tiempo para que los empleados se centren en actividades más estratégicas y de valor añadido. Además, los SSD integran sistemas dispares y facilitan la colaboración, reduciendo aún más el trabajo manual y mejorando la productividad general de la organización.

Optimice el análisis de datos

Optimice el análisis de datos con los sistemas SSD

Los sistemas SSD desempeñan un papel central en la racionalización del análisis de datos dentro de las organizaciones. Al integrar tecnologías avanzadas y procesos automatizados, los SSD permiten una gestión de datos rápida y precisa. Estas son algunas de las formas en que los SSD agilizan el análisis de datos:

1. Recopilación e integración automatizada de datos

- **Centralización de datos:** Los SSD recopilan datos de diversas fuentes y los concentra, ahorrando tiempo y reduciendo el riesgo de errores.

- **Integración perfecta:** El sistema integra datos de fuentes internas y externas, proporcionando una visión holística del negocio.

2. **Gestión avanzada de datos**

    - **Purificación y validación de datos:** Los SSD limpian y validan los datos automáticamente para garantizar una alta calidad y fiabilidad.

    - **Transformación de datos:** El sistema transforma los datos sin procesar en formatos utilizables para su análisis, simplificando conjuntos de datos complejos.

3. **Análisis de datos rápido y preciso**

    - **Análisis en tiempo real:** Los SSD permiten el análisis de datos en tiempo real, lo que permite a las organizaciones tomar decisiones rápidas e informadas.

    - **Análisis predictivo:** Mediante el uso de algoritmos de aprendizaje automático, los SSD pueden predecir tendencias y comportamientos futuros con base en datos históricos.

4. **Visualizaciones interactivas**

    - **Cuadros de mando:** Los SSD crean cuadros de mando interactivos que despliegan los datos de forma sencilla y comprensible, facilitando una rápida interpretación.

    - **Informes personalizados:** Los usuarios pueden crear informes personalizados que se centren en KPI e indicadores específicos.

5. **Mejora de las habilidades de colaboración**

    - **Plataforma de información común:** Los SSD sirven como una plataforma común donde diferentes equipos pueden compartir y analizar datos, fomentando la colaboración y la toma de decisiones unificada.

- **Control de acceso:** El sistema proporciona a los usuarios autorizados acceso a los datos relevantes, lo que garantiza que las personas adecuadas tengan acceso a la información correcta.

6. Escalabilidad y flexibilidad

- **Adaptabilidad:** Los SSD pueden adaptarse a las necesidades de la organización y crecer a medida que evoluciona el negocio.
- **Escalabilidad:** El sistema cuenta con la capacidad de manejar más usuarios, mayores volúmenes de datos o mayores volúmenes de tráfico sin experimentar una degradación en su rendimiento, haciendo posible el análisis de datos de diferentes departamentos y áreas de negocio.

7. Información automatizada

- **Detección de anomalías:** Los SSD identifican automáticamente las anomalías y las áreas problemáticas que pueden requerir atención.
- **Recomendaciones:** El sistema puede generar recomendaciones basadas en análisis, lo que ayuda a los responsables de la toma de decisiones a adoptar las medidas adecuadas.

Resumen

Los sistemas SSD agilizan el análisis de datos mediante la automatización de la recopilación, limpieza y validación de datos, así como al ofrecer análisis en tiempo real y visualizaciones interactivas. Al centralizar los datos y permitir un análisis rápido y preciso los SSD mejoran la capacidad de las organizaciones para tomar decisiones informadas. La escalabilidad, adaptabilidad y capacidad de colaboración del sistema lo convierten en una herramienta indispensable para optimizar el análisis de datos y fortalecer la competitividad de las organizaciones.

Automatización de la recopilación de datos

Los sistemas SSD están revolucionando la forma en que las organizaciones gestionan la recopilación de datos mediante la automatización del proceso. Esto no sólo ahorra tiempo y recursos, sino que también mejora la precisión y la coherencia de los datos recopilados. Estas son algunas de las formas en que los SSD automatizan la recopilación de datos y los beneficios que aporta:

1. Integración de múltiples fuentes de datos

- **Datos centralizados:** Los SSD integran datos de varias fuentes, como bases de datos internas, sistemas empresariales, sitios web, redes sociales y proveedores externos, y los centraliza en un único sistema.

- **Integración de API:** Mediante el uso de API, los SSD pueden recuperar automáticamente datos de varias aplicaciones y sistemas en tiempo real.

2. Procesos automatizados de recopilación de datos

- **Recopilación de datos programada:** Los SSD pueden programar la recopilación de datos a intervalos regulares, lo que garantiza que la información más reciente esté siempre disponible sin intervención manual.

- **Captura de datos en tiempo real:** Para los sistemas que requieren una actualización inmediata, los SSD pueden capturar y actualizar datos en tiempo real, proporcionando una fuente de información actualizada.

3. Validación y limpieza de datos

- **Validación automática:** Los SSD realizan una validación automática de los datos recopilados para garantizar su precisión y coherencia.

- **Purificación de datos:** El sistema puede limpiar automáticamente los datos eliminando duplicidades y corrigiendo inconsistencias, lo que resulta en una mayor calidad de los datos.

4. Gestión eficiente de Big Data

- **Escalabilidad:** Los SSD están diseñados para manejar grandes volúmenes de datos, lo que los hace ideales para organizaciones que requieren o generan mucha información.

- **Procesamiento rápido:** A través de la automatización, los SSD pueden procesar y analizar rápidamente grandes cantidades de datos, permitiendo una rápida toma de decisiones.

5. Uso de tecnologías avanzadas

- **Aprendizaje automático e IA:** Los SSD pueden utilizar el aprendizaje automático y la IA para mejorar los procesos de recopilación de datos mediante la identificación de patrones y la predicción de futuras necesidades de datos.

- **Integración de IoT:** Al integrarse con dispositivos de internet de las cosas (IoT por sus siglas en inglés), los SSD pueden recopilar automáticamente datos de sensores y otros dispositivos conectados.

6. Fiabilidad y seguridad mejoradas

- **Cifrado de datos:** Para proteger la información confidencial, los SSD utilizan el cifrado de datos durante la recopilación y el almacenamiento.

- **Control de acceso:** Los SSD implementan sólidos controles de acceso para garantizar que sólo los usuarios autorizados puedan acceder a los datos recopilados.

7. Mayor transparencia y trazabilidad

- **Registro y seguimiento:** Los SSD mantienen registros detallados de todas las actividades de recopilación de datos, lo que permite una trazabilidad completa y una auditoría fácil cuando sea necesario.

- **Transparencia:** Al automatizar la recopilación de datos, aumenta la transparencia del proceso, lo que facilita comprender de dónde provienen los datos y cómo se han procesado.

Resumen

La automatización de la recopilación de datos con sistemas SSD mejora la eficiencia, la precisión y la coherencia de los datos recopilados. Mediante la integración de múltiples fuentes de datos, el uso de la recopilación de datos tanto en tiempo real como programada y, la implementación de procesos de validación y purificación de datos, los SSD ofrecen una plataforma sólida para administrar grandes cantidades de datos. El uso de tecnologías avanzadas como el aprendizaje automático, la IA y el IoT, así como medidas de seguridad como el cifrado de datos y el control de acceso, garantiza que todos los datos sean no solamente fiables sino también seguros. Esto brinda a las organizaciones una ventaja competitiva ya que el uso seguro de datos oportunos, veraces y precisos les permite tomar rápidamente decisiones.

Capítulo 4: Modelo de integración de los sistemas de soporte a la decisión del refractor (SSD-RM)

El modelo de integración del Sistema de Apoyo a la Decisión del Refractor (SSD-RM), descrito en el libro que publicaré próximamente "AI and SSD: The Road to Agile Business Integration with the Refractor Model", permite desarrollar e integrar sistemas SSD con IA, que se adaptan a las necesidades y objetivos de los usuarios. Los sistemas SSD aumentados con IA son sistemas que ayudan a los usuarios a tomar mejores y más sustentadas decisiones al proporcionar información, análisis y visualizaciones relevantes y de fácil acceso. El SSD-RM es un modelo que consta de ocho pasos que cubren todo el proceso, desde el análisis de las necesidades hasta la evaluación y la mejora. El SSD-RM está diseñado en torno al usuario, lo que significa que éste está involucrado en todas las fases de desarrollo, considerando sus perspectivas y preferencias. El modelo también es flexible y escalable, lo que permite adaptarlo a diferentes tipos de sistemas de apoyo a la decisión y para diferentes tipos de organizaciones, tanto del sector privado como del público.

Al integrar la IA en los sistemas SSD, el modelo puede ofrecer soluciones aún más avanzadas y adaptables que están en línea con los avances tecnológicos actuales.

La IA puede ayudar a mejorar los sistemas SSD de varias maneras, entre ellas:

- **Análisis automatizado de datos:** La IA puede analizar rápidamente grandes cantidades de datos para encontrar patrones e información que pueden ser difíciles de descubrir para los humanos.

- **Modelado predictivo:** La IA se puede utilizar para crear modelos que anticipen tendencias y resultados futuros, lo que permite a los usuarios tomar decisiones proactivas.

- **Interacción personalizable:** La IA puede crear interfaces de usuario dinámicas que se adapten al comportamiento y a las preferencias del usuario, mejorando su experiencia.

- **Optimización de procesos:** La IA puede automatizar tareas repetitivas y que consumen mucho tiempo, liberando tiempo para que los usuarios se concentren en tareas más complejas.

Es de gran importancia, durante todo el proceso, asegurarse de cumplir con las leyes y regulaciones del país y que se cumplan las pautas de la organización y de la empresa. El libro incluye una descripción de cómo garantizar que el sistema SSD desarrollado con el SSD-RM cumpla con las leyes y directrices que se aplican al área de negocio y a la organización pertinentes. Es importante hacer esto para evitar problemas legales, éticos y morales que puedan surgir cuando el sistema maneja datos personales, información sensible o afecta la vida y los derechos de las personas. Por supuesto, el RGPD es el principal marco normativo en el modelo SSD-RM a la hora de manejar datos personales. Dependiendo de las actividades de la organización, se debe prestar más o menos atención a esto. Las autoridades, las regiones, los municipios y otras organizaciones del sector público deben poner gran énfasis y atención a este tema.

Vale la pena señalar que el modelo SSD-RM se basa en un enfoque ágil, lo que significa que se inspira y toma principios de los métodos ágiles para promover la flexibilidad, la colaboración y las iteraciones más rápidas en el proceso de desarrollo. El trabajo ágil implica trabajar de forma iterativa, incremental y exploratoria para resolver problemas y desarrollar nuevas ideas y resaltar la creatividad de los usuarios. Una forma ágil de trabajar promueve la flexibilidad, el enfoque en los objetivos y las iteraciones más rápidas en el proceso de desarrollo. Es decir, trabajar en ciclos más cortos y tener constantemente la capacidad de adaptarse a las necesidades cambiantes, lo que se enfoca en entregar resultados de alta calidad a través de la colaboración y la mejora continua. El SSD-RM, al estar basado en un método ágil de trabajo, se puede adaptar a diferentes tipos de sistemas SSD en diferentes contextos y dominios.

Con sus 8 pasos, cada fase es fundamental para una implementación exitosa del sistema SSD con IA, lo que garantiza un proceso bien planificado y estructurado.

Los 8 pasos del modelo SSD-RM

Cada paso del proceso de desarrollo es considerado cuidadosamente para crear sistemas que sean sostenibles, eficientes y preparados para el futuro. Con el modelo SSD-RM como guía, el viaje hacia un SSD prominente con IA comienza con un análisis exhaustivo de las necesidades y la formulación de objetivos. Este paso inicial es crucial para comprender los requisitos y objetivos únicos de cada organización, asegurando que el sistema final se adapte a las necesidades específicas de la misma. Al integrar la IA en esta etapa temprana, podemos garantizar que la tecnología se utilice de manera que mejore la capacidad del sistema para respaldar la toma de decisiones, sin dejar de ser intuitiva y accesible para todos los usuarios, según sea necesario y autorizado.

Cada paso posterior en el modelo de refractor, desde la especificación de requisitos hasta la evaluación y mejora, cuenta con esta base y se enfoca específicamente en la integración del SSD con la IA. Esta metodología garantiza que todos los aspectos del sistema, desde su arquitectura técnica hasta su experiencia de usuario, estén optimizados para cumplir con los desafíos actuales y futuros. Al seguir este modelo, las organizaciones pueden crear SSD que no sólo sean poderosos en el presente, sino también lo suficientemente flexibles como para adaptarse y crecer con las necesidades del futuro. Es un proceso que requiere una cuidadosa planificación, ejecución y mejora continua con principios ágiles, pero el resultado es un sistema SSD aumentado por IA que puede transformar la manera en que las organizaciones interactúan con los datos y toman decisiones.

De un vistazo, el modelo SSD-RM incluye los siguientes pasos:

- Paso 1: Análisis de necesidades y formulación de objetivos.

En este paso se identifican los principales usuarios del sistema y sus necesidades. También se definen las decisiones que el sistema debe apoyar y cuáles son los objetivos y el propósito del sistema. Cuando desarrollamos sistemas SSD con IA, es importante llevar a cabo cuidadosamente un análisis de necesidades y la formulación de objetivos. Este es el primer paso en el modelo SSD-RM, donde identificamos a los principales usuarios del sistema y sus necesidades específicas. También definimos los tipos de decisiones que el sistema apoyará y cuáles son los objetivos y propósitos generales del sistema. En este paso, al centrarnos en SSD e IA, nos aseguramos que el sistema se desarrolle teniendo en cuenta las necesidades de los usuarios y que la tecnología de IA se integre de modo que mejore la capacidad del sistema para respaldar decisiones efectivas e informadas. Esto significa que tenemos en cuenta cómo la IA puede mejorar el análisis de datos, el reconocimiento de patrones y los modelos predictivos dentro de SSD, al tiempo que garantizamos que el sistema siga siendo fácil de usar y accesible para quienes lo utilizarán. Al seguir el enfoque estructurado del modelo SSD-RM, podemos garantizar que los SSD no sólo cumplan con los requisitos actuales, sino que también sean lo suficientemente flexibles como para adaptarse a los cambios y desarrollos futuros en IA y SSD.

- Paso 2: Especificación de requisitos.

En este punto, es fundamental reunir los requisitos detallados de los futuros usuarios y otras partes interesadas para desarrollar un sistema SSD con IA. Esto significa definir de manera precisa los requisitos funcionales y no funcionales del sistema. Los requisitos funcionales pueden incluir cómo el sistema debe realizar ciertas tareas o qué servicios debe proporcionar, mientras que los requisitos no funcionales pueden tener que ver con el rendimiento, la seguridad y la facilidad de uso del sistema. Cuando la atención se centra en el SSD y la IA, se garantiza que estos requisitos reflejen cómo la IA puede mejorar el apoyo a la toma de decisiones, por ejemplo, ofreciendo análisis de datos avanzados, informes automatizados o modelos predictivos. La priorización de estos requisitos se basa en las necesidades del usuario y las limitaciones del proyecto, lo que garantiza que las características más críticas se desarrollen primero. Al integrar la IA en SSD de esta manera, el objetivo es crear sistemas que no sólo sean eficientes y potentes, sino también intuitivos y personalizables para los usuarios. Este paso es crucial para garantizar que SSD con IA se convierta en un recurso valioso para la organización y quienes son responsables de la toma de decisiones.

- Paso 3: Diseño del sistema.

Aquí es donde se crea la arquitectura general del sistema, que incluye el diseño de interfaces de usuario y flujos de interacción. Este paso también implica la planificación de la integración con otros sistemas y fuentes de datos que SSD utilizará. Un enfoque especial en SSD e IA durante el diseño del sistema significa que tenemos en cuenta cómo se puede integrar la tecnología de IA para mejorar la funcionalidad del sistema. Esto podría significar incluir herramientas impulsadas por IA para el análisis de datos, procesos automatizados de toma de decisiones y experiencias de usuario personalizables. La arquitectura debe admitir la escalabilidad y la flexibilidad para manejar el volumen cada vez mayor de datos y los análisis cada vez más complejos que se requieren en los SSD modernos. Al planificar cuidadosamente el diseño del sistema con un claro enfoque en SSD e IA, podemos garantizar que el sistema final no solo satisfaga las necesidades actuales, sino que también esté preparado para el desarrollo y la innovación futuros en el campo.

- Paso 4: Asegúrese de que se cumplan la ley y las directrices.

Aquí, es crucial asegurarse de que el sistema cumpla con las leyes y pautas que son relevantes para el dominio y la organización específicos. Esto significa que el sistema debe cumplir requisitos como el RGPD, las propias políticas y directrices de la organización, así como cualquier normativa específica del sector. A medida que añadimos un enfoque especial en SSD e IA en este paso, debemos considerar cómo la tecnología de IA afecta a cuestiones como la protección de datos, la privacidad y la ética. Es importante que los componentes de IA de SSD se diseñen e implementen de manera que se respeten los derechos de los usuarios y las responsabilidades de la organización. Esto puede implicar la implementación de protocolos sólidos de gestión de datos, garantizar la transparencia en los procesos de toma de decisiones de IA y contar con mecanismos para gestionar y notificar cualquier incidente. Al considerar cuidadosamente estos aspectos, podemos crear un SSD con IA que no sólo sea tecnológicamente avanzado, sino también legal y éticamente sólido, lo cual es fundamental para generar confianza y garantizar el éxito y la aceptación del sistema a largo plazo.

- Paso 5: Desarrollo e implementación.

Aquí, las tecnologías y herramientas apropiadas para el desarrollo del sistema son cruciales. El sistema se desarrolla de forma iterativa, lo que significa que se somete a varios ciclos de desarrollo, pruebas y comentarios de los usuarios para garantizar que cumple con los requisitos establecidos y funciona según lo previsto. Un enfoque especial en SSD e IA durante esta etapa significa que consideramos cómo se puede integrar la IA para mejorar la funcionalidad del sistema y la experiencia del usuario. Esto puede incluir la implementación de herramientas analíticas impulsadas por IA, procesos automatizados de toma de decisiones e interfaces de usuario que puedan adaptarse a los comportamientos y preferencias de los usuarios. A continuación, el sistema se implementa en el entorno real en el que se utilizará, lo que puede implicar la integración con los sistemas y las fuentes de datos existentes. Este paso es crucial para garantizar que SSD con IA funcione de manera efectiva en su entorno previsto y ayude a mejorar la toma de decisiones dentro de la organización.

- Paso 6: Pruebas y validación.

Es importante realizar pruebas exhaustivas para garantizar que el sistema SSD con IA cumple con todos los requisitos establecidos. Esto implica probar todas las funciones del sistema, incluidas las impulsadas por IA, para verificar que funcionan de manera correcta y eficiente. Un enfoque especial en SSD e IA durante esta etapa significa que también debemos validar la facilidad de uso del sistema con los usuarios finales. Esto puede implicar la realización de pruebas para recopilar comentarios sobre los flujos de interacción del sistema, la interfaz de usuario y su experiencia general. También es importante validar que los componentes de IA del sistema ayuden a mejorar los procesos de toma de decisiones y que sean intuitivos para los usuarios. Al probar y validar exhaustivamente SSD con IA, podemos asegurarnos de que el sistema no sólo sea técnicamente robusto, sino también útil y valioso en la práctica para quienes lo utilizarán en sus tareas diarias.

- Paso 7: Capacitación y apoyo.

La formación y el soporte son de gran importancia. Los usuarios son formados sobre las características del sistema y las posibilidades que ofrece. Este paso es crucial para garantizar que los usuarios puedan aprovechar al máximo el sistema y comprender sus capacidades. Un enfoque especial en SSD e IA durante esta etapa significa que debemos proporcionar materiales y recursos de capacitación que estén diseñados específicamente para explicar los componentes de IA del sistema. Esto puede incluir explicar cómo funcionan los algoritmos de IA, cómo se utilizan los datos para entrenar estos algoritmos y cómo los usuarios pueden interactuar con la IA para mejorar los procesos de toma de decisiones. El soporte y el mantenimiento también son fundamentales para hacer frente a cualquier problema o cambio en las necesidades que puedan surgir. Esto puede implicar proporcionar una línea de ayuda, recursos en línea o actualizaciones periódicas y mantenimiento del sistema. Al garantizar que los usuarios tengan acceso al soporte y la formación necesarios, podemos ayudarles a adaptarse y aprovechar al máximo el SSD con IA.

- Paso 8: Evaluación y mejora.

Es de suma importancia garantizar que un sistema SSD no sólo cumpla con los requisitos iniciales, sino que también se desarrolle y mejore continuamente. Por lo tanto, es fundamental integrar un enfoque de mejora en los elementos centrales del sistema, a saber, los sistemas SSD y la IA. El primer paso en este proceso es recopilar activamente los comentarios de los usuarios. Esto se puede hacer a través de encuestas, entrevistas y pruebas de usuario, lo que proporciona una comprensión más profunda de las experiencias e interacciones de los usuarios con SSD e IA. A continuación, es importante analizar los datos de rendimiento, como los archivos de registro, los tiempos de transacción y los patrones de uso, para evaluar la eficacia del sistema. Una parte fundamental del proceso es evaluar cómo la IA y el SSD contribuyen a los procesos de toma de decisiones, lo que puede implicar la medición de mejoras en la eficiencia o la calidad de las decisiones. Con la ayuda de los datos recopilados, es posible identificar áreas específicas en las que se puede mejorar el sistema. Esto nos lleva al siguiente paso: crear un plan detallado para la implementación de estas mejoras, incluidos los plazos y las responsabilidades. Una vez que el plan está en marcha, se implementan las mejoras y un seguimiento garantiza que tengan el efecto deseado. También es importante documentar todo el proceso cuidadosamente para futuras referencias y aprendizajes. Por último, es esencial recordar la importancia de un proceso de mejora continua y volver a estos pasos con regularidad para garantizar que el sistema siga siendo relevante y eficaz. Siguiendo estas directrices, se puede garantizar que el sistema SSD e IA no sólo cumpla con los requisitos actuales, sino que también se adapte y crezca con las necesidades del futuro. El modelo refractor enfatiza la importancia de la participación del usuario y la flexibilidad en el proceso de desarrollo, lo que permite adaptaciones rápidas basadas en los comentarios del usuario y las condiciones cambiantes. Siguiendo este modelo, las organizaciones pueden desarrollar SSD que no sólo satisfagan las necesidades actuales, sino que también se adapten a los desafíos futuros.

Si está planeando implementar un sistema de apoyo a la toma de decisiones, se recomienda consultar el libro "AI and SSD: The Road to Agile Business Integration with the Refractor Model" que próximamente publicaré. El libro está dirigido a gestores de proyectos y otras personas involucradas en el desarrollo y la integración, que estén interesadas en integrar los sistemas SSD con la IA.

Capítulo 5: Estudio de caso: Implementación de SSD impulsada por IA en sectores privado y público

Estudio de caso 1:

Antecedentes: Una empresa que distribuye música a varios proveedores de servicios digitales (DSP por sus siglas en inglés) se enfrentó a un desafío. Con 12,000,000 de intercambios de información al mes desde diferentes fuentes y formatos, la gestión de esta avalancha de datos se convirtió en un reto importante. La empresa se dio cuenta de que tenía dificultades para organizar y analizar estos datos de forma eficaz para extraer información y tomar decisiones. Además, la gestión inadecuada de la información provocó la pérdida de oportunidades de negocio e iniciativas publicitarias incorrectas, lo que redujo los ingresos y las oportunidades de crecimiento de la empresa.

Desafíos:

1. **Inundación de datos:** La empresa recibía cantidades masivas de datos de diversas fuentes y en diferentes formatos, lo que dificultaba la organización y el análisis de la información de forma eficaz.

2. **Oportunidades perdidas:** Debido a la falta de gestión y análisis de datos, la empresa desperdició varias oportunidades y perdió clientes potenciales, afectando sus ingresos y cuota de mercado.

3. **Iniciativas publicitarias incorrectas:** La falta de información por no analizar los datos dio lugar a estrategias e iniciativas

publicitarias incorrectas, lo que llevó a campañas de marketing ineficaces y al deterioro de las relaciones con los clientes.

Soluciones:

1. **Implementación de un sistema SSD:** La empresa decidió implementar un sistema SSD para agilizar la gestión y el análisis de sus datos. Utilizando el sistema SSD pudieron estructurar, organizar y analizar la enorme cantidad de datos que recibían cada mes.

2. **Uso de IA y aprendizaje automático:** Se integraron tecnologías de IA y aprendizaje automático al SSD con el fin de automatizar y mejorar el análisis de datos. Permitiendo así a la empresa extraer información avanzada de sus datos y descubrir patrones y tendencias que antes habían sido difíciles de identificar.

3. **Análisis en tiempo real:** Con la ayuda del SSD, la empresa pudo obtener información en tiempo real de sus datos, facilitando la toma de decisiones rápidas e informadas para optimizar sus estrategias de marketing y procesos comerciales.

Resultado:

1. **Aumento de la eficiencia:** La implementación del SSD supuso un aumento significativo de la eficiencia de la empresa al facilitar la gestión y el análisis de sus datos.

2. **Reducción de la pérdida de ingresos:** Al utilizar la información del SSD, la empresa pudo identificar y capitalizar varias oportunidades de negocio que había perdido anteriormente, lo que se tradujo en un aumento de los ingresos.

3. **Mejora de la estrategia de marketing:** Con una mejor información procedente del análisis de datos, la empresa

pudo optimizar sus estrategias e iniciativas de marketing, produciendo campañas publicitarias más eficaces y mejorando la relación con los clientes.

Conclusión: Al implementar un sistema SSD, la compañía de música pudo superar los desafíos que enfrentaban en la gestión y análisis de sus datos. Utilizando tecnologías avanzadas como la IA y el aprendizaje automático, pudieron extraer información avanzada de sus datos y mejorar sus decisiones comerciales. Los resultados se vieron en forma de aumento de la eficiencia, recuperación de ingresos y mejora de la estrategia de marketing, fortaleciéndose la competitividad de la empresa y su potencial de crecimiento en el mercado.

Estudio de caso 2

Antecedentes: Un estudio de caso ficticio puede tener el siguiente aspecto. Un municipio de tamaño medio situado en una democracia occidental se enfrenta a un complejo reto social. El municipio, que tiene una estructura demográfica variada con diferentes necesidades y demandas de los residentes, se enfrenta a una presión cada vez mayor para racionalizar y mejorar sus procesos internos para satisfacer las demandas siempre cambiantes de una población dinámica. La creciente urbanización y la diversificación de la mano de obra han complicado aún más la tarea del municipio de proporcionar servicios públicos eficientes y equitativos.

Desafíos:

1. **Complejidad y alcance de los datos:** El municipio recibe abundante información, desde datos estadísticos hasta aquellos obtenidos por sensores avanzados, provenientes de sectores variados como los residentes mismos, información económica, de infraestructura y hasta ambientales. La gestión de todo esto se ha convertido en un desafío.

2. **Toma de decisiones en un entorno multifacético:** Las decisiones en el sector público rara vez son lineales y, a menudo, involucran a múltiples partes interesadas y tomadores de decisiones con diferentes perspectivas y objetivos. La naturaleza compleja de las operaciones del municipio requiere un enfoque sofisticado para analizar y administrar los datos para tomar decisiones informadas y efectivas.

3. **Aspectos de seguridad y privacidad:** Como custodio de grandes cantidades de información privada sobre los residentes, el municipio es responsable de garantizar que se mantenga la integridad y confidencialidad de esos datos. Con el aumento de la preocupación por la seguridad y la privacidad de los mismos, se necesitan medidas sólidas para proteger esta información de las infracciones y del uso indebido.

Solución:

1. **Implementación de SSD impulsado por IA:** Para abordar estos desafíos, el municipio optó por implementar un sistema SSD avanzado impulsado por IA que pudiera manejar el enorme volumen y variedad de datos y proporcionar información procesable para los responsables de la toma de decisiones en todos los niveles.

2. **Integración y gestión de datos:** Mediante el uso de técnicas avanzadas de integración y gestión de datos, el municipio pudo recopilar, estructurar y analizar datos de diversas fuentes y sectores. Esto incluía datos estructurados y no estructurados, como documentos de texto, imágenes y datos de sensores.

3. **Adaptación de la tecnología de IA:** Los algoritmos de IA se adaptaron para satisfacer las necesidades y desafíos específicos del municipio. Esto incluyó el desarrollo de

modelos avanzados de aprendizaje automático para el análisis predictivo, la agrupación y clasificación de datos, y el procesamiento del lenguaje natural (NLP por sus siglas en inglés) para interpretar y analizar datos de texto.

4. **Medidas de seguridad:** Se tomaron precauciones para garantizar la seguridad y confidencialidad de la información recopilada. Esto incluyó la implementación de tecnologías avanzadas de cifrado, controles de acceso y sistemas de monitoreo para proteger los datos del acceso y uso no autorizados.

Resultado:

1. **Toma de decisiones optimizada:** Al integrar la IA, el proceso de toma de decisiones por los responsables del municipio se vio beneficiado tanto en rapidez como en calidad al proponer oportunamente información analizada proveniente de las múltiples fuentes.

2. **Uso más eficiente de los recursos:** Al utilizar la IA para optimizar la planificación y la asignación de recursos, el municipio pudo aumentar la eficiencia y reducir los costes innecesarios en diversas áreas de actividad, desde la planificación urbana hasta los servicios sociales.

3. **Mejora de la calidad del servicio:** Los residentes recibieron una experiencia mejorada a través de servicios más rápidos y personalizados que se adaptaron a sus necesidades y preferencias específicas.

Conclusión: La implementación de SSD impulsada por IA demostró ser una estrategia exitosa para enfrentar los complejos desafíos del sector público. Mediante el uso de técnicas y métodos avanzados de gestión y análisis de datos, el municipio pudo mejorar la eficiencia y la calidad de sus servicios al tiempo que mantenía altos estándares de seguridad y privacidad de los datos. Este estudio de caso destaca el potencial de la IA en el sector público y proporciona un marco para que otras organizaciones lo sigan en la implementación de sistemas similares.

Algunas lecciones clave y buenas prácticas que pueden extraerse de estos estudios de caso

La gestión y el análisis de datos son cruciales

En ambos ejemplos, la gestión y el análisis de datos destacan como pilares fundamentales para impulsar el éxito de las organizaciones.

En el primer caso, con la compañía de música y sus servicios de transmisión digital, la capacidad de administrar y analizar de manera efectiva una gran cantidad de datos transaccionales era crucial. Mediante el uso de un SSD, la empresa pudo organizar la gran cantidad de datos de diferentes plataformas digitales y obtener información sobre el comportamiento, las preferencias y la demanda de los clientes. Esto les permitió optimizar su estrategia de marketing y orientar sus iniciativas publicitarias de una manera más precisa para maximizar las ventas y la satisfacción del cliente.

En el segundo caso, con las operaciones municipales, una sólida estrategia de gestión de datos y un enfoque analítico permitieron al municipio recopilar y procesar datos de diversas fuentes para obtener una visión holística de las necesidades de los residentes y mejorar la toma de decisiones.

No se debe menospreciar el papel crucial que desempeñan la gestión y el análisis de datos. Sin ello, las organizaciones corren el riesgo de perder oportunidades importantes, tomar decisiones equivocadas y perder competitividad. Al invertir en herramientas sólidas de gestión de datos y metodologías analíticas, las organizaciones pueden crear una base sólida para la toma de decisiones basada en la evidencia y avanzar sólidamente al crecimiento futuro.

Tecnología que permite

En los casos de estudio presentados, la tecnología actuó como catalizador del cambio y de la mejora de las operaciones de las organizaciones. Al adoptar tecnologías modernas como la IA y el aprendizaje automático, tanto la empresa de música como la dependencia municipal pudieron superar los desafíos y aprovechar las nuevas oportunidades.

En primer lugar, con la compañía musical, la tecnología sirvió como una herramienta central para organizar y aprovechar la enorme cantidad de datos de sus servicios de streaming. Mediante el uso de algoritmos avanzados para el análisis de datos y el modelado predictivo, la empresa pudo no sólo comprender en profundidad los comportamientos y preferencias de los clientes, sino también personalizar sus estrategias de marketing en tiempo real para maximizar las ventas y la satisfacción del cliente.

En el segundo caso, en la dependencia municipal, el uso de la IA y el aprendizaje automático permitió una importante racionalización de los procesos para abordar las necesidades de los residentes y mejorar la toma de decisiones. La automatización de tareas y el análisis más sofisticado de datos permitió a las autoridades del municipio identificar patrones y tendencias que de otro modo permanecían enmascaradas, para finalmente tomar decisiones más informadas.

Estos ejemplos ilustran claramente cómo la tecnología actúa como un facilitador para el desarrollo y la mejora de la organización. Al aprovechar las herramientas y tecnologías modernas, las organizaciones, además de aumentar su eficiencia y productividad, también consiguen abrir nuevas oportunidades para la innovación y el crecimiento. Por lo tanto, es crucial que las organizaciones exploren e inviertan activamente en las últimas tecnologías para seguir siendo competitivas y relevantes en un entorno empresarial que cambia rápidamente.

Desarrollo y mejora continua

En los dos ejemplos, se destaca la importancia de esforzarse continuamente por el desarrollo y la mejora para satisfacer las demandas y desafíos siempre cambiantes del clima empresarial actual. Las estrategias estáticas se mostraron insuficientes para enfrentar de manera efectiva las nuevas problemáticas que se presentaban tanto a la empresa musical como a los servicios municipales.

En primer lugar, el negocio de música distribuida digitalmente ha mostrado un comportamiento de cambio rápido y progreso constante. Al desarrollar y mejorar continuamente sus sistemas de gestión de datos, análisis y marketing, la empresa pudo mantenerse al día con los desarrollos de la industria y satisfacer las expectativas de los clientes de manera más efectiva.

Un razonamiento similar se aplica a la administración municipal donde los operadores cayeron en cuenta que los cambios en las necesidades y expectativas de los ciudadanos, así como los cambios en la legislación y la sociedad en general, requerían una adaptación constante de sus procesos y sistemas internos. Al estar abiertos a la innovación y buscar constantemente nuevas formas de mejorar, pudieron garantizar que su negocio siguiera siendo relevante y eficiente en un entorno cada vez más complejo y cambiante

Por lo tanto, es necesario enfatizar la importancia de ver el desarrollo como un proceso continuo en lugar de un evento único. Al ser proactivas y flexibles, así como al adoptar una cultura de innovación y mejora, las organizaciones pueden garantizar su éxito y sostenibilidad a largo plazo en un entorno empresarial dinámico.

Adaptarse al cambio

Los estudios de caso discutidos destacan la necesidad de flexibilidad de las organizaciones, de poderse adaptar para navegar de manera efectiva a través del cambio y enfrentar nuevos desafíos. En ambos ejemplos quedó claro que una estrategia estática ya no era sostenible en un entorno que cambiaba constantemente.

El primer caso muestra una compañía musical que se enfrentaba a una industria en constante evolución y cambio. Para seguir siendo relevantes y competitivos, tenían que ser lo suficientemente flexibles como para adaptarse a las nuevas tendencias, a las preferencias de los clientes y a los avances tecnológicos en la distribución de música digital.

En el caso de las operaciones municipales, había que estar preparados para adaptarse rápidamente a las necesidades de los residentes y a la legislación cambiante, para ello la organización debía de reaccionar de forma rápida y eficaz.

En ambos casos, la clave del éxito fue adoptar una cultura de flexibilidad y agilidad dentro de la organización. No se trataba sólo de estar preparado para adaptarse a los cambios a medida que se producían, sino también de contar con procesos y sistemas que permitieran adaptaciones rápidas y ágiles cuando fuera necesario. Al estar preparados para el cambio y adoptar un enfoque flexible, tanto las operaciones municipales como la compañía de música pudieron hacer frente a los nuevos desafíos y continuar prosperando en un entorno comercial dinámico.

Al aprender estas lecciones e implementar las mejores prácticas de estos estudios de casos, otras organizaciones también pueden mejorar sus operaciones y lograr una mayor eficiencia, innovación y crecimiento.

Una anécdota divertida en este contexto

A continuación, otra historia divertida que puede transmitir mejor el mensaje.

Esta vez se trata de un tipo que lamentablemente murió. Instantes después se le acercó San Pedro y le dijo: "Sí, no fuiste ni buena ni mala persona, así que tienes que elegir si quieres ir al cielo o al infierno". San Pedro continuó: "Y para ayudarte con tu decisión, puedes ir y visitar ambos lugares".

El tipo eligió visitar el cielo primero. Después de unas horas, regresó con San Pedro y dijo: "Fue la cosa más aburrida que he experimentado. La gente allí toca el arpa, se visten como hippies con sus sábanas y es extremadamente aburrido hablar con ellos. Así que quiero visitar el infierno".

San Pedro cumplió su palabra y envió a nuestro amigo a visitar el infierno. Después de diez minutos, regresó emocionado y feliz. Le dijo a San Pedro lo siguiente: "¡Fue lo más divertido que he experimentado! ¡Todo el mundo estaba de fiesta, divirtiéndose como nunca antes había visto! Así que elijo mudarme al infierno".

Después de unas horas, San Pedro visitó a nuestro amigo en el infierno y le preguntó cómo estaba. "La primera vez que estuve aquí todo era divertido, ahora aquí huele a podrido, todos tienen aspecto de momias moribundas y el calor es insoportable. ¿Qué pasó? ¡Esto no fue lo que vi en mi visita!", respondió nuestro amigo de la historia.

"Lo sé", dijo San Pedro, "comprendo tu desesperación, ¡pero lo que visitaste antes fue la versión demo del infierno!"

Un líder puede obtener varias ideas de esta historia:

1. La importancia de las expectativas realistas

La historia ilustra lo importante que es crear expectativas realistas. Si algo se presenta de una manera idealizada, la experiencia real puede ser decepcionante. Los líderes deben ser transparentes sobre los beneficios y desafíos de un proyecto o visión.

2. La importancia de las evaluaciones exhaustivas

Las decisiones no deben basarse en una visión general rápida o en una primera impresión superficial, o en la presentación de un vendedor. Un líder debe realizar una evaluación exhaustiva y comprender todos los aspectos antes de tomar una decisión. Esta historia muestra que lo que parece atractivo en la superficie puede no ser sostenible o realista a largo plazo.

3. Perspectiva a largo plazo

Lo que puede parecer atractivo a corto plazo puede resultar insostenible o incluso destructivo a largo plazo. Un buen líder piensa en la sostenibilidad y en las consecuencias a largo plazo de sus decisiones.

4. Transparencia y honestidad

San Pedro podría haber sido más transparente desde el principio sobre las condiciones reales. Del mismo modo, los líderes deben ser honestos y estar abiertos a generar confianza y evitar malentendidos.

5. Comunicación y gestión de expectativas

Es importante que un líder comunique de manera efectiva lo que se puede esperar y maneje las expectativas correctamente para evitar decepciones e insatisfacciones.

6. Flexibilidad y personalización

Después de descubrir la verdadera naturaleza de su elección, nuestro amigo se da cuenta de que pudo haber tomado una decisión equivocada. Los líderes deben estar preparados para reconsiderar y adaptar sus decisiones a medida que surjan nuevos hechos y realidades.

7. Conocimiento y preparación en profundidad

La historia enfatiza la necesidad de comprender verdaderamente el entorno o el contexto en el que uno está entrando. El conocimiento superficial nunca será suficiente para tomar decisiones informadas.

8. Pensamiento crítico

Por último, la historia fomenta el pensamiento crítico y evitar dar las cosas por sentado. Los líderes siempre deben cuestionar e investigar para llegar a la raíz de la realidad, en lugar de confiar en impresiones superficiales.

Al reflexionar sobre estas lecciones, un líder puede prepararse mejor para tomar decisiones sabias y sostenibles en su liderazgo.

Capítulo 6: Actividades relacionadas con una integración de acuerdo con el modelo SSD-RM

En este capítulo se describe, con ejemplos, cómo se debe llevar a cabo un proyecto de integración para la implementación de la IA en un sistema SSD. El ejemplo ilustra el proceso y qué actividades serían necesarias para llevarse a cabo.

Ejemplo:

1. Necesidades y objetivos del negocio:

El municipio X se esfuerza por mejorar la eficiencia y el servicio al cliente en su proceso de gestión de permisos de construcción mediante la integración de la IA en su sistema SSD.

1. **Mejorar la toma de decisiones:** El municipio quiere utilizar la IA para mejorar la toma de decisiones en torno a la solicitud de permisos de construcción mediante la automatización de la evaluación de las solicitudes y la identificación de posibles riesgos o discrepancias.

2. **Optimizar los procesos:** Al integrar la IA en el SSD, el municipio quiere optimizar sus procesos para tramitar permisos de construcción, identificando cuellos de botella y pasos ineficientes, con el objetivo de acelerar el procesamiento de las solicitudes reduciendo el tiempo de espera para los solicitantes.

3. **Reducir los costes:** Al automatizar partes del proceso de permisos de construcción mediante IA, el municipio quiere reducir los costes administrativos asociados a la tramitación y revisión de las solicitudes, al tiempo que garantiza la precisión y el cumplimiento de las normas y reglamentos.

4. **Aumentar la eficiencia:** Mediante el uso de la IA para analizar los datos históricos sobre la solicitud de permisos de construcción y los flujos de procesos, el municipio quiere identificar patrones y tendencias que culminen optimizando la asignación de recursos y una planificación del proceso mejorada.

Al establecer estas necesidades y objetivos comerciales, el municipio X puede crear una visión clara de cómo se integrará la IA en su SSD para mejorar la gestión de permisos de construcción y lograr los resultados deseados tanto para la autoridad como para sus ciudadanos.

2. Recopilación y preparación de datos:

Para que la IA funcione de forma eficaz, es necesario tener acceso a datos de calidad. Para el municipio X, esto significa recopilar y preparar datos relacionados con el proceso de permisos de construcción de varias fuentes, incluidas solicitudes anteriores, la documentación que acompaña cada solicitud, datos de tierras y tal vez incluso sistemas de información geográfica (SIG) para mapear la información de ubicación.

1. **Recopilar datos:** identificar y recopilar fuentes de datos relevantes que incluyan información sobre solicitudes de permisos de construcción, información sobre la propiedad, códigos y regulaciones de construcción, decisiones anteriores y otros datos relevantes que se pueden usar para entrenar modelos de IA.

2. **Limpiar y estructurar los datos:** La recopilación de datos debe ir seguida de un proceso de limpieza y estructuración de los mismos, que puede implicar la identificación y el tratamiento de cualquier defecto o inexactitud, como pueden ser registros duplicados, valores faltantes o formatos incoherentes.

3. **Normalizar y categorizar los datos:** Para que los datos sean adecuados para el análisis y el modelado, hay que normalizar y clasificar las variables y los atributos para que puedan compararse y procesarse de manera uniforme. Hay que considerar, por ejemplo, el cambio de formato de celdas en hojas de cálculo, de texto a variables numéricas o categóricas y la normalización de valores a una escala estandarizada.

Al implementar este proceso de recopilación y preparación de datos, el municipio X puede asegurarse de tener acceso a datos de calidad que se pueden utilizar para entrenar y desarrollar modelos de IA para mejorar la gestión de permisos de construcción.

3. Selección de tecnología y algoritmos de IA:

La elección de tecnologías y algoritmos de IA es fundamental para lograr los resultados empresariales deseados. Para el municipio X, que quiere mejorar la gestión de los permisos de construcción, se pueden seguir estos pasos:

1. **Identificar las tecnologías de IA relevantes:** Evalúe las diferentes tecnologías de IA para determinar cuáles son las más adecuadas para resolver el problema en cuestión. Puede incluir el aprendizaje automático para predecir los tiempos de procesamiento de los documentos, el procesamiento del lenguaje natural para analizar e interpretar la documentación relacionada con el trámite o los algoritmos de optimización para agilizar el proceso.

2. **Explorar los algoritmos disponibles:** Dentro de cada tecnología de IA, hay diferentes algoritmos disponibles. Explore y evalúe aquellos propuestos en la tecnología elegida para identificar el más adecuado para el uso específico. Por ejemplo, para la gestión de permisos de construcción, los algoritmos de regresión se pueden utilizar

para predecir los tiempos de procesamiento, mientras que los algoritmos de clasificación se pueden usar para organizar diferentes tipos de solicitudes.

3. **Adaptar las técnicas y los algoritmos según sea necesario:** Dependiendo de los requisitos y desafíos únicos de la gestión del documento, puede ser necesario adaptar y afinar las técnicas y algoritmos seleccionados para lograr resultados óptimos. Esto puede incluir el ajuste fino de los parámetros del modelo, la selección de atributos y características de datos adecuados y la optimización del rendimiento del modelo.

Al seleccionar y adaptar cuidadosamente las tecnologías y algoritmos de IA, el municipio X puede crear soluciones efectivas para mejorar la gestión de permisos de construcción y lograr sus necesidades y objetivos comerciales.

4. Desarrollar y entrenar modelos:

Después de seleccionar las técnicas y algoritmos de IA adecuados, el siguiente paso es desarrollar y entrenar modelos de IA basados en los datos preparados. Para el municipio X, esto puede implicar lo siguiente:

1. **Desarrollo de modelos**: Dependiendo de las necesidades y objetivos identificados, se pueden desarrollar diferentes tipos de modelos de IA. Esto puede incluir modelos de regresión para predecir el tiempo de procesamiento de los permisos de construcción, modelos de clasificación para categorizar diferentes tipos de solicitudes u otros tipos de modelos para automatizar y optimizar diferentes partes del proceso.

2. **Modelos de entrenamiento:** utilice los datos preparados para entrenar los modelos de IA. Esto significa alimentar los modelos con ejemplos y resultados deseados para que puedan aprender patrones y relaciones en los datos. El

entrenamiento se puede realizar utilizando diferentes técnicas y algoritmos dependiendo del tipo y complejidad del modelo.

3. **Validación y evaluación:** Después del entrenamiento, los modelos deben ser validados y evaluados para garantizar que proporcionen resultados confiables y precisos. Esto puede incluir probar los modelos con conjuntos de datos independientes, comparar su rendimiento con los resultados esperados y ajustar los parámetros del modelo según sea necesario para mejorar el rendimiento y la precisión.

Al desarrollar y entrenar modelos de IA de la manera correcta, el municipio X puede crear herramientas y sistemas efectivos para optimizar y mejorar la gestión de permisos de construcción, lo que lleva a una mayor eficiencia y satisfacción del ciudadano.

5. Evaluar y ajustar los modelos:

Después de entrenar los modelos, es importante evaluar su rendimiento y ajustarlos, si fuera necesario, para optimizar su eficiencia y precisión. El municipio X puede proceder del siguiente modo:

1. **Análisis de rendimiento:** Evalúe el rendimiento de los modelos mediante el análisis de diversas métricas e indicadores, como la exactitud, la precisión, la recuperación y la puntuación F1 (medida utilizada en aprendizaje automático y estadística para evaluar el rendimiento de un modelo de clasificación). Esto proporciona información sobre qué tan bien los modelos son capaces de resolver las tareas para las que están destinados.

2. **Optimización:** En función de los resultados del análisis de rendimiento, los modelos se pueden ajustar y optimizar para mejorar su rendimiento. Esto puede incluir el ajuste de

los parámetros del modelo, la mejora de la disponibilidad y la calidad de los datos, o incluso la realización de un entrenamiento adicional con nuevos datos.

3. **Validación:** Valide los modelos ajustados probándolos con conjuntos de datos nuevos e independientes para asegurarse de que las mejoras sean coherentes y generalizables.

Al evaluar y ajustar continuamente los modelos, el municipio X puede garantizar que sus sistemas de IA para la gestión de permisos de construcción sean lo más eficientes y fiables posible, lo que conduce a mejores procesos y resultados.

6. Implementación e integración:

Una vez que los modelos han sido evaluados y ajustados, es hora de implementarlos en el SSD para su uso práctico. Esto incluye los siguientes pasos:

1. **Integración con los sistemas existentes:** Asegúrese de que los modelos de IA puedan integrarse sin problemas con los sistemas y herramientas existentes de SSD. Puede requerir el desarrollo de interfaces personalizadas o API para permitir la comunicación y el intercambio de datos entre diferentes partes del sistema.

2. **Pruebas y validación:** Pruebe minuciosamente la solución integrada para asegurarse de que funciona correctamente y produce los resultados deseados. Esto incluye pruebas funcionales, pruebas de usabilidad y validación de que los modelos ofrecen los resultados esperados en escenarios del mundo real.

3. **Educación y formación:** Educar a los usuarios y a las partes interesadas de la organización sobre cómo utilizar e interpretar los resultados de los modelos de IA implementados. Esto puede incluir sesiones de

capacitación, talleres o el suministro de manuales de usuario y documentación.

Al garantizar una implementación e integración fluida y eficiente de las soluciones de IA en SSD, el municipio X puede beneficiarse de la mejora de los procesos y la toma de decisiones en la gestión de permisos de construcción. Esto puede conducir a tiempos de procesamiento más cortos, mayor precisión y una mejor utilización de los recursos.

7. Monitoreo y mantenimiento:

Una vez implementadas las soluciones de IA, es importante supervisar continuamente su rendimiento y funcionamiento para garantizar que siguen ofreciendo los resultados deseados a lo largo del tiempo. Esto incluye los siguientes pasos:

1. **Monitoreo del rendimiento:** Implemente sistemas para monitorear el rendimiento y la precisión de los modelos de IA adoptados. Esto puede incluir la supervisión continua de las predicciones del modelo y la comparación con los resultados del mundo real para identificar anomalías o problemas de rendimiento.

2. **Comentarios y mejoras:** recopile comentarios de los usuarios y las partes interesadas sobre su experiencia y los resultados del uso de las soluciones de IA. Utilice esta retroalimentación para identificar áreas de mejora y ajuste de los modelos o la integración.

3. **Mantenimiento del sistema:** Realice un mantenimiento regular del sistema de IA y sus componentes para asegurarse de que funciona correctamente y de que cualquier problema o error se soluciona de inmediato. Esto puede incluir la actualización de modelos, la optimización de las configuraciones del sistema y el soporte continuo para los usuarios.

Al contar con un proceso eficiente de supervisión y mantenimiento, el municipio X puede garantizar que sus soluciones de IA sigan aportando valor y contribuyendo a mejorar los procesos de gestión de permisos de construcción a largo plazo.

8. Evaluación y escalamiento:

Una vez que las soluciones de IA han estado en funcionamiento durante algún tiempo, es importante evaluar su eficacia e impacto para valorar su éxito e identificar áreas de ampliación o mejora. Esto incluye los siguientes pasos:

1. **Evaluación de resultados de negocio:** Analizar cómo la implementación de la IA ha afectado a los procesos de gestión de permisos de construcción del municipio. Evalúe los indicadores clave de rendimiento y eficiencia, como el tiempo de procesamiento de las solicitudes, la satisfacción del cliente y el ahorro de costes.

2. **Evaluación de la aceptación del usuario:** Realice una encuesta o solicite comentarios de los usuarios para evaluar la aceptación y uso de la solución de IA por las partes interesadas relevantes, incluidos ciudadanos, funcionarios y otros actores dentro del municipio.

3. **Escalado e implementación:** Si la solución de IA ha tenido éxito, considere escalar la implementación a otros procesos y áreas dentro del municipio. Identifique oportunidades para reutilizar modelos, algoritmos y técnicas para resolver problemas o tareas similares.

4. **Mejora continua:** Utilice los conocimientos de la evaluación para mejorar continuamente la solución de IA y su implementación. Esto puede incluir la optimización de modelos, la personalización de las configuraciones del sistema y la integración de nuevas fuentes de datos o características.

Al llevar a cabo una evaluación y planificación exhaustivas para el escalamiento y la mejora continua, el municipio X puede maximizar el valor de sus iniciativas de IA y continuar mejorando sus procesos a lo largo del tiempo.

5. Implementación e integración:

Ahora es el momento de implementar los modelos de IA desarrollados e integrarlos en los sistemas de gestión de permisos de construcción existentes. Esto implica los siguientes pasos:

1. **Integración de sistemas**: Integre las nuevas soluciones de IA con los sistemas y herramientas existentes utilizados para la gestión de permisos de construcción. Puede requerir la personalización de interfaces y protocolos de comunicación para garantizar una interoperabilidad perfecta.

2. **Capacitación de usuarios:** Educar a los usuarios y partes interesadas dentro del municipio sobre las nuevas funciones de IA y cómo se pueden usar de manera efectiva en su trabajo diario. Esto puede incluir talleres, tutoriales y documentación para facilitar una transición fluida a las nuevas herramientas.

3. **Pruebas y validación:** Realice pruebas y validaciones exhaustivas de las soluciones de IA implementadas para garantizar que funcionen correctamente y cumplan con los requisitos especificados y las necesidades comerciales. Esto incluye pruebas unitarias, pruebas de integración y pruebas de usuario.

4. **Operación piloto:** Realice una operación piloto de las soluciones de IA implementadas a escala limitada para evaluar su rendimiento y funcionalidad en un entorno del mundo real. Recopile comentarios de los usuarios y las partes interesadas para identificar cualquier problema y necesidad de un mayor ajuste.

Al llevar a cabo un proceso exhaustivo de implementación e integración, el municipio X puede garantizar un funcionamiento fluido y exitoso de sus soluciones de IA para la gestión de permisos de construcción, por ejemplo. Es importante involucrar a todas las partes interesadas y tener un plan claro para la transición a las nuevas herramientas y procesos.

6. Evaluación y optimización:

Después de la implementación y el piloto, es importante evaluar y optimizar cuidadosamente las nuevas soluciones de IA para garantizar su eficacia y éxito a largo plazo. Estos son algunos pasos clave:

1. **Supervisión del rendimiento:** Supervise continuamente el uso de las soluciones de IA implementadas para identificar cualquier problema de rendimiento, cuello de botella o fallo que pueda producirse durante el funcionamiento. Utilice herramientas de registro y supervisión para recopilar datos relevantes.

2. **Comentarios y evaluación:** recopile comentarios de los usuarios y las partes interesadas sobre sus experiencias con las nuevas herramientas y procesos de IA. Evalúe qué tan bien cumplen con las necesidades y objetivos de negocio establecidos al inicio del proyecto.

3. **Optimización y ajuste:** Sobre la base de los comentarios y las evaluaciones, realice optimizaciones y ajustes de las soluciones de IA para mejorar su rendimiento, usabilidad y experiencia de usuario. Esto puede incluir el ajuste de modelos, la mejora de la recopilación y preparación de datos y la optimización de algoritmos y parámetros.

4. **Mejora continua:** Implementar un proceso de mejora continua e innovación para garantizar que las soluciones de IA continúen satisfaciendo las necesidades del municipio y se mantengan al día con las condiciones y requisitos

comerciales cambiantes. Esto puede incluir actualizaciones periódicas, nuevas funciones y personalizaciones basadas en los avances de la tecnología IA y los comentarios de los usuarios.

Al llevar a cabo una evaluación y optimización exhaustivas, el municipio X puede garantizar que sus soluciones de IA para la gestión de permisos de construcción continúen brindando valor y contribuyendo a lograr sus objetivos de servicio a largo plazo. Es un proceso continuo que requiere dedicación y recursos, pero que puede generar importantes beneficios y mejoras en la eficiencia y el servicio al cliente.

7. Implementación y ampliación:

Después de evaluar y optimizar las soluciones de IA, es hora de llevar a cabo una implementación completa y ampliarlas para una adopción más amplia. Estos son algunos pasos a tener en cuenta:

1. **Planificación de la implementación:** Diseñe un plan detallado para la implementación, incluidos los plazos, la asignación de recursos y las responsabilidades para garantizar un proceso de implementación fluido y eficiente.

2. **Desarrollo de la estrategia de implementación:** Identificar las áreas o procesos en la gestión de permisos de construcción donde se integrarán y aplicarán las soluciones de IA para maximizar su eficiencia y beneficio.

3. **Capacitación y preparación:** Proporcione capacitación y preparación a los usuarios y partes interesadas que utilizarán las nuevas herramientas y procesos de IA. Asegúrese de que tengan los conocimientos y las habilidades necesarios para utilizar y beneficiarse eficazmente de las soluciones de IA.

4. **Implementación piloto:** Realice una implementación piloto de las soluciones de IA dentro de un área o proceso limitado para probar su funcionalidad, facilidad de uso y eficacia en un entorno del mundo real.

5. **Evaluación y ajuste:** Evalúe los resultados de la implementación piloto y realice los ajustes o mejoras necesarios antes de adoptar las soluciones de manera amplia.

6. **Implementación completa:** Implemente las soluciones de IA en un frente amplio en todas las áreas y procesos relevantes de la gestión de permisos de construcción.

7. **Ampliación y difusión:** Difunda ampliamente el uso de las soluciones de IA en toda la organización y a otros departamentos u operaciones municipales según sea necesario.

Al llevar a cabo la implementación de manera planeada, estructurada y cuidadosa, el municipio X puede garantizar un despliegue fluido y exitoso de sus soluciones de IA para la gestión de permisos de construcción, lo que lleva a una mejora de la eficiencia, del servicio al ciudadano y los resultados.

8. Monitoreo y optimización continuos:

Después de la implementación, es importante monitorear continuamente el rendimiento y la eficiencia de las soluciones de IA adoptadas para la gestión de permisos de construcción. Estos son algunos pasos a seguir:

1. **Monitoreo de métricas:** Defina y supervise métricas y KPI relevantes para medir el rendimiento y la eficiencia de las soluciones de IA. Incluir, por ejemplo, el rendimiento de los permisos de construcción, la precisión de la toma de decisiones y la satisfacción del usuario.

2. **Análisis de resultados:** Analice los resultados del seguimiento para identificar las áreas en las que se necesitan mejoras o ajustes. Además, evalúe qué tan bien las soluciones de IA satisfacen las necesidades y objetivos comerciales originales.

3. **Optimización y puesta a punto:** Lleve a cabo la optimización y el ajuste de los modelos, algoritmos y procesos de IA en función del análisis de rendimiento. Esto puede incluir la realización de mejoras en el entrenamiento del modelo, la captura de datos y la arquitectura del sistema.

4. **Adaptación a las necesidades cambiantes:** Asegúrese de que las soluciones de IA se adapten continuamente a las necesidades y requisitos cambiantes del negocio. Esto puede incluir la adición de nuevas funciones, la integración con otros sistemas o la adaptación de las soluciones para abordar nuevos tipos de datos o problemas.

5. **Educación continua de los usuarios:** Continúe ofreciendo capacitación y soporte a los usuarios para garantizar que los usuarios entiendan y puedan beneficiarse de las soluciones de IA implementadas.

Al llevar a cabo un monitoreo y optimización continuos de las soluciones de IA, el municipio X puede garantizar que continúen brindando valor, satisfaciendo las necesidades y cumpliendo los objetivos sociales de manera efectiva a lo largo del tiempo.

9. Evaluación y presentación de informes:

Después de que las soluciones de IA se hayan utilizado durante algún tiempo, es importante realizar evaluaciones periódicas de su eficacia e impacto en el negocio. Estos son algunos pasos a seguir:

1. **Recopilar comentarios:** Evalúe los comentarios y las experiencias de los usuarios de varias partes interesadas,

incluidos funcionarios y ciudadanos. Esto se puede hacer a través de encuestas, entrevistas o reuniones para identificar cualquier problema u oportunidad de mejora.

2. **Análisis de resultados:** Analice los resultados de los comentarios de los usuarios y otras fuentes de datos relevantes para evaluar el rendimiento y la eficacia de las soluciones de IA. Compare los resultados con las necesidades y objetivos originales de la propuesta para ver si se han cumplido o si hay áreas que necesitan mejoras.

3. **Presentación de informes:** Compile los resultados de la evaluación en un informe o presentación para comunicar los resultados a la gerencia y otras partes interesadas. El informe debe incluir una descripción general del rendimiento de las soluciones de IA, cualquier problema identificado y sugerencias para acciones de mejora.

4. **Toma de decisiones:** Utilice los resultados de la evaluación para tomar decisiones sobre futuras acciones e inversiones en el ámbito de la IA y el SSD. Esto puede implicar realizar ajustes en los sistemas existentes, invertir en nuevas tecnologías o realizar mejoras en la capacitación y el soporte de los usuarios.

Al realizar evaluaciones e informes periódicos, el municipio X puede asegurarse de que sus inversiones en IA y SSD brindan los resultados deseados y contribuyen a cubrir sus necesidades y objetivos sociales generales.

10. Personalización y escalado

Después de la evaluación y la elaboración de informes, es importante adaptar y escalar continuamente las soluciones de IA para satisfacer las necesidades cambiantes del negocio y mejorar su rendimiento. Estos son algunos pasos a seguir:

1. **Personalización de modelos**: Evalúe el rendimiento de los modelos de IA e identifique las áreas en las que se pueden mejorar. Esto puede implicar la recopilación e integración de nuevos datos, el ajuste de parámetros o el reentrenamiento de los modelos para mejorar su precisión y eficiencia.

2. **Escalado:** Si las soluciones de IA han demostrado ser exitosas, puede ser el momento de ampliarlas para satisfacer el crecimiento de las necesidades o la demanda. Esto podría significar ampliar las capacidades del sistema, integrarlo con otros sistemas o ampliar su base de usuarios para maximizar su impacto y beneficio.

3. **Mejora continua:** Continúe monitoreando y evaluando el rendimiento de las soluciones de IA a lo largo del tiempo, e implemente actualizaciones y mejoras periódicas basadas en los comentarios y los datos recopilados, lo que puede ayudar a garantizar que los sistemas sigan siendo relevantes y efectivos incluso en un entorno empresarial cambiante.

Al adaptar y escalar continuamente las soluciones de IA, el municipio X puede asegurarse de que continúan satisfaciendo sus necesidades sociales y ayudan a mejorar la eficiencia y el rendimiento de sus operaciones a lo largo del tiempo. Esto significa mantener un enfoque proactivo y flexible para el uso de la IA y los SSD para maximizar su valor e impacto.

Capítulo 7: El futuro de los SSD y de la IA

El aumento del uso de la IA en los sistemas SSD está allanando el camino para un cambio significativo en la forma en que las organizaciones analizan los datos y toman decisiones. Al integrar las tecnologías de IA en SSD, las organizaciones pueden aprovechar los algoritmos avanzados de aprendizaje automático y los métodos de análisis de datos para explorar y comprender sus datos en profundidad. Uno de los beneficios clave de incorporar la IA en SSD es la capacidad de administrar y analizar grandes cantidades de datos de manera más eficiente que antes. Tradicionalmente, el big data[15] ha sido un desafío de administración y análisis manual para las organizaciones. Al utilizar la IA para automatizar y acelerar este proceso, las organizaciones pueden extraer rápidamente información valiosa de sus datos y tomar decisiones más informadas.

Las tecnologías de IA, como el aprendizaje automático y las redes neuronales, también permiten análisis y pronósticos más avanzados dentro de sistemas SSD. Mediante el uso de estas técnicas, las organizaciones pueden detectar patrones y tendencias complejos en sus datos que antes eran invisibles para el ojo humano. Esto abre las puertas a pronósticos y decisiones más precisos que están mejor alineados con las necesidades y objetivos de la organización. Además del análisis y la previsión, la IA también puede mejorar el propio proceso de toma de decisiones dentro del SSD. Mediante el uso de algoritmos de IA para analizar diferentes escenarios de decisión

---

[15] Big data se refiere a la gran cantidad de datos que se generan y recopilan a gran velocidad desde diversas fuentes. Estos datos son tan voluminosos y complejos que las herramientas tradicionales de procesamiento de datos no pueden manejarlos de manera eficiente.

y sus consecuencias, las organizaciones pueden obtener información valiosa que puede ayudarles a tomar decisiones más certeras. Además, la IA se puede utilizar para automatizar ciertos procesos de toma de decisiones, lo que puede aumentar la eficiencia y reducir el riesgo de error humano. El mayor uso de la IA en sistemas SSD abre una variedad de oportunidades para que las organizaciones mejoren sus operaciones y aumenten su competitividad. Al aprovechar las tecnologías avanzadas de IA, las organizaciones pueden hacer que sus procesos de toma de decisiones sean más eficientes, precisos y alineados con las demandas dinámicas del mundo empresarial actual.

El desarrollo continuo de las tecnologías de IA abre la posibilidad de realizar análisis y pronósticos más avanzados en los sistemas SSD. Al integrar el aprendizaje automático, las redes neuronales y otros algoritmos avanzados de IA en SSD, las organizaciones pueden beneficiarse de un análisis más profundo y sofisticado de sus datos. Una de las principales ventajas de utilizar la IA para el análisis y la previsión es la capacidad de identificar patrones complejos y tendencias en los datos que antes eran difíciles de detectar con los métodos tradicionales. Al aprovechar los algoritmos de aprendizaje automático, los SSD pueden identificar relaciones y patrones que pueden proporcionar información valiosa y mejorar la toma de decisiones. Las tecnologías de IA también se pueden utilizar para predecir eventos y tendencias futuras en función de datos históricos y condiciones actuales. Al analizar grandes cantidades de datos, los SSD pueden crear pronósticos más precisos para la demanda, las tendencias del mercado y el rendimiento financiero, por ejemplo. Estos pronósticos se pueden utilizar como base para tomar decisiones estratégicas y planificar acciones futuras.

Otro beneficio de usar IA para análisis y pronósticos avanzados es su capacidad para aprender y mejorar continuamente con el tiempo. Mediante el uso del aprendizaje automático, los SSD pueden adaptarse a las condiciones cambiantes y actualizar sus pronósticos y análisis en función de los nuevos datos e información disponibles. Esto permite un proceso de análisis dinámico y adaptable que está mejor equipado para manejar el rápido ritmo de cambio en el mundo empresarial actual. La integración de las tecnologías de IA en SSD permite análisis y pronósticos más avanzados que pueden mejorar las decisiones organizacionales y aumentar la competitividad. Al aprovechar estas herramientas avanzadas, las organizaciones pueden obtener una comprensión más profunda de su negocio y anticipar mejor las tendencias y eventos futuros. Es probable que el desarrollo futuro de los sistemas SSD con IA implique una automatización significativa de los procesos de toma de decisiones. Al integrar algoritmos avanzados de IA, los SSD pueden automatizar varias partes del proceso de toma de decisiones, lo que lleva a una mayor eficiencia y precisión en la toma de decisiones.

Uno de los beneficios clave de automatizar los procesos de toma de decisiones es que el sistema puede analizar y procesar grandes cantidades de datos de manera rápida y eficiente. Con los algoritmos de IA, los SSD pueden identificar patrones, tendencias y anomalías en los datos con mayor precisión que los métodos tradicionales. Mediante el uso de esta información, el sistema puede generar automáticamente recomendaciones y sugerencias de acción basadas en la situación actual y las necesidades del negocio. La automatización de los procesos de toma de decisiones también puede reducir la necesidad de intervención manual, ahorrando así tiempo y recursos a la organización. Al permitir que el sistema maneje las decisiones y tareas rutinarias, los empleados pueden concentrarse en actividades más estratégicas y de valor agregado que requieren experiencia y creatividad humanas.

Otro beneficio de la automatización es su capacidad para trabajar en tiempo real y realizar ajustes rápidos en función de las condiciones y los datos cambiantes. Mediante el uso de algoritmos de IA, los SSD pueden monitorear y evaluar continuamente el rendimiento, lo que permite tomar decisiones rápidas y precisas incluso en entornos dinámicos y complejos. Se espera que el futuro de SSD con IA incluya una mayor automatización de los procesos de toma de decisiones, lo que aumentará la eficiencia, la precisión y la agilidad de las operaciones de la organización. Al aprovechar las tecnologías avanzadas de IA, las organizaciones pueden crear sistemas de apoyo a la toma de decisiones más receptivos e inteligentes que estén mejor equipados para manejar el entorno empresarial actual, que se mueve rápidamente.

Con el uso de la IA, los sistemas de apoyo a la toma de decisiones pueden crear una experiencia de usuario más personalizada y adaptada para cada individuo. Al analizar los comportamientos, las preferencias y las interacciones pasadas de los usuarios con el sistema, los algoritmos de IA pueden identificar patrones y tendencias que permiten recomendaciones e información personalizadas. Uno de los beneficios clave de las experiencias de usuario personalizadas es que aumentan la participación y la eficiencia del usuario. Al proporcionar información y conocimientos relevantes en tiempo real, el sistema SSD puede ayudar a los usuarios a tomar decisiones más rápidas e informadas. Al personalizar la interfaz y la funcionalidad de acuerdo con las preferencias del usuario, el sistema también puede aumentar su satisfacción y productividad. Al utilizar la IA para crear experiencias de usuario personalizadas, los sistemas de apoyo a la toma de decisiones también pueden aumentar la confianza y la lealtad de los usuarios. Al ofrecer información relevante y procesable, el sistema puede ayudar a los usuarios a alcanzar sus objetivos y resolver sus problemas de manera efectiva. Esto conduce a un mayor uso y aceptación del sistema de apoyo a la toma de decisiones a lo largo del tiempo.

El uso de la IA para crear experiencias de usuario personalizadas puede mejorar la eficiencia, la experiencia y el compromiso del usuario con el sistema SSD. Al ofrecer información relevante y personalizada, el sistema SSD puede ayudar a los usuarios a tomar decisiones mejores y más rápidas, lo que conduce a una mayor productividad y competitividad para la organización.

Los aspectos éticos y legales del uso de la IA en los sistemas SSD son de vital importancia y requieren una atención cuidadosa. La transparencia es un tema clave cuando se trata de IA en SSD. Los usuarios deben ser capaces de entender cómo funcionan los sistemas de IA y qué datos utilizan para tomar decisiones. Esto significa que se requiere transparencia sobre la función de los algoritmos y cómo afectan al proceso de toma de decisiones. La falta de transparencia puede llevar a la desconfianza en el sistema y a resultados injustos. La equidad es otro aspecto importante a tener en cuenta. Los sistemas de IA pueden ser propensos a amplificar las desigualdades existentes si no se diseñan y entrenan adecuadamente. Es importante tener en cuenta los posibles sesgos en los datos que podrían conducir a resultados injustos para diferentes grupos de personas. Mediante el uso de algoritmos justos y el monitoreo regular del desempeño del sistema, se puede reducir el riesgo de discriminación e injusticia.

Además, los sistemas de IA deben cumplir con las leyes y regulaciones aplicables para garantizar que se protejan los derechos y la privacidad de los usuarios. Esto incluye el cumplimiento de las leyes de protección de datos, como el RGPD, así como otras leyes y reglamentos relevantes que rigen el uso de datos personales y la tecnología de IA. Para abordar estas cuestiones éticas y jurídicas de forma eficaz, es importante integrar la consideración ética y la experiencia jurídica en todo el proceso de desarrollo de SSD con IA. Al crear sistemas con responsabilidad ética y legal, las organizaciones pueden minimizar el riesgo de consecuencias negativas y generar confianza en sus sistemas de apoyo a la toma de decisiones basados en IA.

Parte 2:

Ejemplos específicos de industrias y funciones operativas, y aplicación de SSD mejorados con IA

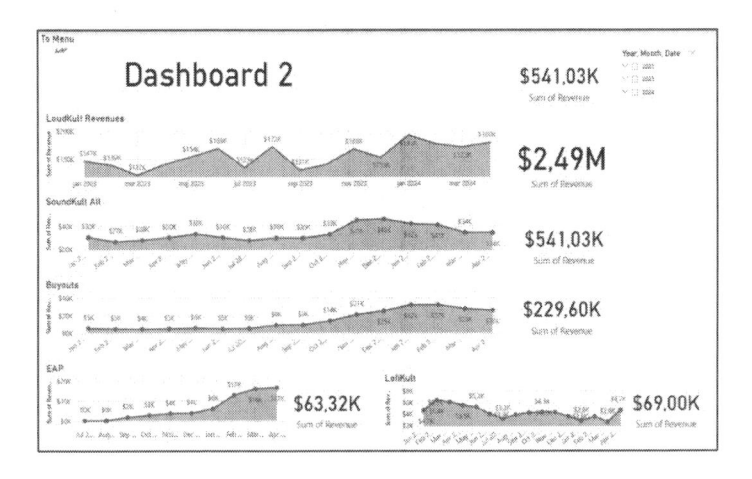

Introducción de la Parte 2

La Parte 2 de este libro está dedicada a explorar un mosaico de industrias y funciones organizacionales, cada una con sus desafíos y oportunidades únicos. Mi objetivo es informar e inspirar, despertar la curiosidad y encender una chispa creativa que conduzca a soluciones innovadoras para problemas complejos. Con esta parte del libro, quiero que el lector descubra cómo los Sistemas de Apoyo a la Toma de Decisiones (SSD), potenciados por la Inteligencia Artificial (IA), pueden aplicarse en diversas industrias y funciones organizacionales. Al hacerlo, podrán reconocer la importancia de estas tecnologías en sus actividades cotidianas y cómo pueden transformar y optimizar su trabajo diario, así como su planificación estratégica a mediano y largo plazo.

Cada capítulo aborda una industria o función comercial específica, desde el mundo de los negocios de rápido movimiento. Profundizaremos en cómo funcionan estos sectores, qué tendencias los configuran y qué escenarios futuros pueden surgir, mitigables con buenos SSD mejorados con IA.

El objetivo de esta parte es proporcionar una comprensión profunda de cada área descrita. Más allá de eso, es una invitación a pensar de manera diferente, cuestionar el status quo y estar abiertos a nuevas ideas.

Exploraremos cómo la digitalización está transformando nuestro mundo y cómo la inteligencia artificial está revolucionando las industrias y las funciones empresariales. Cada ejemplo ilustra los desafíos específicos y las soluciones creativas que las empresas y las personas pueden utilizar con SSD aumentadas por IA para superarlos.

Esta parte no es solo una colección de descripciones; es una caja de herramientas llena de ideas y estrategias aplicables en una amplia gama de situaciones. Ya seas un líder establecido en tu industria o un aspirante a empresario, las ideas y conceptos presentados aquí te equiparán con el conocimiento para pensar en grande y actuar con valentía.

Así que siéntate, hojea los capítulos y exploremos juntos las infinitas posibilidades que nos esperan al aplicar la creatividad con SSD aumentadas con IA a la complejidad de las operaciones.

Logística

La logística es un sector clave de la industria y un ámbito del conocimiento que se centra en la gestión eficiente de los flujos de materiales físicos, así como de los recursos, información y dinero relacionados. Su objetivo es alcanzar la máxima eficiencia mediante un excelente servicio y bajos costos, satisfaciendo así a todas las partes de la cadena de distribución.

Me inspiré para incluir la logística como una parte central de este trabajo tras una entrevista con mi amigo Sören Marhold, Gerente de Centro de Distribución (DC Manager) en HAVI, una empresa líder que gestiona la logística para McDonald's en varios países. Aunque no pudo revelar detalles operativos específicos, sus conocimientos proporcionaron una comprensión más profunda de los complejos desafíos y oportunidades en la logística de transporte hoy en día.

Principales Areas de Logística:

- Logística de Transporte
- Logística de Producción
- Logística de Terceros (3PL)
- Logística de Quinta Parte (5PL)
- Logística y el Derecho
- Almacenamiento

Logística de transporte

Es una parte vital de la economía moderna, que se ocupa de todo, desde la planificación hasta la ejecución del flujo de mercancías. Garantiza que las mercancías se transporten desde el lugar de producción hasta el cliente final de manera eficiente. Para lograrlo los camiones ofrecen flexibilidad en tierra, mientras que los trenes son rentables para grandes volúmenes y largas distancias. Los barcos dominan el comercio internacional a través de los océanos, y los aviones son indispensables para entregas rápidas a largas distancias. Los gasoductos desempeñan un papel único en el transporte de líquidos y gases.

La planificación de rutas es fundamental para minimizar tanto los tiempos de tránsito como los costos, e incluye todo, desde la selección de rutas hasta la gestión de controles aduaneros y fronterizos. El manejo adecuado de la carga garantiza que las mercancías lleguen a su destino sin daños, lo que requiere un embalaje y una seguridad cuidadosos durante el tránsito. Los avances tecnológicos, como el rastreo GPS[16] y los dispositivos IoT[17], han revolucionado la industria al aumentar la eficiencia y la transparencia, mejorando así la seguridad y la gestión de la cadena de suministro.

La sostenibilidad es una prioridad creciente, con un enfoque en la reducción del impacto ambiental a través de combustibles más limpios y una mayor eficiencia energética. Al desarrollar constantemente estas áreas, la logística de transporte tiene como objetivo no solo apoyar la economía global, sino también adaptarse a las condiciones cambiantes del mercado y los

---

[16] El rastreo **GPS (Sistema de Posicionamiento Global)** es una tecnología que utiliza satélites para determinar la ubicación geográfica precisa de un objeto o persona en tiempo real. Este sistema envía señales desde satélites a un dispositivo GPS, que luego calcula su posición en coordenadas de latitud y longitud. Los usos comunes del rastreo GPS incluyen la navegación vehicular, la localización de dispositivos móviles, el seguimiento de flotas de transporte y la seguridad personal.

[17] Los **dispositivos IoT (Internet de las Cosas)** son objetos físicos conectados a internet que pueden recopilar, enviar y recibir datos. Incluyen sensores, electrodomésticos, cámaras, vehículos y otros equipos que interactúan y comparten información en tiempo real para mejorar la eficiencia, la automatización y la toma de decisiones en diversos ámbitos, como el hogar, la industria y la salud.

requisitos ambientales. Es un sector dinámico que busca constantemente nuevas formas de ser más eficiente y sostenible, lo cual es crucial para su éxito a largo plazo.

Logística de Producción

Es crucial en la industria manufacturera, ya que garantiza que los materiales adecuados estén siempre disponibles donde y cuando se necesitan optimizando los flujos de producción y reduciendo tanto los plazos de entrega como los costos. Esto garantiza que no se produzcan paradas ni cuellos de botella innecesarios.

Con los avances de la Industria 4.0[18] [1], se han abierto nuevas oportunidades para hacer que los procesos productivos sean más flexibles y adaptables. La digitalización y la automatización se han convertido en componentes clave, lo que permite una adaptación más rápida a los requisitos específicos del cliente y a la producción a pequeña escala. Los principios de Lean

---

[18] La **Industria 4.0** es la cuarta revolución industrial, caracterizada por la integración de tecnologías digitales avanzadas en los procesos de fabricación. Esto incluye el Internet de las Cosas (IoT), inteligencia artificial (IA), big data, automatización y robótica, con el objetivo de crear fábricas inteligentes que sean más eficientes, flexibles y capaces de adaptarse rápidamente a los cambios del mercado.

Production[19], como Just-In-Time (JIT)[20], se han implementado para reducir aún más el desperdicio y mejorar la eficiencia.

Las soluciones tecnológicas, como los sistemas de lanzadera escalables y los vehículos de guiado automático (AGV)[21], han revolucionado la logística de producción, haciéndola más rápida y rentable. Las células de fabricación flexibles permiten cambios rápidos en la producción para adaptarse a nuevos productos o condiciones cambiantes del mercado.

La comunicación y las redes también juegan un papel importante; Los sistemas de logística de producción deben poder comunicarse entre sí a través del Internet de las cosas (IoT) para coordinar y optimizar los flujos de producción. Es un aspecto dinámico e impulsado por la tecnología de la logística que requiere una planificación cuidadosa e innovación

---

[19] **Lean Production** es una metodología de gestión de la producción que busca maximizar la eficiencia y minimizar el desperdicio en los procesos de fabricación. Se enfoca en la mejora continua, la optimización de recursos y la eliminación de actividades que no agregan valor, con el objetivo de aumentar la calidad y reducir costos.

[20] **Just-In-Time (JIT)** es una estrategia de gestión de inventarios y producción que busca reducir al mínimo el inventario y los tiempos de espera. Consiste en producir y entregar los productos justo en el momento en que son necesarios, lo que mejora la eficiencia, reduce los costos de almacenamiento y minimiza el desperdicio.

[21] **AGV (Automated Guided Vehicle)** es un vehículo guiado automáticamente que se utiliza en entornos industriales para transportar materiales de manera autónoma. Utiliza tecnologías como sensores, cámaras y sistemas de navegación para seguir rutas predeterminadas sin intervención humana, mejorando la eficiencia y reduciendo los costos operativos en la logística y la producción.

constante para mantenerse al día con los avances de la industria y la competencia.

Logística de Terceros (3PL)[22]

Ofrecen una variedad de servicios que van desde la gestión de inventario, donde proporcionan espacio y gestionan el inventario, hasta servicios de transporte que garantizan que las mercancías se transporten de forma segura y eficiente, tanto a nivel nacional como internacional. También ayudan con el despacho de aduanas y se aseguran de que todos los procesos relacionados con el comercio internacional se manejen correctamente. Además, se encargan de la gestión de pedidos, que puede incluir todo, desde la toma de pedidos hasta la gestión de devoluciones y el servicio de atención al cliente.

El uso de 3PL tiene varias ventajas. Proporciona eficiencia de costos al aprovechar las economías de escala del proveedor, lo que puede conducir a menores costos logísticos para la empresa. También ofrece flexibilidad, lo que permite a las empresas adaptar rápidamente sus operaciones logísticas a las necesidades cambiantes sin tener que realizar grandes inversiones en su propia infraestructura.

La Logística de Quinta Parte (5PL)[23]

Es un modelo en el que una organización subcontrata toda su cadena de suministro a una empresa de logística, esto significa

---

[22] **La Logística de Terceros (3PL)**, también conocida como Tercerización Logística, se refiere a la práctica de contratar a una empresa externa para gestionar y ejecutar funciones logísticas específicas. Estas funciones pueden incluir transporte, almacenamiento, distribución, gestión de inventarios, cumplimiento de pedidos, y otros servicios relacionados con la cadena de suministro.

[23] **La Logística de Quinta Parte (5PL)** es una evolución de los servicios logísticos que implica una mayor integración y

una integración completa de los servicios que cubren toda la cadena de suministro de principio a fin, incluidos los múltiples proveedores de servicios subcontratados. Un aspecto clave del 5PL es la integración efectiva de los sistemas informáticos para garantizar la visibilidad y el control en tiempo real de toda la cadena de suministro, independientemente del número de proveedores diferentes que estén involucrados. Esto puede incluir la negociación de precios con proveedores y transportistas, la compra de mercancías, las operaciones de almacén, la logística, el transporte y el análisis de datos y la elaboración de informes. La logística 5PL es un desarrollo relativamente nuevo en la industria y refleja una tendencia hacia la plena integración logística y la colaboración a través de las fronteras tradicionales. Es una solución innovadora que satisface la necesidad de cadenas de suministro complejas e integradas a nivel mundial.

El almacenamiento

Implica la organización y gestión de las mercancías, componentes o materiales que almacena una empresa. El almacenamiento eficaz incluye compras estratégicas, diseño de inventario y técnicas de gestión de inventario. Las nuevas tecnologías, como los robots de almacén automatizados y la IA para la optimización de almacenes, contribuyen a aumentar la creación de valor y reducir los costos. También es importante contar con una gestión eficiente del inventario, tanto en el piso como en el trabajo administrativo.

---

coordinación de la cadena de suministro. Mientras que los proveedores de logística de terceros (3PL) y de cuarta parte (4PL) se centran en la gestión y optimización de ciertos aspectos logísticos y de la cadena de suministro, los proveedores de 5PL gestionan toda la cadena de suministro de forma integral, utilizando tecnologías avanzadas y estrategias para maximizar la eficiencia y la rentabilidad.

Los procesos "lean" en la industria de la logística se centran en crear valor para el cliente mediante la eliminación de desperdicios y la racionalización de las operaciones. Esto significa una búsqueda constante de mejoras en todas las etapas de la cadena logística. El análisis del flujo de valor (VSM)[24] mapea todo el flujo de materiales e información para detectar y abordar las ineficiencias. La mejora continua (Kaizen[25]) es una filosofía que impregna toda la organización, donde cada empleado está involucrado en la mejora constante de los procesos de trabajo.

Jidoka[26], o autonomía, significa que las máquinas están equipadas para detenerse automáticamente en caso de fallo, minimizando los defectos y las interrupciones. El trabajo

---

[24] **VSM (Value Stream Mapping)** es una herramienta de Lean Manufacturing que se utiliza para visualizar y analizar el flujo de materiales e información necesarios para llevar un producto o servicio desde su creación hasta el cliente final. VSM ayuda a identificar desperdicios, cuellos de botella y oportunidades de mejora en los procesos, facilitando la optimización y eficiencia en la producción.

[25] **Kaizen** es una filosofía y práctica japonesa de mejora continua que se enfoca en hacer pequeños y constantes cambios para mejorar procesos, productos y servicios. En el contexto empresarial, Kaizen involucra a todos los empleados en la identificación y solución de problemas, promoviendo la eficiencia, la calidad y la productividad a través de la colaboración y la innovación incremental.

[26] **Jidoka** es un concepto del sistema de producción Toyota que significa "automatización con un toque humano". Se refiere a la capacidad de detener automáticamente el proceso de producción cuando se detecta un problema, permitiendo una rápida identificación y resolución de errores. Esto asegura la calidad y previene la producción de bienes defectuosos, promoviendo un flujo de trabajo eficiente y confiable.

estandarizado garantiza que todos los procesos de trabajo sean uniformes y estén optimizados para mantener la calidad y la eficiencia.

El método 5S[27] ayuda a organizar el lugar de trabajo y a crear un entorno de trabajo más eficiente, mientras que el sistema pull (Kanban)[28] garantiza que la producción se guíe por la demanda real en lugar de por las previsiones. Al aplicar estos principios, las empresas de logística no solo pueden lograr una mayor eficiencia y una mejor calidad, sino también contribuir a operaciones más sostenibles al reducir el desperdicio de recursos y el impacto ambiental. Es un proceso que requiere dedicación y vigilancia constante para mantener y mejorar los estándares a lo largo del tiempo.

La logística y la TI[29] utilizan la tecnología de la información para optimizar los procesos logísticos, lo que incluye sistemas para la

---

[27] **5S** es una metodología de gestión de origen japonés que se utiliza para organizar y mantener el lugar de trabajo de manera eficiente y segura. Las cinco "S" representan cinco palabras japonesas: Seiri, que significa clasificar y eliminar lo innecesario; Seiton, que es ordenar y organizar lo necesario; Seiso, que implica limpiar y mantener el área de trabajo limpia; Seiketsu, que se refiere a estandarizar procesos y prácticas; y Shitsuke, que es sostener y mejorar los hábitos. La implementación de 5S mejora la productividad, la seguridad y la calidad en el lugar de trabajo.

[28] **Kanban** es un método de gestión de proyectos y flujo de trabajo que se originó en el sistema de producción de Toyota. Utiliza tarjetas visuales (kanban) para representar tareas y su estado en un tablero, ayudando a visualizar el progreso, gestionar el trabajo en curso y mejorar la eficiencia. El objetivo de Kanban es optimizar el flujo de trabajo y permitir una entrega continua y eficiente de tareas y productos.

[29] **TI (Tecnologías de la Información)** se refiere al uso de computadoras, redes, software y otros equipos y procesos tecnológicos para gestionar, almacenar, procesar y transmitir

gestión de inventarios, la gestión del transporte y las tecnologías de seguimiento. Todos los datos creados en estos sistemas operativos pueden, a través del refinamiento, transformarse en información estratégica para tomar decisiones bien informadas, con la ayuda de Sistemas de Apoyo a la Decisión (SSD) mejorado con IA.

La Logística y el Derecho

Cubren los aspectos legales de la logística, incluidos los contratos, los seguros y las regulaciones relevantes para el transporte y la distribución de mercancías.

El derecho del transporte es una parte importante de esto e incluye convenios internacionales como el CMR[30], que rige el transporte por carretera, y el Convenio de Montreal, que se aplica al transporte aéreo. Esto es especialmente importante en un mundo globalizado en el que las mercancías cruzan constantemente las fronteras internacionales. El derecho contractual desempeña un papel importante en la formulación de los contratos logísticos. Estos acuerdos deben elaborarse cuidadosamente para proteger los derechos y obligaciones de

---

información. Las TI son esenciales para la operación y gestión de empresas y organizaciones, facilitando la comunicación, la toma de decisiones, la automatización de procesos y la innovación.

[30]**CMR (Convention on the Contract for the International Carriage of Goods by Road)** es un tratado internacional que regula el transporte de mercancías por carretera entre países. Establece las responsabilidades, derechos y obligaciones de las partes involucradas en el contrato de transporte, incluyendo el remitente, el transportista y el destinatario, y proporciona un documento estándar, conocido como la carta de porte CMR, para facilitar el comercio internacional y garantizar la trazabilidad y seguridad de las mercancías transportadas.

todas las partes, desde compradores y vendedores hasta transportistas y operadores de almacenes.

El seguro también es fundamental para proteger a las empresas de los riesgos asociados con el transporte de mercancías, incluidos los daños y la responsabilidad de terceros.

Los Incoterms, establecidos por la Cámara de Comercio Internacional, definen la división de responsabilidades entre compradores y vendedores en las transacciones internacionales, lo que incluye quién paga el envío, el seguro y las tarifas de aduana.

Originalmente, la logística se desarrolló como una disciplina para satisfacer las necesidades militares de controlar el suministro de combustible, alimentos y municiones en grandes cantidades para satisfacer necesidades específicas en diferentes secciones del frente. En la sociedad actual, la logística se ha convertido en un área clave que la mayoría de las empresas de fabricación y transporte tienen en cuenta. Es una parte dinámica y crucial de la economía global, que se adapta constantemente a las nuevas tecnologías y a las condiciones cambiantes del mercado.

Complejidad y liderazgo

La complejidad de la logística es extensa y está influenciada por muchos factores. Implica desafíos como la gestión de múltiples cadenas de suministro, la gestión del almacenamiento y el transporte, así como garantizar la eficiencia y el control de costos. En un mundo en el que el comercio electrónico y el comercio omnicanal están creciendo, la complejidad aumenta con los requisitos de entregas rápidas, la gestión de devoluciones y la necesidad de integrar diferentes sistemas informáticos.

Esta complejidad dificulta la obtención de una visión general de todos los aspectos a tener en cuenta a la hora de tomar decisiones. Por lo tanto, es importante que un líder en esta industria adquiera estrategias para simplificar lo complejo. Las estrategias para desglosar la complejidad deben incluir ser ágiles para responder de manera rápida y eficiente a las fluctuaciones en la oferta y la demanda, tener estrategias proactivas de gestión de riesgos, usar la automatización para mejorar la precisión de la entrega y optimizar la planificación de rutas, implementar Apoyo a la Decisión mejorados con IA y análisis de datos para anticipar la demanda y optimizar el inventario. Desarrolle procesos logísticos centrados en el cliente, construya asociaciones y colaboraciones sólidas e invierta en la capacitación del personal y el desarrollo de habilidades.

Sistemas de Apoyo a la Decisión mejorados con IA

Sistemas de Apoyo a la Decisión (SSD) mejorados con IA serán capaces de gestionar, informar y presentar de forma clara al líder los retos de las múltiples cadenas de suministro, la gestión del almacenamiento y el transporte, así como garantizar la eficiencia y el control de costos en la logística. La parte de IA debe ser capaz de analizar, optimizar, predecir y prescribir el negocio de forma comprensible y útil con algoritmos adecuados. El SSD aumentado con IA puede ayudar con la diversificación de la cadena de suministro, el análisis de riesgos, la optimización del inventario, la automatización del sistema de inventario, la optimización de rutas de transporte, el seguimiento de envíos en tiempo real, el análisis de datos y el apoyo a la toma de decisiones. Mediante el uso de SSD aumentado por IA, las empresas pueden gestionar la complejidad de sus operaciones de forma más eficaz y tomar mejores decisiones que respalden sus objetivos estratégicos. El éxito de un SSD depende de la calidad de los datos introducidos en el sistema y de la capacidad de interpretar y actuar sobre la información que proporciona el sistema. Esto mejora la agilidad de la cadena de suministro y se adapta a las condiciones cambiantes. El SSD mejorado por IA permite una acción proactiva al anticipar y cuantificar los riesgos, reduciendo la vulnerabilidad. Un buen SSD reforzado con IA puede incluso detectar fenómenos tempranos que, si no se abordan, podrían dar lugar a problemas más graves.

En el almacenamiento, el SSD aumentado por IA se utiliza para optimizar los pedidos de inventario y anticipar la demanda, lo que ayuda a evitar el exceso o la falta de recursos. La integración con los sistemas de almacén automatizados mejora la manipulación de mercancías y optimiza el uso del espacio.

Para la gestión del transporte, SSD puede optimizar las rutas en función de las condiciones en tiempo real, como el tráfico y el clima, lo que permite ahorrar combustible y tiempo. La supervisión y el seguimiento en tiempo real de los envíos permiten ajustes rápidos y mejoran la precisión de la entrega.

En conclusión, al implementar SSD aumentado por IA, las empresas de la industria de la logística pueden administrar de manera efectiva la complejidad de sus operaciones y tomar decisiones informadas que respalden sus objetivos estratégicos. SSD ayuda con la diversificación de la cadena de suministro, el análisis de riesgos, la optimización del inventario, la automatización del sistema de inventario, la optimización de rutas de transporte, el seguimiento de envíos en tiempo real, el análisis de datos y el apoyo a la toma de decisiones, lo que permite a las empresas gestionar la complejidad de sus operaciones de manera más eficiente.

Ciencias de la vida

Las ciencias de la vida son un área amplia de la ciencia que estudia los organismos vivos y sus condiciones de vida. Incluye la investigación en biología, medicina, ciencias de la salud y también puede ser interdisciplinaria e incluir tecnología, ética y ciencias sociales. En este capítulo, elijo limitarme a la tecnología médica, a pesar de que las Ciencias de la Vida se extienden a un campo mucho más amplio.

Tecnología médica

El desarrollo de la tecnología médica tiene una larga historia, comenzando con herramientas y métodos muy primitivos. La medicina herbal se utilizaba para tratar enfermedades ya en la Edad de Piedra. El Ayurveda, un sistema tradicional indio de medicina, se remonta a unos 3000 a.C. y es uno de los primeros ejemplos de tratamiento médico sistematizado.

A lo largo de los siglos, la tecnología médica se ha desarrollado de forma espectacular. Durante la Edad Media y el Renacimiento, la educación académica comenzó a convertirse en un requisito previo para la práctica de la medicina, lo que condujo a métodos y herramientas más científicas. Durante las décadas de 1800 y 1900, fuimos testigos de varios avances innovadores en la tecnología médica que han tenido un impacto duradero en la atención médica. El descubrimiento de los rayos X por Wilhelm Conrad Röntgen en 1895 revolucionó las imágenes y el diagnóstico médicos, permitiendo a los médicos ver el interior del cuerpo sin procedimientos invasivos. El desarrollo de los antibióticos, especialmente la penicilina por Alexander Fleming en 1928, cambió el tratamiento de las enfermedades infecciosas y desde entonces ha salvado innumerables vidas. Durante el siglo XX, también vimos la aparición de técnicas y equipos quirúrgicos modernos que mejoraron la seguridad y la eficiencia en el quirófano, incluido el uso de métodos antisépticos, la introducción de la anestesia y el refinamiento de los instrumentos quirúrgicos. Estos avances han sentado las bases de la medicina moderna tal y como la conocemos hoy en día y siguen dando forma a la forma en que diagnosticamos y tratamos las enfermedades. Hoy en día, la tecnología médica es verdaderamente de alta tecnología y se ha integrado en casi todos los aspectos de la atención médica. Contamos con herramientas diagnósticas avanzadas, como la resonancia magnética (RM) y los escáneres de tomografía computarizada (TC), que proporcionan imágenes detalladas de las estructuras internas del cuerpo, lo que permite la detección temprana y el tratamiento de enfermedades. Las técnicas quirúrgicas mínimamente invasivas, como la cirugía laparoscópica y la cirugía asistida por robot, han reducido la necesidad de incisiones grandes, lo que lleva a una recuperación más rápida y un menor riesgo de complicaciones. La medicina personalizada es otra área interesante que está surgiendo a través de los análisis genéticos. Esto significa que los tratamientos se pueden adaptar al perfil genético de un individuo, lo que aumenta la eficacia y reduce el riesgo de efectos secundarios.

La salud digital es un campo de rápido crecimiento que abarca una gama de tecnologías diseñadas para mejorar la salud y la atención médica. La telemedicina se ha vuelto cada vez más popular, especialmente durante la pandemia, ofreciendo a los pacientes la posibilidad de consultar a los médicos a través de videollamadas o llamadas de audio, ahorrando tiempo y haciendo que la atención sea más accesible, especialmente para aquellos que viven en áreas remotas. La salud móvil (m-health) incluye el uso de aplicaciones móviles para monitorear las condiciones de salud, recordar sobre la medicación y proporcionar información sobre la salud y el bienestar. Estas aplicaciones también se pueden usar para recopilar datos para la investigación o para ayudar a las personas a controlar sus propias condiciones de salud de manera más efectiva. La tecnología portátil, como las pulseras de fitness y los relojes inteligentes, puede controlar continuamente los signos vitales, como la frecuencia cardíaca y la calidad del sueño. Estos dispositivos también pueden detectar posibles problemas de salud a tiempo y ayudar a hacer un seguimiento de afecciones a largo plazo, como la diabetes o las enfermedades cardíacas. Estas innovaciones contribuyen a una experiencia de atención más personalizada y permiten a los pacientes desempeñar un papel más activo en la gestión de su salud. También ofrecen grandes oportunidades para que el sistema de salud sea más eficiente a través de un mejor monitoreo y recopilación de datos.

Estos avances son solo la punta del iceberg cuando se trata de cómo la tecnología médica continúa evolucionando y mejorando la atención que recibimos.

Practicar

En la tecnología médica, se utilizan una serie de métodos de trabajo para desarrollar, probar e implementar soluciones técnicas que mejoren la atención al paciente. Los tecnólogos médicos son esenciales para el sistema de salud y contribuyen al diagnóstico, tratamiento y manejo de diversas afecciones médicas. Realizan **pruebas de laboratorio precisas y fiables** que proporcionan información vital para la toma de decisiones médicas. Su trabajo consiste en gestionar y mantener instrumentos de laboratorio complejos y garantizar que las pruebas se lleven a cabo correctamente y a tiempo. Estos profesionales analizan muestras biológicas, como sangre, orina y tejidos, para identificar enfermedades u otras anomalías. También interpretan los resultados de las pruebas y comunican sus hallazgos a los médicos, lo que contribuye al diagnóstico general del paciente y al plan de tratamiento. Los tecnólogos médicos actúan como un puente entre los médicos, los patólogos y otros proveedores de atención médica, lo que facilita la comunicación efectiva y la colaboración interdisciplinaria. Esta colaboración es necesaria para la atención integral del paciente, ya que los tecnólogos médicos aportan sus conocimientos especializados al ecosistema sanitario en general.

El desarrollo de nuevos medicamentos es un proceso complejo que implica varias fases críticas. La fase de descubrimiento y desarrollo es el primer paso y uno de los más cruciales en el proceso de desarrollo de nuevos medicamentos. Aquí es donde los investigadores utilizan sus conocimientos de biología y química para identificar nuevas moléculas de fármacos posibles. Esta fase implica la conceptualización de ideas terapéuticas en moléculas reales con efectos farmacológicos conocidos.

Los investigadores están explorando diferentes vías químicas y biológicas para encontrar sustancias que puedan interactuar con objetivos específicos en el cuerpo, como proteínas o genes, que están involucrados en un proceso de enfermedad. Mediante el uso de técnicas como el cribado de alto rendimiento, en el que se pueden probar miles de compuestos simultáneamente, o mediante el uso de modelos y simulaciones por ordenador para predecir cómo se comportará una molécula en el cuerpo, los investigadores pueden identificar de forma rápida y eficaz candidatos prometedores para un mayor desarrollo.

Los estudios preclínicos son una fase crítica en el proceso de desarrollo de fármacos que tiene lugar antes de que comiencen los ensayos clínicos en humanos. Durante esta fase, se recopila información importante sobre la viabilidad, seguridad y eficacia del fármaco candidato. En los estudios preclínicos, existen varias alternativas al uso de animales de laboratorio. Los investigadores pueden utilizar modelos informáticos para simular la actividad química y biológica, así como modelos de enfermedades en humanos. Los cultivos celulares, en los que las células y los tejidos se prueban en tubos de ensayo o en cultivos de tejidos en 3D como órgano en chip, son otra opción. La investigación con células madre ofrece oportunidades para estudiar los procesos de las enfermedades y probar posibles tratamientos sin necesidad de realizar pruebas en animales. Además, las imágenes diagnósticas no invasivas, como las resonancias magnéticas y las tomografías computarizadas, se pueden utilizar para estudiar las afecciones médicas y los efectos de los medicamentos. Estos métodos no solo son más rápidos y baratos que los métodos tradicionales, sino que también están en línea con los principios de las 3R[31] que tienen como objetivo reemplazar la experimentación con animales, reducir el número de animales utilizados y mejorar el bienestar animal.

Estos estudios tienen como objetivo identificar posibles efectos tóxicos y establecer márgenes de seguridad para el medicamento. Los investigadores realizan varias pruebas para comprender cómo se absorbe, distribuye, metaboliza y excreta el fármaco en el cuerpo, un proceso llamado farmacocinética. También investigan la farmacodinamia del fármaco, es decir,

---

[31] Las 3R son un marco ético para el uso de animales en pruebas e investigación. Son las siglas de:
- **Sustitución**: Sustituir el uso de animales por métodos sin animales siempre que sea posible.
- **Reducción**: Reducir al mínimo el número de animales utilizados, permitiendo al mismo tiempo obtener resultados científicamente válidos.
- **Refinamiento**: Mejorar los métodos y procedimientos para minimizar el estrés y aumentar el bienestar de los animales utilizados.

Estos principios tienen por objeto limitar el uso de animales en experimentos, sustituir los experimentos con animales por alternativas y reducir la carga sobre los animales a un nivel necesario.

cómo afecta al organismo y a sus procesos patológicos. Además de las evaluaciones de seguridad, también se llevan a cabo estudios de eficacia para confirmar que el medicamento funciona según lo previsto contra la enfermedad o afección prevista. Esta información es crucial para determinar si un candidato a fármaco es lo suficientemente prometedor como para pasar a ensayos clínicos en humanos. Los estudios preclínicos deben seguir reglas y pautas estrictas para garantizar que los resultados sean confiables y relevantes. Esto incluye el uso de Buenas Prácticas de Laboratorio (BPL)[32] y otras normas reglamentarias que rigen la forma en que se realizan los estudios.

Una vez que las pruebas iniciales han demostrado ser exitosas, el medicamento pasa a ensayos clínicos realizados en múltiples fases para evaluar aún más su seguridad, dosis y eficacia. En la fase 1 de los ensayos clínicos, el objetivo es evaluar la seguridad y tolerabilidad de un nuevo fármaco o terapia. Estos ensayos suelen involucrar a un pequeño grupo de voluntarios sanos, generalmente entre 20 y 80 personas, y están diseñados para identificar la dosis y el programa de tratamiento óptimos, así como cualquier efecto secundario de la intervención. Durante esta fase, los investigadores pasan varios meses observando los efectos de la medicación en los participantes que no tienen

---

[32] Las Buenas Prácticas de Laboratorio (BPL) son un conjunto de principios que tienen como objetivo garantizar la calidad e integridad de los estudios de laboratorio no clínicos. Estos estudios están destinados a apoyar la investigación o la autorización de comercialización de productos regulados por agencias gubernamentales. Las BPL abarcan los procesos y condiciones organizacionales bajo los cuales se planifican, ejecutan, monitorean, documentan, reportan y archivan los estudios. Los principios de las BPL son directrices para la gestión eficaz de los estudios de salud no clínicos y los estudios de seguridad ambiental. Cubren cómo se planifican, realizan, registran y reportan los estudios.

afecciones de salud subyacentes. El objetivo es averiguar la dosis máxima que las personas pueden tomar sin efectos secundarios graves. Esta fase es fundamental porque sienta las bases para las fases posteriores al garantizar que el fármaco sea lo suficientemente seguro como para continuar probándose en poblaciones más grandes[1].

La fase 2 de los ensayos clínicos comenzará después de la finalización exitosa de la fase 1. Durante la fase 2, se prueba la eficacia (y seguridad) del fármaco investigado. Los estudios realizados durante la fase 2 suelen ser estudios exploratorios terapéuticos que intentan descubrir si el medicamento está tratando la enfermedad o afección prevista. Los estudios de fase 2 suelen ser más grandes que los de fase 1 y pueden involucrar hasta cien participantes. A veces, un nuevo tratamiento se compara con otro tratamiento ya utilizado o con un fármaco ficticio (placebo). Algunos estudios de fase 2 son aleatorizados y proporcionan información adicional sobre la seguridad del nuevo tratamiento y cómo afecta el tratamiento al cuerpo. Estos ensayos ayudan a cerrar la brecha entre las evaluaciones de seguridad de la Fase 1 y las evaluaciones de eficacia de la Fase 3, mediante la recopilación de datos detallados sobre la eficacia, la dosis y los perfiles de seguridad.

Si la fase 2 muestra eficiencia, comienza la fase 3. Durante la fase 3, participan grupos aún más grandes de participantes, generalmente hasta 3,000 personas que tienen la afección que el nuevo medicamento está destinado a tratar. Los ensayos en esta fase pueden durar años. El objetivo de la fase 3 es evaluar cómo funciona el nuevo fármaco en comparación con los fármacos existentes para las mismas afecciones. Los investigadores comparan el tratamiento con la terapia estándar actual para ver cuál funciona mejor y también comparan los efectos secundarios de los tratamientos. Los participantes son asignados aleatoriamente a uno de los tratamientos para garantizar que las diferencias sean reales y no el resultado de diferencias en las personas de cada grupo. Los estudios de fase 3 tienen como objetivo confirmar la eficacia, monitorear los efectos secundarios, compararlos con los tratamientos estándar y recopilar información que permita que el medicamento se use de manera segura.

Finalmente, después de que se aprueba el medicamento, los estudios de fase 4 recopilan información adicional sobre la seguridad, la eficacia o el uso óptimo del producto. La fase 4 de los ensayos clínicos, también conocida como "Investigación y monitoreo posterior a la aprobación", se lleva a cabo después de que se haya aprobado un medicamento o dispositivo médico. El objetivo principal del ensayo de fase 4 es evaluar el rendimiento del fármaco en escenarios reales, examinar los riesgos y beneficios a largo plazo del uso del fármaco e identificar cualquier efecto secundario inusual. Estos ensayos estudian los efectos secundarios que ocurren con el tiempo de un nuevo tratamiento después de que ha sido aprobado y está en el mercado. Buscan efectos secundarios que no se observaron en ensayos anteriores y también pueden estudiar qué tan bien funciona un nuevo tratamiento durante un período de tiempo más largo. Los estudios de fase 4 sirven como evaluaciones de los medicamentos después de su aprobación, con un enfoque en la eficacia en el mundo real y la seguridad a largo plazo. Estos ensayos monitorean los efectos a largo plazo, la eficacia y la rentabilidad, utilizan diseños de estudios observacionales y comparan los medicamentos con los tratamientos existentes.

Cada fase es crucial para garantizar la seguridad y eficacia del medicamento antes de que esté disponible para el público. Si los resultados de los ensayos clínicos son positivos, la empresa busca la aprobación de las autoridades reguladoras, como la Administración de Alimentos y Medicamentos (FDA) en Estados Unidos y la Agencia Europea de Medicamentos (EMA) en la UE, para vender el medicamento. Una vez que un medicamento ha sido aprobado y llega al mercado, el monitoreo posterior a la comercialización continúa para garantizar su seguridad y eficacia a largo plazo. Cada paso de este proceso es crucial para garantizar que los nuevos medicamentos sean seguros y eficaces para los pacientes.

Venta y comercialización de nuevos medicamentos

La venta y comercialización de nuevos medicamentos es un proceso complejo que implica varios pasos. Una vez que un medicamento ha sido aprobado por las autoridades reguladoras, como la FDA en los EE. UU. y la EMA en la UE, comienza la comercialización. Esto incluye la fijación de precios para los medicamentos, la mejora de los servicios de entrega, la educación de los pacientes y los profesionales de la salud, y otros trabajos para ampliar las ventas y mejorar la cuota de mercado. Los profesionales del marketing suelen trabajar con agencias externas para crear campañas publicitarias y de marketing eficaces que hagan justicia a los productos que se venden. La fijación de los precios de los medicamentos es un proceso complejo que requiere tener en cuenta los costos de producción, los costos de investigación y desarrollo, la competitividad del mercado y la capacidad de pago de los pacientes. Es importante fijar el precio de los medicamentos de manera que sean accesibles para los pacientes y, al mismo tiempo, garantizar un rendimiento razonable para el fabricante.

Mejorar los servicios de entrega de nuevos medicamentos significa aprovechar las soluciones y tecnologías logísticas innovadoras para agilizar la distribución. Ejemplos de esto incluyen implantes inteligentes y terapia génica dirigida, que representan mecanismos de administración emergentes que pueden mejorar la forma en que se administran los medicamentos a los pacientes. Las formas farmacéuticas personalizadas impresas con impresoras 3D ofrecen la posibilidad de personalizar la terapia según las necesidades específicas del paciente. También se están llevando a cabo investigaciones para desarrollar nuevas formas de administrar medicamentos de manera más eficiente, por ejemplo, mediante el uso de nanopartículas y microchips. Reguladores como la EMA están trabajando con programas como Priority Medicines (PRIME) para acelerar el acceso de los pacientes a nuevos medicamentos reuniendo a los responsables de la toma de decisiones sanitarias. También es importante fortalecer los esfuerzos regulatorios globales para garantizar el acceso continuo a medicamentos que salvan vidas, lo que significa abordar desafíos como las complejas cadenas de suministro y las innovaciones tecnológicas. El objetivo de estos sistemas es garantizar el acceso ininterrumpido a medicamentos de calidad garantizada desde el fabricante hasta el usuario final.

La educación de los pacientes y de los profesionales de la salud es esencial para garantizar el uso adecuado de los nuevos medicamentos. Al introducir nuevos medicamentos, es importante desarrollar materiales informativos como folletos, hojas informativas y sitios web. Estos deben explicar claramente cómo funciona el medicamento, sus beneficios y cualquier efecto secundario para que los pacientes y los profesionales de la salud tomen decisiones informadas. Los programas de capacitación en forma de talleres, seminarios web o cursos de certificación también pueden ser muy útiles para los profesionales de la salud, ya que les permiten aprender la administración y supervisión adecuadas de la medicación. Además, las líneas de apoyo, como las líneas telefónicas o los servicios de chat en línea, pueden ofrecer un canal directo para preguntas y consejos, lo que fortalece aún más la comprensión y el manejo del medicamento. Estos métodos garantizan que todos los involucrados tengan los conocimientos necesarios para manejar el medicamento de manera segura y efectiva. Para ampliar las ventas y mejorar la cuota de mercado, los profesionales de marketing pueden trabajar con agencias de publicidad para crear campañas que comuniquen eficazmente el valor del medicamento. Esto puede incluir la publicidad tradicional, el marketing digital y el contacto directo con los profesionales de la salud.

Estas estrategias son esenciales para llevar con éxito nuevos medicamentos al mercado y garantizar que lleguen a los pacientes que los necesitan.

Para comercializar con éxito nuevos medicamentos tanto para médicos como para consumidores, es importante analizar primero las últimas tendencias en la industria de la salud. Este análisis ayuda a identificar qué mensajes son más relevantes y convincentes para diferentes audiencias. Personalizar el mensaje de marketing es clave para atraer a diferentes grupos demográficos, lo que puede incluir destacar beneficios únicos o abordar necesidades de salud específicas.

Gestión del ciclo de vida de los medicamentos

La gestión del ciclo de vida de los medicamentos es crucial para lograr una rentabilidad óptima a largo plazo. Comienza con la inversión en investigación y desarrollo para crear medicamentos innovadores que aborden necesidades insatisfechas. Es necesario un proceso de aprobación eficaz para que el medicamento se apruebe rápidamente en el mercado. Una vez que se aprueba el medicamento, es importante un fuerte lanzamiento al mercado para establecer el producto y crear un éxito de ventas inicial.

En tecnología médica, la expansión del mercado es una estrategia importante para aumentar la rentabilidad. Las empresas pueden explorar nuevos usos para los productos existentes mediante la realización de estudios clínicos que demuestren eficacia y seguridad en afecciones o grupos de pacientes adicionales. Esto puede llevar a que el producto sea aprobado para nuevas indicaciones, ampliando la base de clientes potenciales. Entrar en nuevos mercados geográficos es otro camino de expansión. Esto puede implicar la adaptación del producto a las regulaciones y necesidades locales, así como el establecimiento de asociaciones con distribuidores locales y proveedores de atención médica. La innovación tecnológica también puede crear nuevas oportunidades. El desarrollo de nuevas funciones o la mejora del rendimiento pueden hacer que un producto sea más atractivo y competitivo, abriendo una cuota de mercado adicional. Al explorar continuamente estas vías, las empresas de tecnología médica pueden garantizar un crecimiento dinámico y una rentabilidad a largo plazo.

Las estrategias de patentes son fundamentales para proteger los medicamentos de la competencia genérica y, por lo tanto, preservar la rentabilidad. Las extensiones de patentes se pueden obtener mediante la búsqueda de patentes secundarias que cubran nuevos usos, métodos de fabricación o formulaciones de un medicamento. Esto puede otorgar a una empresa derechos exclusivos adicionales después de que expire la patente original. Las reformulaciones de un medicamento, como la creación de una versión de liberación prolongada o su combinación con otro principio activo, también pueden dar lugar a nuevas patentes, ampliando así el tiempo de exclusividad del producto en el mercado. Estas estrategias requieren una planificación y un calendario cuidadosos para garantizar que estén alineadas con la estrategia general de negocios y productos de la empresa. El uso eficaz de las estrategias de patentes ayuda a las empresas a prolongar el ciclo de vida de sus medicamentos y a seguir generando ingresos incluso en presencia de una posible competencia de genéricos. Los precios personalizados basados en la madurez del mercado y el nivel de competencia son esenciales para maximizar los ingresos. Al gestionar de forma proactiva estos aspectos, las empresas pueden garantizar una posición sólida en el mercado y un ciclo de vida rentable para sus medicamentos.

SSD aumentada por la IA en la tecnología médica

Los sistemas de apoyo empresarial (SSD) aumentados por la inteligencia artificial (IA) pueden ofrecer beneficios significativos a la industria de dispositivos médicos. La Inteligencia Artificial (IA) está desempeñando un papel cada vez más importante en el desarrollo de la medicina a través de su capacidad para manejar y analizar grandes cantidades de datos. Los algoritmos de IA pueden identificar rápidamente patrones y tendencias en conjuntos de datos complejos que incluyen información genética, resultados de estudios clínicos y registros de pacientes. La IA puede identificar patrones que los humanos pueden pasar por alto, como variaciones genéticas sutiles que pueden afectar la respuesta de un individuo a un tratamiento en particular. Este tipo de análisis también puede revelar nuevos objetivos para las intervenciones farmacológicas. Por ejemplo, la IA puede detectar que una proteína implicada en un proceso de enfermedad también desempeña un papel en otra enfermedad, lo que sugiere que un fármaco que se dirija a esta proteína puede ser eficaz para ambas afecciones. La IA también puede ayudar a identificar subgrupos de pacientes que tienen perfiles de enfermedad únicos, lo que puede conducir al desarrollo de tratamientos más personalizados y medicina de precisión. Al descubrir estas nuevas asociaciones, la IA está ayudando a ampliar la comprensión de los mecanismos de la enfermedad y abre la puerta a estrategias de tratamiento innovadoras que pueden mejorar los resultados y la calidad de vida de los pacientes.

La IA también se puede utilizar para predecir la eficacia de nuevos medicamentos simulando sus interacciones con objetivos biológicos a nivel molecular. Esto puede ayudar a los investigadores a identificar candidatos a fármacos prometedores para su posterior desarrollo de forma más rápida y rentable. La Inteligencia Artificial (IA) tiene el potencial de revolucionar la realización de ensayos clínicos al mejorar la selección de pacientes. Al analizar grandes cantidades de datos, incluidos los perfiles genéticos y el historial médico, la IA puede identificar a los pacientes que tienen más probabilidades de responder positivamente a un tratamiento. Esto significa que los investigadores pueden crear grupos de ensayo más específicos que sean homogéneos en términos de cómo se espera que respondan al medicamento que se está probando. La IA también puede predecir qué pacientes tienen un mayor riesgo de sufrir efectos secundarios, lo que permite un seguimiento más preciso de estos individuos o su exclusión del estudio. Esto no solo puede aumentar la seguridad de los participantes, sino también reducir el número de resultados negativos que pueden afectar a los resultados del estudio. La IA se puede utilizar para optimizar la selección de pacientes de modo que los ensayos clínicos sean más eficientes, rentables y tengan mayores tasas de éxito. Esto contribuye a un desarrollo más rápido de nuevos medicamentos y a mejoras en la atención al paciente. El uso de la IA en los procesos de desarrollo de medicamentos puede ayudar a los desarrolladores a acelerar el descubrimiento de nuevos medicamentos y personalizar los tratamientos para satisfacer mejor las necesidades de los pacientes individuales.

En ventas, la IA puede ayudar a automatizar y optimizar los procesos empresariales, desde el servicio de atención al cliente hasta las ventas y el marketing. Por ejemplo, las herramientas de análisis impulsadas por IA pueden proporcionar información sobre las tendencias del mercado y los comportamientos de los clientes, lo que permite campañas de marketing más específicas y efectivas. La IA también puede mejorar la atención al cliente mediante el uso de chatbots y asistentes virtuales que pueden manejar solicitudes comunes y liberar al personal para tareas más complejas. Además, la IA en SSD puede ayudar a mejorar la toma de decisiones al proporcionar pronósticos y recomendaciones más precisos basados en datos en tiempo real. Al integrar la IA en su SSD, las empresas de dispositivos médicos pueden aumentar su eficiencia, reducir costos y mejorar la experiencia del paciente, lo que a su vez puede conducir a una mayor rentabilidad y ventaja competitiva.

Industria de la construcción

La industria de la construcción es un motor fundamental para el crecimiento económico y el desarrollo social. Desempeña un papel clave en la provisión de la infraestructura física necesaria para la vivienda, los lugares de trabajo, el comercio, el transporte y los servicios públicos. Este sector está muy diversificado e incluye una amplia gama de profesiones y especialidades, desde los que diseñan edificios (arquitectos e ingenieros) hasta los que realmente los construyen (empresas constructoras y contratistas), así como proveedores de materiales y equipos.

El crecimiento del sector de la construcción está impulsado por varios factores. Las inversiones de los gobiernos en infraestructura son un factor clave, ya que a menudo financian proyectos importantes como carreteras, puentes y edificios públicos. La revolución de las energías renovables también está creando nuevas oportunidades para la industria de la construcción al requerir nuevos tipos de construcciones, como turbinas eólicas y paneles solares. Las inversiones de capital en sectores estratégicamente importantes, como la tecnología y la atención médica, también contribuyen a la demanda de construcción de instalaciones nuevas y mejoradas.

Tras la pandemia de COVID-19, hay una demanda acumulada de proyectos de construcción que se habían retrasado o detenido, lo que ahora está impulsando un auge en el sector. Además, muchos gobiernos han introducido políticas para estimular la construcción como medio de recuperación de la economía, que incluyen exenciones fiscales, subsidios y regulaciones simplificadas.

Las expectativas de crecimiento constante en el sector de la construcción se reflejan en los pronósticos que predicen que el mercado alcanzará un tamaño global de USD 842.52 mil millones para el año 2029 con una tasa de crecimiento anual del 5% de 2024 a 2029. Es probable que este crecimiento sea impulsado por la continua urbanización, que aumenta la necesidad de nuevos edificios residenciales y comerciales, así como de proyectos de infraestructura para apoyar este desarrollo.

La industria de la construcción también se enfrenta a desafíos, como la necesidad de reducir su impacto ambiental y adaptarse al cambio climático. Existe una creciente presión para construir de forma más sostenible mediante el uso de materiales y métodos respetuosos con el medio ambiente, así como mediante la integración de tecnologías ecológicas en las nuevas construcciones.

El proceso de trabajo de la industria de la construcción

La industria se caracteriza por su naturaleza basada en proyectos, donde cada proyecto de construcción es único y requiere una cuidadosa planificación, diseño y ejecución. La industria de la construcción es un sector complejo que abarca muchos procesos diferentes, desde la planificación hasta la finalización de un proyecto. A continuación, aquí hay una descripción general de los diferentes pasos en el proceso de construcción:

Fase de planificación

La fase de planificación es la parte del proceso de construcción donde se definen y analizan los parámetros básicos del proyecto. Es durante esta fase que se evalúa la viabilidad y el potencial de éxito del proyecto a través de una serie de subpasos detallados. En primer lugar, se determina el alcance y los objetivos del proyecto, lo que incluye definir qué se construirá, dónde, cuándo y con qué recursos. A continuación, se elabora un presupuesto exhaustivo para garantizar que el proyecto sea viable desde el punto de vista financiero, con estimaciones de costos de materiales, mano de obra, equipos y otros gastos.

También se crea un marco de tiempo para organizar y programar todas las actividades necesarias para completar el proyecto, lo que ayuda a identificar hitos y plazos importantes. Los estudios de suelo se llevan a cabo para comprender las condiciones en el sitio de construcción, incluidos estudios geotécnicos, evaluaciones ambientales y otros estudios necesarios para evaluar la idoneidad del terreno para la construcción.

También se evalúa el impacto ambiental del proyecto para identificar y mitigar cualquier impacto negativo en el entorno circundante, lo que puede implicar tener en cuenta aspectos de sostenibilidad y garantizar que el proyecto cumpla con la legislación ambiental. Se realiza un análisis de riesgos para identificar posibles riesgos e incertidumbres, y se desarrolla un plan de gestión de riesgos. Esto puede incluir riesgos financieros, riesgos técnicos de construcción y riesgos relacionados con el cronograma.

La fase de diseño

La fase de diseño es la parte del proceso constructivo donde toman forma los aspectos técnicos y estéticos del proyecto. Las ideas y conceptos se transforman en planos detallados y documentos que guían la construcción. Los arquitectos crean dibujos que demuestran la apariencia, el diseño y la función del edificio, incluidos planos de planta, fachadas y secciones que ilustran las proporciones y las relaciones con su entorno.

Los ingenieros desarrollan sistemas estructurales para garantizar la estabilidad y la seguridad, seleccionan materiales de construcción y dimensionan elementos como columnas, vigas y cimientos. Se elaboran planes detallados para los sistemas mecánicos, eléctricos y de plomería para garantizar un suministro adecuado de calefacción, refrigeración, iluminación y agua. La selección de materiales se realiza en función de la durabilidad, la estética, el costo y el rendimiento, desde los materiales estructurales hasta los materiales de acabado. Tecnología moderna como BIM[33] Se utiliza para crear representaciones digitales del edificio, facilitando la colaboración y la identificación de problemas antes de que comience la construcción. El diseño está optimizado para la eficiencia energética y la reducción del impacto ambiental a través de la integración de paneles solares, techos verdes y sistemas de eficiencia energética. Se realiza una estimación precisa de los costos para garantizar que sea coherente con el

---

[33] El Building Information Modeling (BIM) es un proceso tecnológico moderno que permite la creación de representaciones digitales de las características físicas y funcionales de los proyectos de construcción. BIM se utiliza para diseñar y documentar proyectos de construcción e infraestructura en un modelo integrado.
Los beneficios de BIM incluyen:
- Mejora de la coordinación y comunicación entre las diferentes partes interesadas, reduciendo el riesgo de errores e inconsistencias.
- Planificación y programación más eficientes, ya que los modelos BIM se pueden utilizar para simular la construcción e identificar problemas potenciales antes de que ocurran en el sitio de construcción.
- Ahorro de costos gracias a cálculos de costos más precisos y a la optimización de materiales.
- Mejora de la calidad y la sostenibilidad en los proyectos de construcción, ya que BIM permite realizar análisis más precisos del consumo de energía y otros impactos ambientales.

Al utilizar BIM, la industria de la construcción puede beneficiarse de un proceso de diseño y construcción más integrado, eficiente y sostenible.

presupuesto del proyecto, incluidos los costos de materiales y mano de obra. [28]

Revisar el diseño para asegurarse de que cumple con los códigos y regulaciones de construcción locales es una parte fundamental del proceso de preparación del proyecto de construcción. Esta revisión implica un análisis detallado de los planos del edificio para verificar que todos los aspectos de la construcción, desde la integridad estructural hasta la seguridad contra incendios y la accesibilidad, estén en línea con las leyes y normas aplicables. Este paso es crucial porque ayuda a identificar y solucionar cualquier problema que pueda dar lugar a cambios costosos o retrasos más adelante en el proyecto.

Una vez que el diseño ha sido aprobado de acuerdo con estos estándares, el siguiente paso es solicitar los permisos de construcción y otros permisos necesarios de las autoridades locales. Este proceso puede incluir la presentación de planos detallados, cálculos y otros documentos que demuestren el cumplimiento del proyecto con todos los requisitos relevantes. Obtener estos permisos antes de que comience la construcción es crucial, ya que proporciona la aprobación legal para que el proyecto continúe y garantiza que todas las fases planificadas del proyecto cumplan con las leyes y regulaciones.

Al implementar cuidadosamente estos pasos, se crea una base sólida para el proyecto de construcción. Esto reduce el riesgo de problemas durante la construcción, que pueden surgir debido al incumplimiento de las normas y reglamentos o a la falta de los permisos necesarios. Esto no solo contribuye a un proceso de construcción más fluido, sino también a un resultado final exitoso que cumple tanto con las expectativas del cliente como con los requisitos legales.

La fase de construcción

La fase de construcción es el corazón del proceso de construcción, donde los planos y dibujos se hacen realidad en forma de estructuras físicas. Es un período de intensa actividad que requiere una cuidadosa coordinación y seguimiento para garantizar que todo salga según lo previsto. Cada paso debe llevarse a cabo con precisión para crear un edificio duradero y seguro. Los movimientos de tierras son el punto de partida donde se prepara el terreno a través de la excavación, nivelación y estabilización. Esto crea una base sólida para la estructura y es crucial para la estabilidad a largo plazo del edificio. Le sigue la cimentación, donde se establecen los cimientos, los cimientos del edificio. Dependiendo de las condiciones del terreno, esto puede implicar verter una losa de hormigón, usar pilotes para una mayor estabilidad o crear un espacio de arrastre para la ventilación y la accesibilidad.

La construcción del marco es el siguiente paso en el que se erige el esqueleto del edificio, generalmente de madera, acero u hormigón. Esta fase es crítica porque implica la construcción de pilares, vigas y viguetas que soportan el peso del edificio y definen su integridad estructural. La construcción del techo y la pared viene a continuación, lo que le da al edificio su forma y protección contra los elementos. Esto puede implicar la construcción de paneles prefabricados o la construcción de muros de ladrillo u hormigón, según el diseño y la elección de los materiales. Las instalaciones de fontanería, sistemas eléctricos y otros sistemas necesarios se realizan en paralelo a la construcción. Estas instalaciones deben coordinarse cuidadosamente para garantizar su funcionalidad y evitar conflictos con otras actividades de construcción. Una vez levantada la estructura y colocadas las instalaciones, se comienza a trabajar en los acabados interiores y exteriores. Esto incluye pintar, alicatar, pisotear e instalar accesorios que le den al edificio su apariencia y funcionalidad final.

El control de calidad es continuo durante toda la fase de diseño con inspecciones periódicas para garantizar que el trabajo cumple con todos los estándares de calidad y seguridad. Este paso es crucial para detectar y solucionar cualquier problema antes de que se vuelva costoso o peligroso. La inspección final es una parte crítica de la fase de construcción y la lleva a cabo un inspector cualificado o una empresa de inspección independiente del proyecto de construcción. Su función es inspeccionar cuidadosamente el edificio para asegurarse de que todos los trabajos de construcción se hayan llevado a cabo de acuerdo con los planos, las especificaciones y los códigos y reglamentos de construcción aplicables. El inspector verifica la integridad estructural del edificio, el funcionamiento de los sistemas de instalación y los trabajos de acabado interior y exterior para asegurarse de que todo esté correctamente instalado y funcione correctamente. También garantizan que se cumplan todos los requisitos de seguridad y que el edificio sea seguro para su uso.

Si se descubren problemas o desviaciones durante la inspección final, estos deben rectificarse antes de que el edificio pueda considerarse terminado. Una vez que todo ha sido aprobado, se emite una aprobación final que confirma que el edificio es adecuado para su propósito previsto y está listo para ser ocupado o usado. Este documento es importante porque a menudo se requiere para el financiamiento final, el seguro y la venta de la propiedad.

Colaboración entre muchos grupos profesionales con conocimientos y habilidades especializadas

La fase de diseño es un proceso complejo que requiere la colaboración de muchos grupos profesionales diferentes con conocimientos y habilidades especializadas. Arquitectos, ingenieros, gerentes de construcción, contratistas, ayudantes de construcción, electricistas, técnicos de HVAC[34] y muchos otros deben trabajar juntos para convertir los conceptos de diseño en una estructura física. Los arquitectos e ingenieros comienzan creando dibujos y planos detallados que especifican exactamente cómo se construirá el edificio. Estos planos deben cumplir con los códigos de construcción locales y las normas de seguridad, así como con los deseos del cliente.

El gerente de construcción o gerente de proyecto es responsable de supervisar el proceso de construcción, incluida la programación, la gestión del presupuesto y la coordinación de todas las partes involucradas. Se aseguran de que todos los materiales se entreguen a tiempo y de que el trabajo avance según lo previsto. Los contratistas y ayudantes de construcción son los que realmente construyen la estructura. Siguen los planos cuidadosamente y usan sus habilidades para construir un edificio fuerte y duradero. También deben ser flexibles y capaces de resolver los problemas que puedan surgir durante el proceso de construcción. Electricistas, técnicos de climatización y otros técnicos de instalación instalan los sistemas que hacen que el edificio sea habitable y funcional. Su trabajo debe integrarse a la perfección con el resto del diseño para evitar problemas futuros.

El control de calidad es crucial durante todo el proceso. Esto implica inspecciones y pruebas periódicas para garantizar que todo el trabajo cumpla con los más altos estándares. Cualquier defecto o problema debe abordarse de inmediato para evitar retrasos o reparaciones costosas más adelante.

---

[34] HVAC (ingles Heating, Ventilation, and Air Conditioning) significa Calefacción, Ventilación y Aire Acondicionado. Es una tecnología que proporciona confort ambiental en interiores regulando la temperatura, la humedad y la calidad del aire en los edificios.

La comunicación es la clave del éxito en la fase de diseño. Las reuniones periódicas, las actualizaciones y la colaboración entre todos los profesionales garantizan que todos estén coordinados y trabajen hacia el mismo objetivo: completar el proyecto de manera segura, eficiente y exitosa.

La fase de operación y mantenimiento

La fase de operación y mantenimiento es una parte crítica del ciclo de vida de un edificio que comienza después de que se completa la construcción. Esta fase se centra en mantener el funcionamiento y la seguridad del edificio a lo largo del tiempo a través de un enfoque proactivo que previene los problemas antes de que ocurran y los soluciona rápidamente cuando ocurren.

Las instrucciones de funcionamiento son esenciales para que el personal gestione correctamente los sistemas del edificio, reduciendo el riesgo de errores y alargando la vida útil de los sistemas. La planificación del mantenimiento es necesaria para organizar y programar las actividades de mantenimiento, lo que ayuda a evitar interrupciones inesperadas y prolonga la vida útil del edificio. Las reparaciones deben llevarse a cabo de manera rápida y eficiente para minimizar las interrupciones y garantizar que el edificio continúe funcionando correctamente. Es posible que se requieran renovaciones para modernizar el edificio o adaptarlo a los nuevos requisitos o regulaciones de uso, lo que puede implicar cualquier cosa, desde simples actualizaciones cosméticas hasta renovaciones importantes.

La gestión de la energía significa que se trabaja sistemáticamente para controlar, regular y reducir el uso de energía en un edificio. Esto puede incluir la instalación de sistemas y electrodomésticos energéticamente eficientes, el uso de energías renovables, así como la implementación de tecnologías inteligentes que ajustan automáticamente el consumo de energía en función de la demanda real. Al monitorear de cerca el consumo de energía, es posible identificar áreas donde se puede ahorrar energía, por ejemplo, reemplazando sistemas antiguos e ineficientes o mejorando el aislamiento del edificio. Optimizar el consumo energético también puede significar adaptar los tiempos de funcionamiento de los diferentes sistemas a los momentos en que realmente se necesitan, reduciendo el uso innecesario de energía. Estas medidas no solo conducen a menores costos operativos, sino que también contribuyen a reducir el impacto ambiental al reducir las emisiones de gases de efecto invernadero. Además, se pueden lograr ahorros significativos aprovechando las desgravaciones fiscales o subsidios disponibles para proyectos de eficiencia energética.

El monitoreo de seguridad es un proceso integral que incluye la inspección y el mantenimiento regulares de todos los sistemas de seguridad de un edificio, como alarmas contra incendios, sistemas de rociadores, salidas de emergencia y cámaras de vigilancia. Esto significa monitorear continuamente el estado y el funcionamiento de los sistemas para identificar y corregir rápidamente cualquier error o deficiencia. Es importante realizar pruebas periódicas de los sistemas de seguridad para verificar que funcionan correctamente y están listos para su uso en caso de emergencia. Esto puede incluir cualquier cosa, desde simples comprobaciones funcionales hasta ejercicios a gran escala que simulan diversas emergencias. Mantener un alto nivel de monitoreo de seguridad puede prevenir incidentes y accidentes, lo que no solo protege a los ocupantes del edificio, sino que también reduce el riesgo de daños costosos a la propiedad. Además, ayuda a cumplir con los requisitos legales y de seguros, lo que puede tener un impacto positivo en el valor de la propiedad y la responsabilidad del propietario.

La documentación de las actividades de mantenimiento es una parte fundamental de la administración de propiedades. Esto significa crear y mantener registros detallados de todos los trabajos de mantenimiento realizados, incluidas las reparaciones, inspecciones y actualizaciones. Esta documentación debe incluir información sobre cuándo se realizó el trabajo, qué acciones se tomaron, qué materiales y herramientas se utilizaron, así como cualquier observación o recomendación para el mantenimiento futuro. Al tener una documentación bien organizada y actualizada, los administradores de propiedades y el personal de mantenimiento pueden obtener rápidamente una visión general de la condición y la historia del edificio. Esto facilita la planificación de futuros trabajos de mantenimiento mediante la identificación de problemas recurrentes, la evaluación de la vida útil de varios componentes y la priorización de acciones en función de las necesidades del edificio. Una buena documentación también es importante para garantizar el cumplimiento de las leyes y reglamentos relacionados con el mantenimiento y la seguridad del edificio. Además, puede servir como prueba en asuntos de seguros o litigios relacionados con el estado del edificio. Por último, una documentación precisa contribuye a la gestión eficiente de la propiedad al proporcionar una imagen clara de los costos de mantenimiento y la carga de trabajo a lo largo del tiempo.

La actualización de las instrucciones de O&M (DoU, del inglés Division of Utilities)[35] es un proceso importante que garantiza que las instrucciones sigan siendo relevantes y eficaces a lo largo del tiempo. Estas instrucciones proporcionan orientación sobre cómo deben administrarse, mantenerse y repararse los diversos

---

[35] Las instrucciones de Operación y Mantenimiento (O&M) son esenciales para asegurar el funcionamiento eficiente y seguro de las infraestructuras de servicios públicos. Esta guía actualizada proporciona procedimientos detallados para la operación, mantenimiento preventivo, reparaciones y gestión de emergencias para los sistemas de agua, alcantarillado, electricidad, gas y comunicaciones.

sistemas del edificio. A medida que los edificios experimentan cambios a lo largo del tiempo, como renovaciones, actualizaciones técnicas o cambios en el uso, las instrucciones originales pueden quedar obsoletas. La actualización periódica de los DoU puede garantizar que reflejen las condiciones operativas actuales y las últimas y mejores prácticas de mantenimiento. Esto incluye agregar información sobre nuevos sistemas o componentes, revisar los programas de mantenimiento en función de los datos actuales de uso y rendimiento, y alinear las regulaciones de seguridad con la legislación y los estándares actuales. Un DoU actualizado ayuda al personal a realizar su trabajo de manera más eficiente y reduce el riesgo de errores que podrían provocar daños en el edificio o riesgos de seguridad para sus usuarios. También contribuye a un funcionamiento más rentable al evitar el desgaste innecesario y prolongar la vida útil de los componentes del edificio. Por último, un DoU actualizado es una parte importante de la comunicación entre los administradores de propiedades, el personal de mantenimiento y los proveedores de servicios externos, lo que garantiza que todas las partes tengan la información necesaria para mantener el edificio de la mejor manera posible.

El aseguramiento de la calidad y la inspección son componentes centrales en la gestión de un edificio. El aseguramiento de la calidad significa haber establecido procedimientos y controles para garantizar que todos los trabajos realizados en el edificio cumplan con los estándares establecidos de calidad y seguridad. Esto puede incluir todo, desde la selección de materiales hasta los métodos de trabajo y las inspecciones finales. La inspección es un proceso en el que una parte independiente revisa y evalúa el estado del edificio y los sistemas que se instalan. Esto se hace para identificar cualquier deficiencia o problema que deba abordarse.

Al realizar inspecciones y controles de calidad con regularidad, se pueden detectar y rectificar problemas antes de que provoquen daños importantes o riesgos para la seguridad. Esto es crucial para proteger a los usuarios del edificio, así como para evitar costosas reparaciones en el futuro. Además, estos procesos ayudan a mantener el valor del edificio al tranquilizar a los posibles compradores o inquilinos sobre el buen estado de la propiedad. Un edificio que se inspecciona regularmente y se mantiene con altos estándares es más atractivo en el mercado y puede tener un precio más alto al venderlo o alquilarlo. El control de calidad y la inspección también son importantes para cumplir con los requisitos legales y los términos del seguro, lo que puede reducir la responsabilidad legal del propietario y las primas de seguro. Al documentar estos procesos, el propietario puede demostrar esfuerzos de mantenimiento proactivos, lo que puede ser beneficioso en caso de cualquier litigio o reclamo de seguro relacionado con el estado del edificio.

A través de estas medidas, es posible garantizar una larga vida útil y una alta funcionalidad del edificio, lo que proporciona un entorno seguro y agradable para sus usuarios y contribuye a la gestión sostenible de la propiedad.

Desafíos en la industria de la construcción

La industria de la construcción es un sector dinámico y crucial que da forma a nuestras sociedades y economías. A pesar de su importancia, la industria se enfrenta a una serie de desafíos que varían según la región geográfica. En Estados Unidos, el sector de la construcción está luchando contra la inflación y el aumento de los costos de los materiales, la escasez de mano de obra cualificada y la creciente necesidad de cumplir los requisitos de sostenibilidad. Europa está experimentando problemas similares con la escasez de mano de obra y los altos costos de la energía y los materiales, que tienen un impacto negativo en la producción de la construcción. Asia, por su parte, está lidiando con la incertidumbre económica amplificada por la pandemia de COVID-19, pero también está experimentando un fuerte impulso para el desarrollo de infraestructuras. En América Latina, los problemas de financiamiento, la falta de mano de obra calificada y la rápida urbanización son cuestiones clave que deben abordarse para que la industria prospere.

La industria de la construcción en África, con potencial de crecimiento económico, está luchando contra la escasez de infraestructura, las barreras financieras y una mano de obra calificada. Las diversas reglamentaciones ponen en peligro la calidad y la seguridad, pero las iniciativas regionales como la Unión Africana y la NEPAD promueven la normalización y la sostenibilidad. Las soluciones personalizadas, la inversión en educación y tecnología, y el fortalecimiento de los marcos normativos son cruciales para el éxito y el desarrollo sostenible de la industria.

En conclusión, la industria de la construcción es un sector crucial para el desarrollo y el progreso global, pero también se enfrenta a una serie de desafíos que varían de una región a otra. Las soluciones a estos problemas requerirán innovación, desarrollo tecnológico y cooperación entre los diferentes actores de la industria.

Leyes y reglamentos

Las leyes y regulaciones juegan un papel crucial en la industria de la construcción, ya que garantizan que los proyectos de construcción cumplan con altos estándares de seguridad, calidad y sostenibilidad. Estas regulaciones varían según la región y están diseñadas para proteger a los trabajadores, la comunidad y el medio ambiente.

En los Estados Unidos, la industria de la construcción está regulada a través de una combinación de leyes federales y estatales. No existe una legislación federal uniforme que rija los contratos de construcción; En cambio, cada estado tiene sus propias leyes. Estas leyes pueden incluir disposiciones que prohíben ciertos tipos de responsabilidad, requisitos para el pago puntual a los subcontratistas, leyes de gravámenes que protegen los derechos de proveedores y contratistas, y leyes que rigen los pagos anticipados. Las agencias federales como OSHA también imponen requisitos en el entorno de trabajo para reducir los riesgos en las obras de construcción.

En la Unión Europea (UE), existe un amplio marco legislativo y reglamentario que rige el sector de la construcción. La legislación de la UE define los requisitos básicos para los productos comercializados, y los organismos europeos de normalización son responsables de desarrollar las especificaciones técnicas. El Reglamento sobre productos de construcción (RDC) es un ejemplo de legislación de la UE que establece normas armonizadas para la comercialización de productos de construcción dentro de la UE.

En Asia, existen iniciativas regionales como la hoja de ruta regional de GlobalABC para los edificios y el sector de la construcción en Asia, que tiene como objetivo lograr edificios y el sector de la construcción con cero emisiones, eficientes y resilientes para 2050. Esta hoja de ruta incluye objetivos en áreas como la planificación urbana, los edificios nuevos y existentes, las operaciones de los edificios, los electrodomésticos y sistemas, los materiales, la resiliencia y la energía limpia.

Iniciativas similares existen en América Latina, donde GlobalABC ha desarrollado una hoja de ruta regional con el objetivo de lograr un sector de la construcción con cero emisiones, eficiente y resiliente para 2050. Esta hoja de ruta cubre temas similares a los de la hoja de ruta asiática.

La industria de la construcción de África es un motor económico con leyes nacionales y regionales que promueven la seguridad y la sostenibilidad, pero que su aplicación es variable. Desafíos como la escasez de infraestructura y las barreras de financiación requieren una regulación, capacitación y transferencia de tecnología más estrictas. Acuerdos internacionales como el Acuerdo de París afectan a la industria, mientras que los edificios ecológicos prometen innovación y mejora de la sostenibilidad. La aplicación coherente de las leyes es esencial para los proyectos de construcción responsables en todo el continente.

En conclusión, podemos afirmar que las leyes y regulaciones en la industria de la construcción son cruciales para promover la innovación y la sostenibilidad. Crean un marco para la seguridad y la calidad, pero también para fomentar el uso de nuevas tecnologías y métodos. Al establecer requisitos de eficiencia energética, materiales sostenibles y reducción de emisiones, las regulaciones pueden impulsar el desarrollo de prácticas de construcción más ecológicas. Para las empresas, estas regulaciones significan que deben adaptarse e invertir en investigación y desarrollo para encontrar nuevas soluciones que cumplan o superen los estándares. Esto puede conducir a innovaciones que no solo beneficien al medio ambiente, sino que también reduzcan los costos a largo plazo y mejoren el ciclo de vida de los edificios.

Los profesionales de la industria de la construcción deben mantenerse actualizados sobre las últimas regulaciones para garantizar que su trabajo no solo esté en línea con las leyes vigentes, sino que también contribuya al avance de la industria. La educación y la formación son clave para entender cómo integrar la sostenibilidad y la innovación en todos los aspectos del proceso de construcción. Las leyes y regulaciones actúan como catalizadores para un cambio positivo en la industria de la construcción, estimulando la innovación, aumentando la sostenibilidad y asegurando que los proyectos de construcción contribuyan a un futuro más sostenible.

Los sistemas de apoyo a la toma de decisiones (SSD) se mejoran con IA en el sector de la construcción

Los sistemas de apoyo a la toma de decisiones (SSD) en la industria de la construcción son herramientas informáticas que mejoran la eficiencia de la toma de decisiones para tareas que requieren el juicio de la dirección. Estos sistemas están destinados a apoyar, en lugar de reemplazar, el juicio de la gerencia y son particularmente útiles en los entornos a menudo inestables de los proyectos de construcción. Los sistemas de apoyo a la toma de decisiones (SSD) desempeñan un papel importante en la gestión de proyectos de construcción complejos, ya que proporcionan herramientas y análisis que respaldan la toma de decisiones en las diferentes etapas de un proyecto. SSD ayuda a identificar, evaluar y gestionar los riesgos potenciales en los proyectos de construcción mediante el uso de análisis de datos y modelado para anticipar posibles problemas y sugerir acciones para mitigar los riesgos. Esto es especialmente importante en la industria de la construcción, donde los eventos inesperados pueden tener consecuencias importantes tanto para el cronograma como para el presupuesto.

SSD puede almacenar y organizar grandes cantidades de información relacionada con proyectos de construcción, incluidos datos de proyectos anteriores, estándares de la industria y regulaciones, lo que permite a los gerentes de proyectos y otras partes interesadas acceder rápidamente a información relevante y beneficiarse de experiencias pasadas. En áreas propensas a inundaciones, SSD se puede utilizar para diseñar estrategias efectivas de protección contra inundaciones mediante el análisis de datos del terreno, pronósticos meteorológicos y modelos hidrológicos para ayudar en la planificación de medidas de protección como zanjas, terraplenes y estaciones de bombeo.

SSD también permite una evaluación integral del ciclo de vida de los proyectos de construcción al considerar todos los aspectos, desde el diseño y la construcción hasta la operación y el mantenimiento, incluida la evaluación del impacto ambiental, el consumo de energía y el costo total de propiedad durante la vida útil de un edificio. Al integrar estas capacidades, SSD contribuye a tomar decisiones más informadas que pueden conducir a una gestión de proyectos más eficiente, costos reducidos, seguridad mejorada y mayor calidad del producto final.

Los sistemas de apoyo a la toma de decisiones (SSD) reforzados con IA contribuyen a la sostenibilidad en la industria de la construcción al facilitar la selección de materiales de construcción que cumplan no solo con los requisitos técnicos y funcionales, sino también con criterios ambientales y económicos. SSD utiliza bases de datos de información sobre las propiedades de los materiales, incluida su vida útil, reciclabilidad y eficiencia energética, para ayudar a los responsables de la toma de decisiones a seleccionar los materiales más adecuados para un proyecto específico.

Cuando se trata de control de costos, SSD puede analizar varios datos de costos y escenarios financieros para identificar posibles ahorros y optimizar la utilización de recursos. Por ejemplo, el sistema puede sugerir métodos o materiales de construcción alternativos que pueden reducir los costos sin comprometer la calidad. SSD también puede monitorear los presupuestos del proyecto en tiempo real y alertar sobre las desviaciones de la estructura de costos planificada, lo que permite ajustes rápidos y un mejor control financiero sobre el proyecto.

Los sistemas de apoyo a la toma de decisiones (SSD) ofrecen varias ventajas que optimizan el trabajo técnico y la gestión de proyectos en el sector de la construcción. La precisión y la velocidad mejoradas se logran a través de las funciones de SSD aumentadas con IA, como el análisis de datos automatizados y las simulaciones, lo que permite cálculos y evaluaciones técnicas más rápidos y precisos. Esto conduce a un proceso de diseño y construcción más eficiente con mayor calidad en el resultado final.

A través de una mejor planificación y monitoreo, SSD reduce el riesgo de errores y retrasos en los proyectos. Por ejemplo, el sistema puede utilizar herramientas avanzadas de programación para optimizar los flujos de trabajo y la asignación de recursos, así como supervisar el progreso en tiempo real para identificar y abordar rápidamente cualquier desviación del plan.

A pesar de los muchos beneficios de los sistemas de apoyo a la toma de decisiones (SSD) en la industria de la construcción, su uso no es tan extenso como cabría esperar. Una de las razones puede ser la falta de conocimiento o comprensión de estos sistemas entre los gerentes de construcción. También puede haber dudas a la hora de adoptar nuevas tecnologías debido a la complejidad percibida y al coste de la implementación, así como a la incertidumbre que rodea al retorno de la inversión. Pocos investigadores han abordado el problema de la infrautilización de los SSD, lo que indica la necesidad de realizar más estudios en esta área. Es necesario investigar las barreras y los factores que impulsan la adopción de SSD en el sector de la construcción, así como desarrollar estrategias para aumentar la aceptación y el uso de estos sistemas.

Cuando se trata de los cambios organizativos necesarios para la digitalización, las empresas de construcción deben desarrollar una estrategia digital que incluya la formación y el desarrollo de habilidades, la adaptación de los procesos y la cultura de trabajo, y las inversiones en infraestructura de TI. También es importante evaluar e implementar tecnologías digitales de una manera que respalde las operaciones en el sitio de construcción de manera efectiva. Esto incluye la elección de las herramientas y plataformas adecuadas que puedan integrarse perfectamente en los flujos de trabajo existentes y ofrecer beneficios tangibles para la gestión y ejecución de proyectos. Para lograr esto, la industria necesita colaborar con instituciones académicas y proveedores de tecnología para promover la investigación y el desarrollo, así como crear pautas y mejores prácticas para implementar SSD y otras herramientas digitales en proyectos de construcción.

SSD en la industria de la construcción es una herramienta poderosa que puede ayudar a mejorar la toma de decisiones y la eficiencia en los proyectos de construcción. Con el desarrollo tecnológico y la investigación continuos, el uso de SSD puede generalizarse y contribuir a un sector de la construcción más innovador y sostenible.

Los sistemas de apoyo a la toma de decisiones (SSD) aumentados por IA ofrecen oportunidades significativas para mejorar la industria de la construcción mediante la integración de análisis avanzados, modelos predictivos y datos en tiempo real. La IA utiliza el aprendizaje automático y el big data para realizar análisis predictivos, que es un método poderoso para predecir eventos futuros basados en datos históricos. Al analizar los datos de proyectos anteriores, como presupuestos, cronogramas, flujos de trabajo y rendimiento, la IA puede identificar patrones y tendencias que pueden indicar riesgos potenciales de sobrecostos o retrasos.

Este análisis permite una toma de decisiones proactiva al proporcionar a los gerentes de construcción información sobre qué áreas pueden requerir atención o recursos adicionales para evitar problemas futuros. Por ejemplo, los modelos de IA pueden detectar que ciertos tipos de proyectos a menudo sufren retrasos debido a problemas específicos de proveedores o escasez de mano de obra. Con esta información, los gerentes pueden tomar medidas por adelantado, como asegurar proveedores alternativos o contratar personal adicional, para reducir el riesgo de retrasos.

La IA también se puede utilizar para crear presupuestos y plazos más realistas y precisos teniendo en cuenta la probabilidad de diferentes factores de riesgo. Esto ayuda a crear un colchón para gastos inesperados o retrasos y garantiza que el proyecto tenga más posibilidades de completarse a tiempo y dentro del presupuesto. El análisis predictivo aumentado por IA en la industria de la construcción de SSD ayuda a ser más adaptable y resiliente al proporcionar herramientas para anticipar y gestionar los desafíos potenciales antes de que se conviertan en problemas críticos.

La capacidad de la IA para contribuir a una gestión eficaz de los riesgos en los proyectos de construcción se basa en su capacidad para procesar y analizar rápidamente grandes cantidades de datos para identificar riesgos potenciales. Los sistemas de IA pueden revisar los datos históricos del proyecto, los patrones meteorológicos, las cadenas de suministro y las condiciones del mercado laboral para detectar factores de riesgo que podrían provocar retrasos o un aumento de los costos. Por ejemplo, la IA puede analizar proyectos anteriores en los que el mal tiempo causó retrasos y utilizar esta información para predecir cómo condiciones meteorológicas similares podrían afectar al proyecto actual. Esto permite a los gestores de proyectos planificar horarios de trabajo alternativos o medidas de protección en caso de inclemencias meteorológicas. La IA también puede identificar patrones en las entregas de los proveedores que pueden indicar un riesgo de retrasos en las entregas de materiales. Con esta información, los gerentes de construcción pueden buscar proactivamente proveedores alternativos o pedir materiales con anticipación para evitar el tiempo de inactividad del proyecto. Además, la IA puede monitorear las tendencias del mercado laboral para alertar sobre una posible escasez de mano de obra calificada, lo que brinda tiempo a los gerentes de construcción para ajustar sus estrategias de contratación y garantizar que las habilidades adecuadas estén disponibles cuando sea necesario.

Al identificar y gestionar los riesgos de forma temprana, la IA puede ayudar a minimizar el impacto negativo de los retrasos y los sobrecostos, lo que conduce a una ejecución más fluida de los proyectos y a un mejor control financiero. Además, la IA puede optimizar el uso de los recursos, incluida la mano de obra, los materiales y los equipos, lo que reduce los costos y aumenta la eficiencia. El SSD aumentado por IA que utiliza visión artificial y sensores de IoT también puede monitorear los sitios de construcción en tiempo real para detectar peligros potenciales y violaciones de seguridad, lo que contribuye a un entorno de trabajo más seguro. Además, la IA puede analizar los datos de calidad para identificar patrones que puedan indicar problemas de calidad, lo que permite una acción rápida para mantener altos estándares. La integración de la IA en SSD significa que la industria de la construcción puede beneficiarse de decisiones más informadas y basadas en datos. Esto conduce a una mejor gestión de proyectos, una mayor calidad y una mayor rentabilidad. En una industria que tradicionalmente ha tardado en adoptar las innovaciones digitales, el SSD aumentado por IA es un paso importante hacia un futuro más eficiente y sostenible.

Industria del comercio minorista

El comercio minorista a nivel mundial es uno de los contribuyentes más importantes a la economía global, con millones de empresas que ofrecen bienes y servicios y miles de millones de consumidores que los compran. Se espera que las ventas minoristas mundiales alcancen aproximadamente los 32,8 billones de dólares en 2026, frente a los 26,4 billones de dólares de 2021[1]. El alcance de la industria abarca desde la fabricación de un producto hasta la compra del producto por parte de un consumidor a un minorista.

En el sector minorista, existe una diversidad de actores, cada uno de los cuales desempeña un papel importante en la satisfacción de las necesidades de los consumidores. Entre estos actores se encuentran las tiendas de conveniencia, que son pequeñas en área, pero grandes en importancia. Estas tiendas están ubicadas estratégicamente para ofrecer un acceso rápido y fácil a una gama limitada pero esencial de productos, a menudo abiertos durante horarios extendidos para satisfacer las necesidades de los clientes cuando otras tiendas pueden estar cerradas.

Las tiendas de comestibles son otro actor clave en la industria minorista, con espacios más grandes dedicados a una amplia gama de alimentos y comestibles. A menudo son el lugar de referencia del hogar para las compras semanales, ya que ofrecen de todo, desde frutas y verduras frescas hasta carne y productos lácteos.

En América del Norte, Walmart se ha establecido como una de las cadenas minoristas más grandes. Su estrategia de bajo costo y eficiencia a gran escala los han convertido en un jugador líder en los Estados Unidos, Canadá y México. En Estados Unidos, Walmart ofrece de todo, desde comestibles hasta productos electrónicos de consumo, bajo un mismo techo y también ha invertido en comercio electrónico para competir con Amazon. En Canadá, han adaptado su gama al mercado local y han ampliado su presencia online. En México, Walmart se ha enfocado en ofrecer una amplia gama con precios bajos y conveniencia.

Amazon ha revolucionado el comercio minorista en América del Norte con su plataforma de comercio electrónico y servicios en la nube. En los EE. UU., son líderes en comercio electrónico y ofrecen entrega rápida de todo, desde productos electrónicos hasta comestibles, a través de su servicio Prime. En Canadá, Amazon ha expandido su negocio de comercio electrónico con opciones de entrega especializadas y servicios Prime. En México, también tienen una presencia creciente y se enfocan en aumentar la gama de productos locales.

En Europa, Amazon ha transformado el sector minorista al ofrecer una amplia gama de productos y opciones de entrega rápidas. En el Reino Unido, Alemania y Francia, se han establecido como plataformas líderes de comercio electrónico. Mientras tanto, Carrefour en Francia, España e Italia ha adoptado la digitalización para hacer frente a la competencia de Amazon mediante la expansión de su negocio en línea y de entregas.

En Asia, Alibaba ha dominado el mercado del comercio electrónico en China a través de sus plataformas digitales, Tmall y Taobao. Han revolucionado la forma en que los consumidores chinos compran al ofrecer una gran selección de productos. En Japón, Aeon se ha convertido en una de las cadenas minoristas más grandes y ha integrado soluciones digitales para mejorar la experiencia del cliente y la eficiencia.

En Oceanía, Woolworths Australia ha desarrollado un sólido negocio en línea para satisfacer las necesidades de los consumidores de alimentos, ropa y artículos para el hogar, con un enfoque en la calidad y el servicio al cliente.

En América del Sur, Falabella en Chile se ha adaptado a la digitalización para mantener su posición ofreciendo una amplia gama de productos y desarrollando plataformas en línea para competir con los gigantes mundiales del comercio electrónico.

En África, Shoprite en Sudáfrica se ha convertido en una de las cadenas minoristas más grandes y ha aprovechado la digitalización para mejorar su servicio al cliente y su eficiencia con una oferta que incluye comestibles, ropa y artículos para el hogar.

En conclusión, los principales minoristas como Walmart, Amazon y otros han transformado el comercio minorista en todo el mundo a través de sus innovadores modelos de negocio y soluciones digitales. Su influencia global se extiende por diferentes continentes, donde han adaptado sus estrategias para satisfacer las condiciones únicas del mercado y las preferencias de los clientes, revolucionando la forma en que las personas compran e interactúan con el comercio minorista en todo el mundo.

Su capacidad para comprar grandes volúmenes y optimizar la logística los ha convertido en fuerzas dominantes en el mercado, a menudo con la capacidad de impulsar los precios y establecer el estándar en la industria.

Las tiendas especializadas ofrecen una inmersión más profunda en categorías de productos específicos, como ropa o productos electrónicos, donde los consumidores pueden encontrar una selección más enfocada y especializada. Estas tiendas atraen a clientes que buscan marcas o productos específicos y, a menudo, valoran mucho la experiencia y el servicio al cliente.

Por último, las empresas directas al consumidor (D2C)[36] se han vuelto cada vez más populares, especialmente en la era digital.

---

[36] D2C (inglés Direct-to-Consumer), o Directo al Consumidor, es un modelo de negocio en el que las empresas venden sus productos directamente a los consumidores sin intermediarios como minoristas, mayoristas u otras terceras partes. Este modelo ha ganado una gran tracción, especialmente con el auge del comercio electrónico y el marketing digital, permitiendo a las

Estas empresas venden directamente al consumidor sin intermediarios, a menudo a través de plataformas en línea. El modelo D2C permite a las empresas establecer relaciones más estrechas con sus clientes, al tiempo que ofrece la comodidad de la entrega a domicilio.

El comercio minorista es una industria dinámica y diversa que incluye una amplia gama de negocios, desde pequeñas tiendas hasta grandes cadenas de grandes almacenes. Comprender la asignación de costos en el comercio minorista es fundamental para administrar un negocio exitoso.

A continuación, se ofrece una mirada más profunda a los principales componentes de los costos. Los costos fijos constituyen una gran parte de los gastos del sector minorista e incluyen los costos de alquiler y locales. El costo del espacio comercial suele ser uno de los mayores gastos fijos de los minoristas. La ubicación juega un papel importante; Las tiendas de los atractivos centros comerciales o del centro de las ciudades suelen pagar alquileres más altos en comparación con las de las zonas menos frecuentadas. Se incurrirá en gastos de mantenimiento de las instalaciones, incluidas reparaciones y mejoras, y pueden variar según la condición y la antigüedad de las instalaciones.

Los costos de personal son otro de los principales costos fijos. Los salarios de los empleados varían según la región, con salarios más altos en áreas con un costo de vida más alto. También se deben considerar beneficios como la atención médica, los planes de jubilación y otros beneficios laborales. Invertir en la formación del personal es esencial para mantener la calidad y la eficiencia del servicio. Esto puede incluir los costos de los programas de inducción para los nuevos empleados y el desarrollo continuo de habilidades.

---

marcas tener un mayor control sobre sus canales de venta, relaciones con los clientes y experiencia de marca.

Los costos variables incluyen los costos de los bienes y los costos operativos. El mayor costo variable para los minoristas es la compra de bienes que se van a vender. El precio de estos artículos puede variar según el proveedor, el volumen de compra y las condiciones del mercado. Los costos de transporte y logística de las mercancías desde los proveedores hasta la tienda son otro factor importante y pueden verse afectados por los precios del combustible y las distancias de transporte.

Los costos operativos también incluyen las tarifas de las tarjetas de crédito y los materiales de embalaje. Muchos clientes pagan con tarjeta de crédito y los minoristas tienen que pagar tarifas a las compañías de tarjetas por cada transacción. Estas tarifas pueden variar según el acuerdo con el proveedor de pagos. Los costos de los materiales de embalaje, como bolsas, cartones y papel de regalo, también son costos variables que hay que tener en cuenta.

El desperdicio es otro gasto importante que los minoristas deben administrar de manera efectiva. El desperdicio puede ocurrir a través del robo, tanto de los clientes (pérdidas externas) como de los empleados (pérdidas internas). Es necesario contar con medidas de seguridad efectivas y capacitación del personal para minimizar estas pérdidas. Las mercancías también pueden perderse debido a daños durante el transporte, manipulación incorrecta o almacenamiento inadecuado.

En conclusión, el comercio minorista es un sector con una estructura de costos compleja que requiere una gestión cuidadosa para garantizar la rentabilidad. Al comprender y gestionar eficazmente los costos fijos, como el alquiler y los salarios, así como los costos variables, como el costo de los bienes y los residuos, los minoristas pueden optimizar sus operaciones y mejorar su competitividad. Además, se requiere una adaptación continua a los cambios del mercado y a los comportamientos de los clientes para mantener el éxito en un mercado en constante cambio.

Rentabilidad óptima en el sector minorista

Lograr una rentabilidad óptima en la industria minorista requiere una combinación de estrategias que impliquen control de costos, crecimiento de ingresos y eficiencia operativa. Estas son algunas estrategias clave:

Control de costos

La gestión eficaz de los costos fijos es crucial. Es importante negociar contratos de arrendamiento favorables y considerar diferentes opciones de locales para reducir el alquiler sin comprometer la ubicación de la tienda. Invertir en soluciones tecnológicas que reduzcan la necesidad de personal, como estaciones de autopago y sistemas de gestión de almacenes, también puede ayudar a reducir los costos fijos.

La optimización de los costos de personal es otro aspecto importante. Mediante el uso de herramientas de previsión, puede optimizar la dotación de personal y asegurarse de que el número correcto de empleados esté en el sitio en diferentes momentos del día y en diferentes estaciones. Invertir en la formación de los empleados también es importante para aumentar la eficiencia y reducir la rotación de empleados, lo que a su vez reduce los costos de contratación.

Gestión de costos variables

La gestión de proveedores juega un papel central. Es importante construir relaciones sólidas con los proveedores y negociar para obtener mejores precios y términos de compra. La implementación de la gestión de inventario justo a tiempo (JIT) puede ayudar a minimizar los costos de mantenimiento de inventario y reducir el riesgo de obsolescencia.

La optimización operativa también es fundamental. Al agilizar los procesos de transporte y logística, se pueden reducir los costos, por ejemplo, optimizando las rutas de entrega y utilizando soluciones de envío rentables. Para reducir el desperdicio, es importante utilizar sistemas de seguridad y capacitar al personal para evitar robos y daños.

Crecimiento de los ingresos

Para mejorar la experiencia del cliente, es esencial un excelente servicio al cliente. Al capacitar a su personal, puede generar lealtad y fomentar las compras repetidas. La integración de los canales de venta físicos y digitales, la llamada estrategia omnicanal, proporciona a los clientes una experiencia de compra fluida y aumenta las ventas.

El surtido y la mercadotecnia son otros factores clave. Al analizar los datos de ventas, puede optimizar la combinación de productos y centrarse en productos de alto margen. Crear campañas de mercadotecnia y ofertas efectivas también ayuda a aumentar las ventas, al tiempo que evita exagerar los descuentos que pueden reducir la rentabilidad.

Adaptación a los cambios del mercado

El seguimiento de tendencias es necesario para realizar un seguimiento de las tendencias del mercado y adaptar los surtidos y las estrategias para satisfacer las necesidades cambiantes de los clientes. La flexibilidad también es importante; Los minoristas deben estar preparados para adaptar su negocio rápidamente a los cambios en el mercado, como nuevos competidores, cambios en las preferencias de los consumidores o cambios económicos.

Al centrarse en estas áreas, los minoristas pueden optimizar su rentabilidad y construir un negocio sostenible y competitivo.

Sistemas de apoyo a la toma de decisiones (SSD) en el sector minorista

Un sistema de apoyo a la toma de decisiones (SSD) mejorado con IA tiene el potencial de mejorar significativamente la transparencia, la eficiencia y la rentabilidad en el sector minorista. Al integrar tecnologías avanzadas de análisis de datos e inteligencia artificial, los minoristas pueden tomar decisiones más informadas y rápidas. Para mejorar la visibilidad, el sistema utiliza herramientas de visualización para presentar datos de diversas fuentes, como sistemas de ventas y bases de datos de clientes, a través de paneles interactivos. El aprendizaje automático identifica patrones para predecir la demanda y las variaciones estacionales.

El análisis predictivo está revolucionando la industria al integrar datos históricos para predecir ventas futuras y optimizar la gestión del inventario. Esto conduce a un ahorro de costos y a una mayor satisfacción del cliente. Las predicciones detalladas de las condiciones del mercado y los comportamientos de los clientes de un SSD respaldado por IA ayudan a optimizar la gestión del inventario, la planificación de la fuerza laboral y las campañas de mercadotecnia. Los algoritmos impulsados por IA optimizan las operaciones prediciendo la demanda, reduciendo el exceso de inventario y evitando la escasez de inventario. La planificación de la fuerza laboral se optimiza mediante la predicción de los patrones de tráfico de los clientes, lo que mejora el servicio al cliente.

Para obtener rentabilidad, la IA utiliza precios dinámicos basados en datos competitivos y comportamientos de los clientes, recomendando estrategias de precios en tiempo real para maximizar los ingresos. La implementación de estas soluciones aumenta los ingresos, los márgenes y la experiencia y lealtad del cliente.

Ejemplos de funciones SSD aumentadas por IA:

- **Previsión de la demanda:** Predice la demanda futura de productos en función de datos históricos y factores externos como la estacionalidad y las tendencias.

- **Segmentación de clientes:** utiliza el análisis de clústeres para dividir a los clientes en segmentos en función del comportamiento, la demografía y los hábitos de compra, lo que permite una mercadotecnia más específica.

- **Optimización de ventas:** analiza los datos de ventas en tiempo real para identificar qué productos están funcionando bien y cuáles necesitan acción, como ajustes de precios o esfuerzos de mercadotecnia.

- **Automatización de la mercadotecnia:** utiliza la IA para crear y gestionar campañas de mercadotecnia que se adaptan automáticamente en función de la respuesta y el comportamiento del cliente.

La implementación de un SSD aumentado por IA puede ayudar a los minoristas a mejorar la visibilidad operativa, aumentar la eficiencia de los procesos e impulsar la rentabilidad. Esta tecnología permite tomar decisiones más rápidas y precisas, proporcionando una ventaja competitiva en un mercado en constante cambio.

Función de Recursos Humanos (RRHH)

Los Recursos Humanos (RRHH) son una parte indispensable de cualquier organización. Sus responsabilidades abarcan una amplia gama de funciones relacionadas con las personas que son cruciales para crear una organización productiva y positiva con un buen ambiente de trabajo. El trabajo de RRHH comienza con la atracción de talento, reclutamiento, selección y contratación de personas que no sólo tengan las habilidades adecuadas, sino que también encajen en la cultura de la empresa. La incorporación al nuevo lugar de trabajo y la introducción a la organización, a las tareas, a la cultura de la empresa, a las políticas y a las normativas también son partes importantes de la función de RRHH. El desarrollo de competencias y el desarrollo del liderazgo para el desarrollo continuo de la organización, para retener al personal y garantizar que la organización tenga buenos líderes son partes centrales de los recursos humanos, al igual que los esfuerzos para desarrollar el entorno de trabajo y trabajar por un entorno igualitario y preciso donde todos los empleados sientan que son una parte importante de la organización. Una parte de RRHH que últimamente está ganando más espacio es la llamada gestión del talento, donde se diseñan diferentes trayectorias profesionales para que los jóvenes tengan la oportunidad de desarrollar sus habilidades, probar diferentes partes de la organización y tener la oportunidad de construir redes y crear contactos a un nivel superior en la organización.

La evaluación del desempeño vinculada a las revisiones salariales también son partes centrales de los recursos humanos, donde se evalúa el desempeño de los empleados y los empleados reciben retroalimentación para promover el desarrollo personal y profesional. RRHH también desempeña un papel clave en la retención de empleados al mantener y promover la cultura de la empresa, lo que incluye la creación de un entorno que fomente la innovación, la colaboración y la comunicación abierta. Por lo tanto, la comunicación interna es una tarea importante para RRHH en la que se mantiene informados a los empleados sobre, por ejemplo, éxitos importantes que la organización puede celebrar y en los que todos pueden sentirse orgullosos de participar o información sobre cambios que es importante que los empleados conozcan.

RRHH también se encarga de toda la administración de personal, que incluye la gestión de los contratos de trabajo, los registros de personal, la administración de la formación, la gestión de la nómina, las prestaciones y los seguros. Una parte importante de la gestión de las prestaciones son las pensiones futuras, que es una cuestión difícil y central que requiere un alto nivel de experiencia.

RRHH recopila grandes cantidades de datos que se estructuran, analizan, presentan y utilizan para tomar decisiones estratégicas sobre la organización y los empleados: número de empleados, estructura de edad, estructura salarial, diferencias salariales, absentismo, composición de habilidades, estructura de gestión. Con la ayuda de los modernos sistemas de apoyo a la toma de decisiones, esta parte de RRHH que consume mucho tiempo puede racionalizarse y convertirse en un componente clave del trabajo estratégico.

RRHH es responsable de desarrollar diversas políticas que promuevan la cultura de la organización y de garantizar que la organización cumpla con las leyes laborales. La eliminación progresiva del personal en caso de escasez de trabajo y la gestión de los despidos en otros contextos son tareas difíciles que requieren un alto nivel de competencia por parte de RRHH, los empleados y la sensibilidad. El apoyo y el coaching a los directivos, por ejemplo en la gestión de conflictos, también forma parte del área de responsabilidad de RRHH. Las relaciones y negociaciones con los sindicatos, así como la cooperación con la organización de empleadores y otras organizaciones de apoyo, son componentes clave para los recursos humanos.

Al equilibrar el apoyo a los objetivos estratégicos de la empresa con la preocupación por el bienestar y el desarrollo de los empleados, RRHH desempeña un papel estratégico e integrado en el impulso del éxito de la organización.

Atraer

La forma en que se percibe la organización en la sociedad y entre los jóvenes candidatos potenciales puede ser crucial para poder atraer a personas competentes para que se postulen para puestos vacantes. Es por esta razón que los esfuerzos del departamento de RRHH comienzan incluso antes del proceso de reclutamiento haciendo que la organización sea visible y se convierta en una organización interesante para trabajar. ¿Qué productos y servicios desarrolla la organización? ¿Es la organización un buen empleador que se preocupa por sus empleados? ¿Es una organización con conciencia ambiental y buenos valores?

Reclutar

El reclutamiento y la selección es un proceso que afecta directamente a la calidad de la fuerza laboral y, por lo tanto, al desempeño y la cultura de la organización. Un proceso de reclutamiento efectivo comienza con la definición de las necesidades y requisitos específicos del puesto vacante, y basado en el proceso de negocio, que incluye las competencias, habilidades y cualidades personales necesarias para tener éxito en el puesto.

Una vez que las necesidades están claramente definidas, comienza el proceso de captación de candidatos. Esto puede significar el uso de anuncios de empleo, ferias de contratación, redes sociales, empresas de contratación o referencias internas. El objetivo es atraer a un grupo de candidatos amplio y cualificado que refleje las competencias y valores deseados.

A continuación, se lleva a cabo el proceso de selección, en el que se seleccionan y evalúan los posibles candidatos. Esto puede incluir la revisión de CV y documentos de solicitud, entrevistas de primera selección, pruebas de competencia, pruebas de personalidad y, a veces, incluso muestras de trabajo práctico. En algunos casos, los centros de evaluación también se pueden utilizar para evaluar las habilidades de los candidatos en un entorno más controlado.

Las entrevistas juegan un papel central en el proceso de selección y pueden incluir tanto formatos estructurados como no estructurados. Las entrevistas no solo brindan la oportunidad de evaluar las habilidades y la experiencia de los candidatos, sino también de tener una idea de su personalidad y qué tan bien encajarían en la cultura de la organización.

Las entrevistas van seguidas de una evaluación exhaustiva de todos los datos recopilados para tomar una decisión de contratación informada. Esta decisión se basa en una combinación del desempeño pasado del candidato, su potencial de crecimiento futuro y qué tan bien cumple con los requisitos definidos para el puesto.

Otra parte del proceso de reclutamiento es proporcionar retroalimentación a todos los candidatos, independientemente del resultado, y garantizar una experiencia positiva del candidato durante todo el proceso. Esto ayuda a mantener la reputación de la organización como empleador de elección.

Integración

Los primeros días del nuevo empleado en la organización pueden ser cruciales para su desempeño a corto y largo plazo y para asegurar que permanezca en la empresa. Desde los detalles prácticos como las salas de oficina, las computadoras y los inicios de sesión, hasta la familiarización con los diversos sistemas de la organización, la introducción a diferentes equipos, la oportunidad de formar redes, conocer a las personas clave e informarse sobre importantes procesos prácticos, directrices y otros documentos rectores.

Es fundamental aclarar lo que se espera del individuo y cómo se medirá su desempeño. Un buen programa introductorio debe ser intensivo durante las dos primeras semanas, seguido de varias reuniones de seguimiento a lo largo de todo un año.

Retención de personal

Los sueldos y beneficios no son esenciales para la retención del personal. Un buen ambiente de trabajo con valores sólidos, buenos líderes que se interesen por el individuo, estrategias que sean conocidas y alineadas con los empleados pueden ser cruciales para retener al personal. Las encuestas a los empleados se han utilizado durante muchos años, pero últimamente se han comenzado a utilizar con mayor frecuencia varios "medidores de temperatura" con la ayuda de nuevas tecnologías como aplicaciones que se pueden adaptar y cambiar dependiendo de lo que la organización necesite medir.

Reconocer y recompensar los esfuerzos de los empleados también es crucial para aumentar la motivación y los sentimientos de agradecimiento. Al fomentar la colaboración y crear proyectos basados en equipos, se pueden fortalecer las relaciones entre colegas y surgir una cultura de comunidad. Además, es importante invertir en el desarrollo profesional de los empleados ofreciéndoles formación y oportunidades de carrera, lo que demuestra que la empresa valora su crecimiento y futuro.

Por último, la salud y el bienestar de los empleados es una prioridad. El equilibrio entre el trabajo y la vida personal y los programas de apoyo a la salud mental son esenciales para crear un lugar de trabajo sostenible en el que los empleados puedan prosperar y rendir al máximo. Al implementar estas estrategias, RRHH puede contribuir a un lugar de trabajo en el que los empleados se sientan valorados y comprometidos, lo que conduce a una mayor productividad y mejores resultados para la empresa

Desarrollo de habilidades

Dentro de las funciones de RRHH, el desarrollo de competencias tiene como objetivo fortalecer las competencias del personal y así aumentar la productividad dentro de la organización. Esta área se centra en identificar las necesidades de formación y crear programas relevantes que puedan ayudar a los empleados a crecer profesional y personalmente, lo que también puede ser un requisito previo para la retención de los empleados.

Los esfuerzos de desarrollo pueden ser formales, como talleres y cursos, o más informales, como programas de tutoría y aprendizaje electrónico. Pueden abarcar todo, desde habilidades técnicas y conocimientos específicos de la industria hasta habilidades blandas como el liderazgo y la comunicación.

La gestión del talento forma parte de los esfuerzos de desarrollo de habilidades destinados a proporcionar trayectorias profesionales a los empleados, lo que no solo les ayuda a ver un futuro dentro de la empresa, sino que también garantiza que la organización tenga una cartera de talentos listos para asumir nuevos retos y roles de liderazgo.

Al invertir en el desarrollo de los empleados, las empresas demuestran su compromiso con el bienestar y las carreras profesionales de los empleados, lo que a su vez puede conducir a una mayor satisfacción de los empleados y a una menor rotación de empleados. Es una parte importante de RRHH que ayuda a construir una cultura empresarial sólida y una fuerza laboral competitiva.

Gestión del rendimiento

La gestión del rendimiento es la función de RRHH que se centra en evaluar y mejorar continuamente el rendimiento laboral de los empleados. Es un proceso que incluye el establecimiento de objetivos claros, la retroalimentación periódica, la realización de revisiones de desempeño y la creación de planes de desarrollo para los empleados.

Las evaluaciones de desempeño son evaluaciones formales que generalmente se realizan continuamente y se va formando el expediente del empleado, en primera instancia es realizado por el supervisor o el jefe directo. Durante estas evaluaciones, se discute el desempeño del empleado en relación con los objetivos establecidos, y es un momento para la reflexión y la planificación del desarrollo futuro.

Los planes de desarrollo se crean para apoyar el crecimiento y el desarrollo profesional de los empleados. Estos planes pueden incluir capacitación, tutoría y nuevas responsabilidades laborales que pueden ayudar al empleado a desarrollar las habilidades y competencias necesarias.

Cuando RRHH gestiona eficazmente estos aspectos de la gestión del rendimiento, puede ayudar a la organización a crear una cultura de alto rendimiento en la que los empleados estén motivados, comprometidos y tengan las herramientas y los recursos necesarios para tener éxito y crecer dentro de la organización. Es un proceso dinámico que requiere una atención y adaptación continuas para satisfacer las necesidades tanto del individuo como de la organización.

Nómina

La nómina es la función de RRHH que implica la creación y gestión de paquetes de nómina y beneficios para atraer y retener empleados cualificados. Esta área incluye no solo el pago mensual, quincenal y/o semanal del salario, sino también el diseño y la administración de un paquete de compensación total competitivo que puede incluir salario y diversos beneficios, bonificaciones, comisiones, opciones sobre acciones, planes de jubilación y diferentes tipos de seguros.

Una nómina eficaz garantiza que todos los salarios se calculen correctamente y se paguen a tiempo, al tiempo que se cumplen las leyes y reglamentos aplicables. Esto requiere una atención meticulosa a los detalles y un profundo conocimiento de la legislación fiscal y laboral.

Además del salario base, los beneficios son una parte importante del paquete de compensación. Pueden incluir seguro médico, atención dental, seguro de vida, membresía de gimnasio, automóvil de empresa y otros beneficios no monetarios que pueden ser cruciales para atraer a los mejores talentos.

Para manejar esta compleja tarea, muchas empresas utilizan sistemas de nómina especializados que automatizan y simplifican el proceso. Estos sistemas pueden manejar todo, desde cálculos de nómina y pagos hasta informes y análisis.

Al racionalizar la nómina, RRHH puede asegurarse de que la empresa no solo cumpla con sus obligaciones legales, sino que también ofrezca un paquete de compensación atractivo y justo que ayude a retener y comprometer a los empleados.

Gestión de recursos humanos

La gestión de recursos humanos es importante de la función de RRHH que incluye, entre otras cosas, la gestión de los contratos de trabajo, que es una parte fundamental del proceso de contratación y define los términos legales de la relación laboral entre empleador y empleado. Otra área importante es el mantenimiento de registros de personal, donde se almacena y actualiza regularmente toda la información importante sobre los empleados. Esto puede incluir datos personales, desempeño laboral, historial de capacitación y otra información relevante necesaria para administrar eficazmente los recursos humanos.

La gestión de ausencias también es una parte central de la administración de personal. Esto significa realizar un seguimiento de las ausencias de los empleados, ya sea por enfermedad, vacaciones u otros motivos. La gestión adecuada de las ausencias es esencial para garantizar que la empresa pueda planificar y asignar recursos de manera eficiente.

Además, la gestión de recursos humanos incluye otras tareas administrativas que pueden incluir desde la gestión de beneficios y pensiones hasta garantizar que la empresa cumpla con las leyes y regulaciones laborales. Es un rol que requiere atención en detalle, así como una buena comprensión tanto de las políticas internas de la empresa como del entorno legal externo.

Derecho Laboral y Cumplimiento

La legislación laboral y el cumplimiento son funciones dentro de RRHH que garantizan que la organización cumpla con todas las leyes y reglamentos laborales pertinentes. Esta área de RRHH requiere un conocimiento profundo de la legislación relativa a las condiciones de empleo, el entorno laboral, la discriminación, la igualdad de género, las vacaciones, el permiso parental y las horas de trabajo.

El departamento de recursos humanos debe mantenerse continuamente actualizado con los cambios en la ley y asegurarse de que las políticas y procedimientos de la empresa estén en línea con estas leyes. Esto significa que deben realizar auditorías periódicas y evaluaciones de riesgos para identificar las áreas en las que la empresa puede estar en riesgo de no cumplir con la legislación.

Parte de la ley laboral y el cumplimiento también es educar a los gerentes y empleados sobre sus derechos y obligaciones bajo la ley laboral.

Al gestionar eficazmente la legislación laboral y el cumplimiento, RRHH ayuda a crear un entorno de trabajo justo y seguro, a reducir el riesgo de conflictos laborales y a mantener buenas relaciones tanto con los empleados como con los sindicatos. Es una función que requiere precisión, proactividad y capacidad para manejar asuntos legales complejos de una manera que respalde los objetivos y valores estratégicos de la empresa.

Comunicación interna, cultura corporativa y compromiso

RRHH desempeña la configuración y el mantenimiento de una cultura empresarial que involucre y motive a los empleados. Una cultura corporativa sólida se basa en valores claros que se comunican y se cumplen, creando un sentido de pertenencia y dirección. La comunicación regular y abierta es clave para animar a los empleados a compartir ideas y comentarios, contribuyendo a un entorno de trabajo inclusivo.

Fin de la relación laboral

Una rotación de personal de alrededor del 5% es saludable. Una organización necesita aportar nuevos impulsos y nuevas habilidades que puedan contribuir a la innovación. La jubilación es una parte natural de la rotación de personal, al igual que una cierta rotación de empleados que pasan a nuevas asignaciones. Cuando los empleados abandonan la empresa, es una excelente oportunidad para saber cómo ven a la empresa. Estas personas no tienen nada que perder al hablar honestamente sobre cualquier mala conducta que deba abordarse. Un buen proceso de salida puede ser muy valioso.

Sistemas de apoyo a la toma de decisiones mejorados con IA en la función de RRHH

Un sistema de apoyo a la toma de decisiones (SSD) mejorado con inteligencia artificial (IA) puede revolucionar la función de RRHH al hacer que los procesos de toma de decisiones sean más eficientes y mejorados. La capacidad de la IA para analizar big data puede transformar el proceso de contratación al identificar rápidamente a los candidatos más adecuados y predecir su éxito en varios roles. Esto optimiza el proceso de selección y garantiza que la organización atraiga al talento adecuado.

En la gestión de recursos humanos, la IA puede automatizar tareas que consumen mucho tiempo, como la gestión de contratos de trabajo y registros de empleados, liberando el tiempo del personal de RRHH para iniciativas más estratégicas. La IA también puede adaptar los programas de formación al rendimiento y las necesidades individuales de los empleados, lo que conduce a un desarrollo de habilidades más personalizado y eficaz.

Cuando se trata de la gestión del rendimiento, la IA puede proporcionar información valiosa mediante el análisis de los datos de rendimiento y la retroalimentación objetiva basada en datos concretos. En el caso de la nómina, la IA puede ayudar a crear paquetes de compensación justos y competitivos mediante el análisis de los datos del mercado y las estructuras internas de compensación, lo que ayuda a atraer y retener a los empleados cualificados.

La IA también puede desempeñar un papel importante para garantizar que la organización cumpla con las leyes y regulaciones laborales al actualizar continuamente el sistema con los últimos cambios y señalar cualquier problema. Además, la IA puede analizar las encuestas y los comentarios de los empleados para identificar tendencias y áreas que necesitan mejorar en la cultura y el compromiso de la empresa.

Por último, la IA puede ayudar en la gestión de las relaciones y los conflictos identificando patrones y señales de advertencia que pueden indicar conflictos y sugiriendo acciones proactivas para abordarlos. Al integrar la IA en SSD, RRHH puede beneficiarse de análisis más rápidos y precisos, una mejor personalización de los servicios de RRHH y un uso más estratégico del tiempo y los recursos del personal de RRHH. Esto puede conducir a una función de RRHH más dinámica y receptiva que respalde las necesidades tanto de la organización como de los empleados.

Función de compras

La función de compras contribuye al éxito de una empresa e incluye responsabilidades que van desde la adquisición diaria de bienes y servicios hasta el desarrollo de planes estratégicos de compras a largo plazo. Garantiza que la empresa obtenga los productos y servicios adecuados al precio adecuado, lo que afecta directamente a la rentabilidad. Al establecer requisitos e investigar cuidadosamente el mercado, la función de compras garantiza que la empresa colabore con los mejores proveedores posibles. Las negociaciones y la firma de contratos también son tareas centrales, donde la función de compras gestiona los riesgos y se esfuerza por crear valor para la empresa.

A medida que el mundo de los negocios se vuelve global y aumenta la competencia, el papel de la función de compras se ha vuelto cada vez más importante. De ser una función que se centraba en ejecutar correctamente las transacciones, ha evolucionado hasta convertirse en un socio estratégico en la gestión corporativa. Esto significa que la función de compras no solo gestiona las compras de manera eficiente, sino que también contribuye activamente a los objetivos estratégicos de la empresa, lo que puede significar cualquier cosa, desde encontrar nuevas oportunidades de crecimiento hasta construir relaciones sólidas con proveedores que pueden conducir a la innovación y a una mejor posición en el mercado.

El proceso de adquisición

El proceso de adquisición está en el corazón de la función de compras y es base para el bienestar financiero de una empresa. El departamento de compras demuestra su valor al garantizar que la empresa tenga acceso a productos y servicios que no solo cumplan con los requisitos de calidad específicos, sino que también sean rentables. Este trabajo requiere un profundo conocimiento de las necesidades internas de la empresa, así como un amplio conocimiento de la oferta y los precios del mercado.

La función de compras utiliza varios métodos y herramientas para lograr sus objetivos. Un análisis exhaustivo del mercado ayuda a identificar a los proveedores más adecuados y a comprender cómo se deben fijar los precios de los bienes y servicios. La evaluación de proveedores también es una parte importante del proceso, donde se revisan cuidadosamente la estabilidad financiera, la reputación y la capacidad de los proveedores potenciales para cumplir con los requisitos de calidad y los plazos de entrega.

Las habilidades de negociación son clave en la función de compra, donde es importante negociar las mejores condiciones posibles, lo que incluye algo más que el precio. También se trata de garantizar condiciones de entrega y pago favorables, así como otros detalles contractuales. Un análisis exhaustivo de los costos también es crucial para garantizar que la empresa está pagando un precio justo por sus compras, lo que puede implicar la ruptura de las estructuras de costos para encontrar posibles ahorros.

Por último, la gestión de riesgos es una parte indispensable de la función de adquisición. Esto significa identificar y gestionar los diferentes tipos de riesgos que pueden surgir en relación con las compras, como los riesgos relacionados con los proveedores, los tipos de cambio y los problemas de calidad.

Al gestionar estos diferentes aspectos de manera efectiva, la función de compras garantiza que la empresa pueda concentrarse en su negocio principal mientras el departamento de compras se ocupa de las necesidades operativas de una manera que beneficie las finanzas de la empresa y para que la empresa pueda mantener y mejorar su posición en el mercado.

Especificación de Requisitos

La especificación de requisitos es un componente del proceso de compra, lo que significa que la función de compras define cuidadosamente las necesidades y los criterios que deben cumplir los productos y servicios para satisfacer las necesidades de la empresa. Este paso garantiza que la empresa reciba los productos y servicios adecuados, lo que requiere una comprensión profunda de las necesidades internas de la empresa y la dinámica del mercado externo.

El proceso comienza con un análisis de necesidades, donde la función de compras colabora con otros departamentos dentro de la empresa para identificar qué productos y servicios se necesitan, en qué volúmenes y cuándo se necesitan. A continuación, se elaboran especificaciones detalladas que describen claramente los requisitos técnicos y funcionales. Estas especificaciones son fundamentales para comunicar las necesidades de su empresa a los posibles proveedores.

Es necesario un estudio de mercado exhaustivo para poder hacer demandas realistas y relevantes. La función de compras debe tener un buen conocimiento de los proveedores disponibles, sus productos y servicios, y los niveles de precios. Una vez identificados los posibles proveedores, se lleva a cabo una evaluación de estos para asegurarse de que pueden cumplir con los requisitos establecidos. Esto incluye revisar la estabilidad financiera, la reputación, los procesos de control de calidad y las capacidades de entrega de los proveedores.

Para que los productos y servicios se utilicen dentro de la empresa, a menudo tienen que cumplir con ciertos estándares y certificaciones. La función de compras es responsable de garantizar que estos requisitos se comuniquen claramente a los proveedores.

Al implementar cuidadosamente la especificación de requisitos, la función de compras garantiza que los productos y servicios adquiridos no solo sean rentables, sino que también contribuyan a los objetivos y estrategias a largo plazo de la empresa. Es un acto de equilibrio entre ser lo suficientemente específico para garantizar la calidad y, al mismo tiempo, lo suficientemente flexible como para permitir la innovación y los precios competitivos de los proveedores. Esto ayuda a la empresa a mantener y mejorar su posición en el mercado.

Negociación y contratación

La negociación y el contrato son dos de los pasos más críticos en el proceso de compra. Estos pasos garantizan que la empresa no solo reciba las mejores condiciones posibles, sino también que los riesgos asociados con la compra se gestionen de manera efectiva.

La negociación implica un diálogo entre la función de compras y el proveedor donde el objetivo es acordar términos que sean beneficiosos para ambas partes. Esto incluye el precio de los bienes o servicios, pero también se extiende a otros factores importantes, como los plazos de entrega, las condiciones de pago, las garantías y los acuerdos de servicio. El proceso de negociación requiere habilidades y tácticas, y es importante que la función de compras tenga una buena comprensión tanto de las necesidades de la empresa como de las oportunidades y limitaciones del proveedor.

Cuando la negociación es exitosa, el proceso pasa a la firma del contrato. Un contrato es un documento legalmente vinculante que especifica los términos acordados entre el comprador y el vendedor. El contrato debe ser claro y detallado para evitar malentendidos y futuras disputas. La función de compras debe garantizar que se cubran todos los aspectos del acuerdo, incluido lo que sucede si alguna de las partes no cumple con sus compromisos.

La gestión de riesgos se incluye en la fase de negociación y contrato. La función de adquisiciones debe identificar los riesgos potenciales, como los riesgos de los proveedores, los riesgos cambiarios y los riesgos de retrasos o problemas de calidad. Estos riesgos deben minimizarse o gestionarse mediante una planificación cuidadosa y la inclusión de cláusulas adecuadas en el contrato. Esto puede ser cualquier cosa, desde seguros y garantías hasta sanciones y procesos de evaluación.

Al gestionar cuidadosamente la negociación y la firma de contratos, la función de compras garantiza que la empresa esté protegida contra riesgos innecesarios y que los bienes y servicios adquiridos contribuyan al éxito y la rentabilidad de la empresa. Es un proceso complejo que requiere conocimiento, experiencia y un enfoque estratégico de compras.

Valor agregado

La creación de valor en la función de compras es un proceso dinámico que se esfuerza por fortalecer la posición de la empresa no solo reduciendo costos, sino también mejorando la eficiencia y la calidad de las compras. Se trata de hacer algo más que encontrar el precio más bajo; Se trata de garantizar que cada compra contribuya a los objetivos y al éxito a largo plazo de la empresa.

El departamento de compras trabaja activamente para mejorar la rentabilidad mediante el análisis detallado de los costos de compra y la negociación de mejores contratos. Esto podría significar explorar nuevos mercados de proveedores, negociar descuentos por volumen o ajustar los procesos de adquisición para eliminar el desperdicio y el gasto innecesario.

Paralelamente a la reducción de costos, la función de compras racionaliza los procesos de compra. Esto se puede lograr mediante la estandarización de procedimientos y la implementación de sistemas avanzados de adquisiciones que automaticen las tareas y aprovechen el análisis de datos para anticiparse a las necesidades futuras, reduciendo el tiempo y los recursos necesarios para la adquisición.

Otro aspecto importante es mejorar la calidad del producto y promover la innovación. Al elegir proveedores que ofrezcan productos innovadores y de alta calidad, la función de compra puede ayudar a elevar la calidad del producto final, fortaleciendo la marca de la empresa y aumentando la satisfacción del cliente.

Establecer relaciones sólidas con los proveedores también es fundamental para garantizar un acceso fiable a los bienes y servicios esenciales. Estas relaciones se abren a la colaboración en innovación y mejora continua, lo que puede conducir al éxito y el crecimiento compartidos.

Por último, la función de compras desempeña la sostenibilidad y la responsabilidad social de la empresa mediante la selección de proveedores que se adhieren a las normas medioambientales y sociales. Esto no solo ayuda a reducir el impacto medioambiental de la empresa, sino también a mejorar su reputación y el cumplimiento normativo.

A través de estos esfuerzos, la función de compras crea un valor agregado que va más allá del ahorro inmediato de costos y tiene un efecto positivo en el éxito y la sostenibilidad a largo plazo de la empresa. Es un rol estratégico y equilibrado que requiere una combinación de control de costos e inversión en calidad e innovación.

Planificación estratégica

La planificación estratégica dentro de la función de compras implica la creación de una visión a corto, mediano y largo plazo sobre cómo las adquisiciones pueden respaldar e impulsar las estrategias y objetivos comerciales generales de la empresa.

Este trabajo va más allá de simplemente responder a las necesidades inmediatas y, en cambio, requiere un enfoque proactivo para anticipar y dar forma a las tendencias y necesidades futuras. Al analizar cómo evoluciona el mercado, incluidos los avances tecnológicos, los cambios en la cadena de suministro y el comportamiento del consumidor, el departamento de compras puede tomar decisiones informadas que beneficien a la empresa a largo plazo.

Una parte importante de la planificación estratégica es evaluar las necesidades a largo plazo de la empresa e identificar oportunidades de ahorro de costos y mejoras de eficiencia. Esto se puede lograr analizando los datos de compra para encontrar patrones que puedan conducir a mejoras y beneficios financieros significativos. Además, el desarrollo de relaciones con proveedores estratégicos es importante para garantizar mejores precios y calidad, así como para acceder a innovaciones que puedan dar a la empresa una ventaja competitiva.

La sostenibilidad también es un componente cada vez más importante de la estrategia de las empresas, y la función de compras tiene un papel importante en la consecución de estos objetivos a través de decisiones de compra responsables. Al integrar el pensamiento de sostenibilidad en sus estrategias de abastecimiento, la empresa no solo puede reducir su impacto ambiental, sino también fortalecer su marca y su posición en el mercado.

En general, la planificación estratégica en compras es una tarea integral que requiere una comprensión profunda tanto de las estrategias internas de la empresa como de la dinámica del mercado externo. Al adoptar un enfoque estratégico de las compras, la empresa puede garantizar que no solo sea rentable, sino también adaptable, innovadora y sostenible a largo plazo. Es un acto de equilibrio que requiere precisión, perspicacia y, sobre todo, la capacidad de mirar más allá de lo obvio y encontrar las oportunidades reales de creación de valor.

Sistema de apoyo al negocio (SSD) y la IA en Compras

Al integrar la función de aprovisionamiento y, las empresas pueden lograr un mayor grado de automatización y eficiencia. La tecnología de IA puede manejar tareas repetitivas y que consumen mucho tiempo, como pedir bienes y servicios estándar. Esto significa que el sistema puede gestionar la compra de material de oficina, componentes estándar para la fabricación o contratos de servicio regulares sin intervención humana. Al automatizar estos procesos, los profesionales de compras pueden dedicar su tiempo a tareas más complejas y estratégicas que requieren el juicio y la experiencia humanos.

La IA también puede aprovechar grandes cantidades de datos para predecir las necesidades de compra futuras mediante análisis predictivos. Esto significa que el sistema de IA puede analizar datos históricos de compras, identificar patrones y tendencias, y utilizar esta información para predecir cuándo y qué bienes o servicios se necesitarán. Por ejemplo, la IA puede predecir el aumento de la demanda de ciertos materiales en función de patrones estacionales o tendencias del mercado, lo que permite a la empresa actuar de forma proactiva y optimizar su inventario.

Además, la IA puede ayudar a identificar oportunidades de compra al por mayor o conjunta, lo que puede suponer un ahorro de costos. La IA también puede monitorear el desempeño de los proveedores y los precios de mercado en tiempo real, lo que brinda al departamento de compras la capacidad de adaptar rápidamente sus estrategias de compra para aprovechar las mejores condiciones posibles.

En conclusión, la IA puede mejorar el proceso de adquisición al:

- Automatizar las tareas rutinarias de compra y libere tiempo del personal.
- Utilizar el análisis predictivo para anticipar y planificar las necesidades futuras.
- Identificar oportunidades de ahorro de costos y optimice las decisiones de compra.
- Supervisar y adaptar las estrategias de compra en función de los datos en tiempo real.

A través de estas capacidades, la IA puede ayudar a las empresas a ser más eficientes, reducir costos y mejorar su competitividad en el mercado.

Sistemas de apoyo al negocio (SSD) y la IA en la especificación de los requisitos

La especificación de requisitosl del proceso de compra en el que las empresas definen las necesidades específicas de bienes y servicios. Con la ayuda de la IA, este proceso puede volverse significativamente más sofisticado y basado en datos. La IA puede analizar grandes conjuntos de datos para proporcionar información más profunda sobre las tendencias del mercado y el rendimiento de los proveedores, lo que permite tomar decisiones más informadas.

Mediante el uso del aprendizaje automático y el análisis avanzado de datos, la IA puede identificar qué proveedores ofrecen constantemente alta calidad y cuáles ofrecen las soluciones más rentables. Esto puede incluir el análisis de la precisión histórica de las entregas de los proveedores, las calificaciones de calidad y su capacidad para cumplir con los precios y términos acordados.

La IA también puede ayudar a crear especificaciones de requisitos detalladas que se adapten a las necesidades únicas de la empresa. Al aprovechar el procesamiento del lenguaje natural (NLP), los sistemas de IA pueden interpretar y transformar necesidades empresariales complejas en especificaciones técnicas claras y precisas. Esto garantiza que las solicitudes de compra y los documentos de adquisición sean claros, lo que reduce el riesgo de malentendidos y entregas incorrectas.

Además, la IA puede ayudar a optimizar el proceso de especificación de requisitos al:

- Actualizar automáticamente las especificaciones de los requisitos en función de los nuevos datos o los cambios en el entorno empresarial.

- Anticipar los cambios en la demanda y ajustar las especificaciones de los requisitos en tiempo real para que coincidan con estos cambios.

- Integrar los comentarios de los diferentes departamentos para garantizar que todas las partes interesadas internas estén representadas en la especificación de requisitos.

Al integrar la IA en el proceso de establecimiento de requisitos, las empresas pueden asegurarse de que no solo satisfacen sus necesidades actuales, sino que también están bien posicionadas para abordar los desafíos y oportunidades futuros. Esto conduce a relaciones más sólidas con los proveedores, una mejor calidad de los bienes y servicios adquiridos y una función de compra más eficiente y rentable.

Sistema de apoyo al negocio (SSD) y la IA en negociación y contratos

La negociación y los contratos son pasos críticos en el proceso de compra en los que la IA puede desempeñar un papel importante. Mediante el uso de la IA, las empresas pueden mejorar la precisión y la eficiencia de estos procesos. Los sistemas de IA pueden analizar y comparar propuestas de contratos para identificar los términos más favorables. Esto puede implicar que la IA revise y compare las ofertas de diferentes proveedores para encontrar las opciones más rentables que cumplan con los requisitos de calidad de la empresa.

La IA también se puede utilizar para identificar y señalar riesgos potenciales en las propuestas de contratos. Mediante el uso del aprendizaje automático y el reconocimiento de patrones, el sistema de IA puede detectar condiciones que pueden suponer un riesgo para la empresa, como responsabilidades poco claras, garantías inadecuadas o sanciones. Esto permite a la empresa gestionar de forma proactiva estos riesgos antes de que se firme el contrato.

Además, la IA puede ayudar a automatizar y estandarizar el proceso de firma de contratos. Mediante el uso de plantillas y directrices predefinidas, la IA puede generar documentos contractuales coherentes y alineados con las políticas y los requisitos legales de la empresa. Esto reduce el riesgo de error humano y garantiza que todos los contratos cumplan con los más altos estándares.

En conclusión, la IA puede mejorar la etapa de negociación y contratación al:

- Analizar y comparar las propuestas de contrato para encontrar las condiciones más ventajosas.
- Identificar y señalar los riesgos potenciales en las propuestas de contratos.
- Automatizar la creación de documentos contractuales basados en plantillas y directrices estandarizadas.

Al integrar la IA en estos procesos, las empresas pueden asegurarse de que están celebrando los mejores contratos posibles, al tiempo que minimizan el riesgo y simplifican la administración de los contratos. Esto conduce a una función de compras más robusta y eficiente que puede contribuir al éxito a largo plazo de la empresa.

Sistemas de apoyo al negocio (SSD) y la IA en la creación de valor

La creación de valor a través de la IA dentro de la función de compras implica el uso de análisis de datos avanzados no solo para rastrear y monitorear los patrones de compra, sino también para identificar oportunidades de ahorro de costos y eficiencia. La IA puede revisar grandes cantidades de datos de compra para detectar tendencias, anomalías y oportunidades que pueden no ser obvias en una revisión manual.

Por ejemplo, un sistema de IA puede identificar que ciertos bienes se compran con frecuencia pero a diferentes precios de diferentes proveedores. Al consolidar estas compras en menos proveedores, la empresa puede aprovechar los descuentos por volumen y reducir los costos administrativos de la gestión de muchas compras pequeñas. La IA también puede sugerir productos o proveedores alternativos que ofrezcan un mejor valor o rendimiento, basándose en el análisis de las calificaciones de calidad y las opiniones de los usuarios.

Además de encontrar formas de reducir costos, la IA puede ayudar a optimizar el gasto general de la empresa. Esto puede significar identificar áreas en las que se pueden consolidar las compras, lo que no solo reduce los costos, sino que también simplifica la gestión y el almacenamiento de los proveedores. La IA también puede ayudar a negociar mejores precios al proporcionar al departamento de compras información detallada sobre los precios de mercado, las estructuras de costos de los proveedores y los márgenes de negociación.

Al integrar la IA en los procesos de valor agregado, las empresas pueden asegurarse de que su función de compras no solo sea rentable, sino que también contribuya a los objetivos estratégicos de la empresa, como mejorar la calidad de los productos, aumentar la eficiencia y reforzar las iniciativas de sostenibilidad. Esto hace que la función de compras sea un socio aún más fuerte en la búsqueda de la innovación y la competitividad de la empresa. La capacidad de la IA para analizar conjuntos de datos complejos y proporcionar información en tiempo real es un recurso invaluable para los departamentos de compras modernos que buscan mantenerse a la vanguardia en un mundo empresarial que cambia rápidamente.

Sistema de apoyo al negocio (SSD) y la IA en la Planificación Estratégica

La planificacion estrategica es un proceso crítico para garantizar que las estrategias de abastecimiento de una empresa esten alineadas con sus objetivos comerciales a largo plazo. La inteligencia artificial (IA) puede desempeñar un papel en este proceso al proporcionar herramientas avanzadas para la simulación y la planificación de escenarios. Estas herramientas pueden ayudar a las empresas a comprender las posibles condiciones futuras del mercado y cómo pueden afectar a las necesidades de compra.

La IA puede utilizar datos históricos y tendencias actuales del mercado para crear simulaciones detalladas de diversos escenarios empresariales. Por ejemplo, los modelos de IA pueden simular los efectos de los cambios económicos, como los cambios en los tipos de interés o las fluctuaciones de los precios de las materias primas, en los costos de compra y la cadena de suministro de una empresa. Esto permite a las empresas identificar de forma proactiva los riesgos y oportunidades que puedan surgir y desarrollar estrategias para gestionarlos.

La planificación de escenarios con IA también puede ayudar a las empresas a prepararse para diferentes escenarios futuros posibles. Al crear escenarios hipotéticos, las empresas pueden explorar las implicaciones de diversas decisiones estratégicas, como cambiar de proveedor o invertir en nuevas tecnologías. Esto puede proporcionar información sobre qué estrategias son más sostenibles y cuáles respaldan mejor los objetivos a largo plazo de la empresa.

La IA también puede ayudar a optimizar las estrategias de compra de la siguiente manera:

- Identificar patrones en las cadenas de suministro globales y sugerir adaptaciones para reducir las vulnerabilidades.

- Sugerir estrategias de compra alternativas basadas en cambios en el comportamiento del consumidor o nuevas regulaciones.

- Integrar datos en tiempo real de múltiples fuentes para proporcionar una imagen más completa del mercado y permitir decisiones más rápidas e informadas.

Al integrar la IA en la planificación estratégica, las empresas pueden asegurarse de que su función de compras sea flexible, con visión de futuro y alineada para hacer frente a los desafíos actuales y futuros. Esto conduce a estrategias comerciales más sólidas que son lo suficientemente sólidas como para manejar la volatilidad y la dinámica del mercado. La capacidad de la IA para analizar y simular escenarios complejos es un activo invaluable para las empresas que buscan estar un paso por delante en la planificación y ejecución de sus estrategias de adquisición.

Parte 3:

Perspectivas tecnológicas futuras

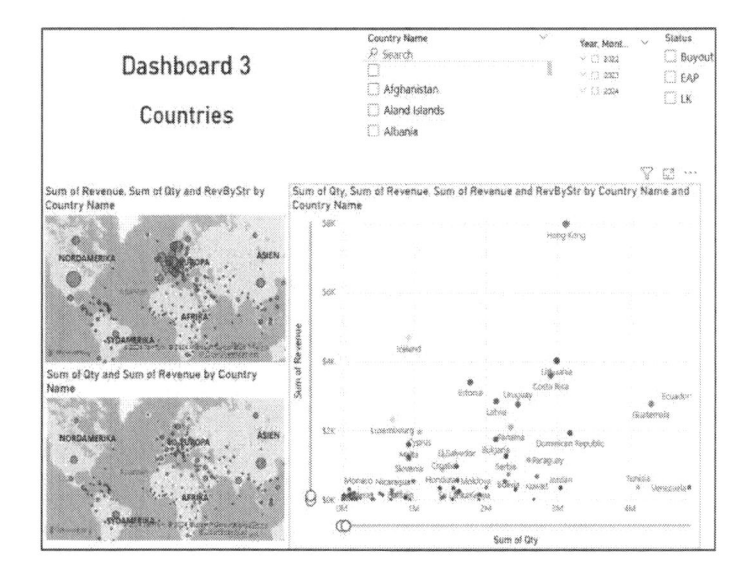

Perspectivas de futuro tecnológico

Próximas tendencias tecnológicas en IA y los Sistemas de apoyo a las decisiones (SSD)

En el campo de los sistemas de apoyo (SSD) de Inteligencia Artificial (IA), vemos varias tendencias interesantes que dan forma al futuro. Entre ellas se encuentra la mejora del procesamiento del lenguaje natural (PLN) que permite a los sistemas comprender e interactuar con las personas de una manera más natural. También estamos viendo avances en la IA explicable (XAI), que tiene como objetivo hacer que los procesos de toma de decisiones de la IA sean más transparentes y comprensibles para los humanos.

Otra tendencia es el desarrollo de sistemas autónomos que puedan tomar decisiones y realizar tareas sin intervención humana. Por último, el uso de la IA para cuestiones éticas y de sostenibilidad está creciendo, y los sistemas ayudan a identificar y abordar desafíos sociales y ambientales complejos.

Las capacidades predictivas y las simulaciones desempeñan un papel central a la hora de permitir la toma de decisiones proactivas e informadas, lo que ayuda a las organizaciones a anticiparse a los retos y oportunidades futuros. Al combinar estas tecnologías, las empresas y organizaciones pueden optimizar sus procesos, reducir el riesgo, tomar decisiones informadas y promover planes y estrategias estratégicos y bien pensados.

Estas tendencias conducirán a un SSD más avanzado, intuitivo y responsable que pueda apoyar a las personas en todo, desde las decisiones cotidianas hasta las consideraciones estratégicas complejas.

IA y el aprendizaje automático

En el corazón de la innovación se encuentran la IA y el aprendizaje automático latiendo a un ritmo que impulsa la tecnología del futuro. Las redes neuronales profundas, con su capacidad para manejar y analizar grandes cantidades de datos, son cada vez más sofisticadas. Aprenden a reconocer e interpretar patrones complejos, lo que abre la puerta a avances revolucionarios en el reconocimiento de imágenes y voz. Estos avances permiten a las máquinas no solo ver y oír, sino también comprender e interactuar con el mundo de una manera similar a la percepción humana.

Las GAN (Global Apprenticeship Network), una forma fascinante de aprendizaje automático, crean datos sintéticos realistas que se pueden utilizar para entrenar modelos de IA sin necesidad de extensos conjuntos de datos reales. Estas redes trabajan en tándem donde una red genera datos y la otra los evalúa, en un ciclo continuo de mejora e innovación. El resultado son simulaciones tan detalladas y convincentes que pueden utilizarse para probar sistemas de IA antes de implementarlos en el mundo real.

El aprendizaje por refuerzo nos lleva a un mundo en el que la IA no solo realiza tareas, sino que también aprende de sus experiencias. Los sistemas autónomos equipados con esta tecnología pueden interactuar con su entorno y aprender a optimizar sus decisiones a lo largo del tiempo. Esto es particularmente revolucionario para el desarrollo de vehículos autónomos, robots y otros sistemas que requieren un alto grado de autonomía y adaptabilidad.

"Modelo de Computación distribuida" (Edge Computing)

El "edge computing" representa un cambio de paradigma en la forma en que procesamos y usamos los datos. Al trasladar el procesamiento de los modelos de IA de la nube a los propios dispositivos, se produce una descentralización que tiene varias ventajas importantes. En primer lugar, la latencia se reduce significativamente porque los datos no tienen que viajar hacia y desde la nube para su procesamiento. Esto es fundamental para aplicaciones como los coches autónomos o la vigilancia médica, donde cada milisegundo cuenta y las decisiones instantáneas pueden marcar la diferencia entre el éxito y el desastre.

En segundo lugar, se mejora la capacidad de respuesta en tiempo real. Los dispositivos pueden actuar sobre los datos recopilados casi de inmediato, lo que permite reacciones más rápidas y eficientes. Esto es especialmente importante en escenarios como la automatización industrial o las ciudades inteligentes, donde los sistemas deben ser capaces de adaptarse rápidamente a las condiciones cambiantes.

Se reforzará la confidencialidad y la protección de datos. Cuando los datos se procesan localmente en el dispositivo, se reduce el riesgo de que la información confidencial se vea comprometida en tránsito o en la nube. Este es un beneficio significativo para los usuarios y las organizaciones que manejan información confidencial, como datos personales o secretos comerciales.

El "edge computing" no es solo una innovación tecnológica; Es un componente clave para construir un futuro en el que la tecnología pueda integrarse perfectamente en nuestras vidas y proteger nuestra privacidad.

"Computación cuántica"

La "computación cuántica" es una tecnología de vanguardia que se encuentra en el umbral de la redefinición de los fundamentos de la informática. Con la capacidad única de la computación cuántica para realizar cálculos a una escala y velocidad que no tienen comparación con las computadoras tradicionales, se están abriendo nuevas oportunidades para la IA y el análisis de datos. Los algoritmos cuánticos, que aprovechan la capacidad computacional paralela de los ordenadores cuánticos, pueden realizar análisis y optimizaciones complejos en una fracción del tiempo que tardarían los ordenadores convencionales. Esto significa que la IA puede resolver problemas y encontrar patrones en conjuntos de datos que antes eran inaccesibles, revolucionando campos como el desarrollo de fármacos, el modelado climático y el análisis financiero.

Cuando se trata de seguridad, la criptografía cuántica lleva la protección de datos a un nivel completamente nuevo. Con principios basados en las leyes de la mecánica cuántica, como la deliberación y el entrelazamiento cuánticos, la criptografía cuántica ofrece métodos de cifrado que son teóricamente imposibles de descifrar con la tecnología actual. Esto significa que la información protegida con técnicas criptográficas cuánticas puede permanecer segura incluso frente a futuras amenazas de ordenadores cuánticos, proporcionando un escudo casi impenetrable para nuestros datos más sensibles.

Automatización de procesos robotizados

La era de la automatización está cambiando fundamentalmente el panorama laboral. RPA, o Automatización Robótica de Procesos, es una tecnología que permite la automatización de tareas repetitivas y que consumen mucho tiempo y que antes se realizaban manualmente. Cuando la RPA se combina con la IA, se crean sistemas que no solo pueden realizar tareas de manera más rápida y eficiente que los humanos, sino que también pueden abordar problemas complejos mediante el aprendizaje y la adaptación.

La automatización inteligente representa el siguiente paso en esta evolución. No se trata solo de realizar tareas de forma automática, sino también de mejorar los procesos a lo largo del tiempo. Mediante el uso del aprendizaje automático y el análisis de datos, los sistemas de automatización inteligentes pueden identificar patrones, optimizar los flujos de trabajo e incluso predecir y prevenir problemas antes de que ocurran. Esto conduce a mejoras continuas y a un uso más eficiente de los recursos.

Esta tecnología libera a las personas de tareas monótonas y les permite centrarse en propósitos más creativos y estratégicos. Abre nuevas oportunidades en todas las industrias, desde la fabricación hasta los servicios financieros, y contribuye a un entorno de trabajo más dinámico e innovador.

Realidad Aumentada (AR) y Realidad Virtual (RV)

La combinación de la IA con la RA (Realidad Aumentada) y la RV (Realidad Virtual) está creando una nueva era de experiencias inmersivas y personalizadas. El papel de la IA en esta fusión es analizar y comprender el comportamiento y las preferencias del usuario en tiempo real, lo que permite una adaptación dinámica del entorno virtual.

En las experiencias de RA y RV, la IA puede utilizarse para crear elementos interactivos que respondan a los movimientos, las miradas y los comandos del usuario. Esto crea una sensación de presencia y compromiso que antes era difícil de lograr. La personalización en tiempo real significa que cada experiencia puede ser única para cada usuario, con contenido que cambia y evoluciona en función de las interacciones individuales.

Esta tecnología tiene el potencial de revolucionar muchas áreas, desde los juegos y el entretenimiento hasta la educación y la formación profesional. Al crear entornos virtuales más intuitivos y receptivos, la IA puede ayudar a que las experiencias de RA y RV sean más accesibles, atractivas y valiosas para los usuarios.

Personalización

La hiperpersonalización es una tendencia emergente en la que la IA se utiliza para adaptar las experiencias y ofertas al usuario individual en tiempo real. Al analizar los datos de las interacciones pasadas y presentes del usuario, así como las señales contextuales, la IA puede crear una experiencia profundamente personalizada que se adapta y mejora constantemente.

Las innovaciones esperadas en la hiperpersonalización incluyen algoritmos aún más sofisticados que pueden anticipar las necesidades y preferencias del usuario, incluso antes de que el usuario sea consciente de ellas. Estos sistemas serán capaces de ofrecer recomendaciones y soluciones ajustadas a cada individuo, aumentando la relevancia y el valor de cada interacción.

Los impactos potenciales de estas innovaciones van desde la mejora de la satisfacción del cliente y el aumento de las ventas hasta un marketing más eficaz y relaciones más sólidas con los clientes. En el futuro, podemos esperar ver la hiperpersonalización aplicada en una variedad de industrias, desde el comercio electrónico y el comercio minorista hasta la atención médica y los servicios financieros. En el sector de la salud, por ejemplo, esto puede significar planes de tratamiento personalizados basados en los datos de salud únicos del paciente, mientras que los servicios financieros pueden ofrecer asesoramiento personalizado y recomendaciones de productos.

La hiperpersonalización impulsará las innovaciones del futuro y creará nuevas oportunidades para que las empresas interactúen con sus clientes de manera más profunda y significativa.

Sostenibilidad y ética en IA y SSD

La sostenibilidad y la ética en la IA y los sistemas de apoyo a la toma de decisiones (SSD) son áreas críticas que están recibiendo cada vez más atención. La sostenibilidad en la IA consiste en desarrollar y utilizar la tecnología de IA de una manera que sea responsable con el medio ambiente y contribuya a los objetivos sociales y económicos a largo plazo. Esto incluye la reducción del consumo de energía de los sistemas de IA y el uso de la IA para optimizar el uso de los recursos y promover la economía circular.

Ética

La ética de la IA es una parte fundamental del avance y la aceptación de la tecnología. Para garantizar la equidad en los sistemas de IA, los desarrolladores e investigadores deben trabajar para identificar y eliminar los sesgos que puedan existir en los datos de entrenamiento o los algoritmos. Esto requiere un seguimiento y pruebas cuidadosos para detectar y corregir los sesgos que pueden conducir a resultados injustos. La transparencia es otro aspecto importante de la IA ética. Esto significa dejar claro a los usuarios cómo y por qué los sistemas de IA toman decisiones. Esto se puede lograr mediante el uso de IA explicable (XAI), donde los sistemas están diseñados para proporcionar información sobre sus procesos de toma de decisiones. Para proteger los derechos y la privacidad de las personas, se deben desarrollar políticas y normas que rijan el uso de los datos personales y garanticen que los sistemas de IA no violen la privacidad de los usuarios. Esto incluye el cumplimiento de leyes como el RGPD y otras normativas de protección de datos.

La rendición de cuentas es esencial para una IA ética. Deben existir mecanismos que permitan a las personas examinar y cuestionar las acciones de los sistemas de IA. Esto puede implicar la creación de organismos reguladores independientes o la implementación de soluciones técnicas que registren las decisiones para su revisión futura. Centrarse en la equidad, la transparencia y la rendición de cuentas es esencial para crear sistemas de IA que no solo sean potentes y eficientes, sino también éticos y fiables.

Dentro de SSD, la sostenibilidad y la ética son importantes para garantizar que las recomendaciones y decisiones tomadas por los sistemas apoyen los principios éticos y contribuyan a resultados sostenibles. Esto puede implicar la integración de consideraciones éticas en los algoritmos que impulsan el SSD o el uso del SSD para evaluar los posibles impactos ambientales y sociales de diversas decisiones.

Dar prioridad a la sostenibilidad y la ética en el desarrollo de la IA y el SSD es importante para generar confianza con el público y garantizar que la tecnología se utilice de una manera que beneficie a la sociedad en su conjunto.

Durabilidad

La sostenibilidad en el uso de la tecnología es crucial para garantizar que nuestra creciente dependencia de las soluciones digitales no dañe el medio ambiente ni comprometa la capacidad de las generaciones futuras para satisfacer sus necesidades. Se trata de desarrollar y utilizar de manera responsable una tecnología que minimice los impactos ambientales negativos, promueva la eficiencia de los recursos y apoye el bienestar social.

Tener en cuenta todo el ciclo de vida de los productos tecnológicos es un enfoque holístico destinado a reducir el impacto ambiental general. Durante la fase de diseño, esto significa crear productos que sean energéticamente eficientes, fáciles de reparar y actualizar, y fáciles de desmontar para su reciclaje. Esto también puede implicar el uso de principios de diseño modular que permitan una sustitución más fácil de los componentes. En la fase de fabricación, la atención se centra en el uso de fuentes de energía renovables y materiales sostenibles que minimicen los residuos y la contaminación. Esto puede incluir plásticos de base biológica o metales reciclados. Cuando se trata del uso de productos tecnológicos, el objetivo es optimizar la eficiencia energética y alargar la vida útil del producto. Esto se puede lograr a través de actualizaciones de software que mejoren el rendimiento o a través de la educación del consumidor sobre las mejores prácticas para el mantenimiento y el uso de energía.

El reciclaje y la reutilización son importantes para cerrar el círculo. Esto significa crear sistemas para la recogida y el reciclaje de productos viejos, así como promover el mercado de productos usados y reacondicionados. La integración de estos principios en todas las etapas del ciclo de vida del producto es esencial para reducir la huella tecnológica y contribuir a un futuro más sostenible.

Cuando las empresas integran la sostenibilidad en el uso de la tecnología, significa que asumen una responsabilidad más amplia que la mera generación de ganancias. Se aseguran de que sus operaciones y las tecnologías que utilizan o desarrollan no dañan el medio ambiente ni la sociedad. Esto podría significar invertir en fuentes de energía más limpias, reducir los residuos a través de procesos más eficientes o crear productos que sean sostenibles en el tiempo y no contribuyan al ciclo de consumo rápido. Las consideraciones medioambientales pueden incluir la reducción de la huella de carbono de la empresa y el uso más eficiente de los recursos. Las consideraciones sociales pueden incluir garantizar condiciones de trabajo justas, apoyar a las comunidades en las que opera la empresa o desarrollar productos y servicios que sean accesibles y útiles para un segmento más amplio de la población. La integración de estas consideraciones en las estrategias empresariales permite a las empresas contribuir a un mundo más sostenible al tiempo que descubren nuevas oportunidades de negocio e innovaciones que pueden proporcionar una ventaja competitiva. Esto también puede conducir a una marca más fuerte y mejores relaciones con los clientes y otras partes interesadas que valoran la sostenibilidad.

Para el sector público, la sostenibilidad en el uso de la tecnología significa que los gobiernos y las organizaciones públicas deben considerar aspectos ambientales y sociales en sus estrategias y servicios de digitalización. Esto podría incluir el uso de la tecnología para mejorar la eficiencia energética de los edificios públicos, la promoción de servicios digitales que reduzcan la necesidad de transporte físico o la implementación de sistemas que apoyen la apertura y la accesibilidad para fortalecer la democracia. También podría significar que la contratación pública incluya criterios de sostenibilidad, animando a los proveedores a ofrecer soluciones tecnológicas más sostenibles. Además, el sector público puede desempeñar un papel en la promoción de normas y reglamentos que apoyen el desarrollo y el uso sostenibles de la tecnología. El sector público puede reducir su impacto ambiental y, al mismo tiempo, actuar como modelo a seguir y catalizador de iniciativas de sostenibilidad en la sociedad mediante la integración de la sostenibilidad en el uso de la tecnología.

Ejemplos de cómo la IA puede apoyar los objetivos de sostenibilidad

La IA puede apoyar los objetivos de sostenibilidad de varias maneras:

Rendimiento energético

La IA puede mejorar la eficiencia energética de los edificios mediante el uso de algoritmos avanzados para analizar datos de diversas fuentes, como sensores, pronósticos meteorológicos y patrones de uso. Estos algoritmos pueden identificar patrones y tendencias que los humanos pueden no notar. Por ejemplo, la IA puede predecir cuándo y dónde será alto el consumo de energía y ajustar los sistemas HVAC con anticipación para evitar el uso innecesario de energía. La IA también puede utilizar datos en tiempo real para realizar ajustes instantáneos. Si una habitación está vacía, el sistema de IA puede bajar la calefacción o apagar la iluminación, ahorrando energía. Si los datos de los sensores muestran que una habitación está recibiendo mucha luz solar, el sistema de IA puede ajustar automáticamente las persianas o la iluminación para aprovechar la luz natural y reducir la necesidad de iluminación eléctrica. Además, la IA puede ayudar con el mantenimiento de los edificios al predecir cuándo los equipos necesitan servicio o reparación, lo que puede evitar ineficiencias causadas por equipos defectuosos. A través de estos métodos, la IA contribuye a un uso más sostenible de los recursos y a la reducción de las emisiones de carbono.

En los procesos industriales, la IA puede desempeñar un papel importante en la optimización del rendimiento de las máquinas. Al recopilar y analizar continuamente datos de sensores y otras fuentes, los sistemas de IA pueden identificar ineficiencias y ajustar la configuración de la máquina en tiempo real para mejorar el uso de la energía. Por ejemplo, la IA puede monitorear la generación de calor y los niveles de vibración de un motor para detectar signos de sobrecarga o desgaste que pueden conducir a un mayor consumo de energía. Luego, el sistema puede ajustar automáticamente la carga del motor o programar el mantenimiento antes de que el problema se agrave. La IA también se puede utilizar para optimizar la planificación de la producción. Al analizar los datos de producción, los patrones de pedidos y los precios de la energía, la IA puede ayudar a planificar la producción en momentos en que los costos de energía son más bajos o cuando hay un excedente de energía renovable disponible, lo que reduce tanto los costos como el impacto ambiental. Además, la IA puede ayudar a reducir el desperdicio de material al mejorar el control de calidad y reducir el número de productos defectuosos que deben desecharse o reprocesarse, ahorrando recursos y energía. La IA ayuda a crear procesos industriales más sostenibles y rentables, al tiempo que reduce el impacto medioambiental.

Las empresas y organizaciones pueden reducir sus costos energéticos y contribuir a la descarbonización, para combatir el cambio climático, integrando la IA en sus sistemas de gestión energética.

Agricultura inteligente

La agricultura inteligente utiliza la IA para hacer que la agricultura sea más eficiente y sostenible. La IA puede ayudar a los agricultores a tomar decisiones más informadas sobre el riego, la fertilización y la cosecha mediante el análisis de datos de satélites y sensores. La IA puede predecir los cambios climáticos y los niveles de humedad del suelo para optimizar el uso del agua. Esto garantiza que los cultivos reciban la cantidad adecuada de agua en el momento adecuado, reduciendo el consumo de agua y protegiéndolos contra sequías o inundaciones. Además, al analizar el contenido de nutrientes del suelo, la IA puede recomendar exactamente qué tipo y cantidad de fertilizante se necesita para diferentes partes de un campo. Esto minimiza la eutrofización y sus efectos negativos en el medio ambiente A la hora de cosechar, la IA puede identificar el momento óptimo para la cosecha en función de la madurez del cultivo, maximizando el rendimiento y la calidad de la cosecha. Esto también puede ayudar a reducir el desperdicio de alimentos al reducir la cantidad de cultivos perdidos debido a un momento inadecuado.

Con estas aplicaciones, la agricultura inteligente puede ayudar a aumentar la productividad al tiempo que reduce el impacto ambiental y el consumo de recursos.

Gestión de residuos

La inteligencia artificial (IA) tiene el potencial de revolucionar la gestión de residuos al agilizar la clasificación de residuos mediante tecnologías de aprendizaje automático y reconocimiento de imágenes. Al equipar los sistemas con cámaras y sensores, se pueden identificar y clasificar con gran precisión diferentes tipos de materiales, como plástico, metal, papel y vidrio. Esto acelera el proceso de reciclaje y lo hace más rentable, al tiempo que reduce la cantidad de residuos clasificados incorrectamente que terminan en los vertederos.

Los sistemas de clasificación de residuos basados en IA se entrenan con amplios conjuntos de datos que contienen imágenes e información sobre diferentes materiales. Cuando los residuos pasan por una cinta de clasificación, las cámaras del sistema toman rápidamente una imagen y la comparan con su base de datos para identificar con precisión el material. Este proceso se lleva a cabo en tiempo real, lo que permite una clasificación rápida y precisa.

El uso de la IA en la gestión de residuos ofrece varios beneficios. Esto reduce la necesidad de clasificación manual, lo que a su vez reduce los costos y minimiza el riesgo de error humano. Además, aumenta las tasas de reciclaje al garantizar que los materiales estén correctamente identificados y clasificados, contribuyendo a un medio ambiente más sostenible. La IA también puede identificar residuos peligrosos que requieren un manejo especial, protegiendo tanto a las personas como al medio ambiente de sustancias potencialmente dañinas.

Al analizar los datos sobre los volúmenes y tipos de residuos, la IA puede proporcionar información valiosa sobre los patrones de residuos. Esto ayuda a optimizar la recolección y la gestión, haciendo que el sistema sea más eficiente. La IA también contribuye a la sostenibilidad de la gestión de residuos al predecir los volúmenes de residuos en función de datos históricos, lo que permite una mejor planificación y optimización de recursos como vehículos y personal. Esto conduce a una reducción del consumo de combustible y de las emisiones.

A pesar de estos beneficios, existen desafíos como los costos iniciales de instalación, así como la necesidad de actualizar continuamente los algoritmos para manejar nuevos tipos de residuos. Sin embargo, con el avance de la tecnología, el potencial para mejorar la gestión de residuos con IA es enorme.

En conclusión, la gestión de residuos impulsada por la IA representa un paso significativo hacia un futuro más sostenible en el que la tecnología no solo agiliza los procesos, sino que también contribuye a la preservación del medio ambiente para las generaciones futuras.

Transporte

La inteligencia artificial (IA) tiene el potencial de revolucionar el transporte de pasajeros y materiales al agilizar los flujos de tráfico. Los algoritmos de IA que procesan datos en tiempo real de cámaras de carretera, dispositivos GPS y sensores contribuyen a una comprensión más profunda de los patrones de tráfico. Esta información permite a los sistemas de IA anticipar y mitigar de forma proactiva la congestión del tráfico, lo que se traduce en trayectos más fluidos y eficientes. En el transporte de pasajeros, la IA puede mejorar la experiencia de los pasajeros al reducir los tiempos de viaje y los tiempos de espera, por ejemplo, a través del control inteligente de los semáforos y la optimización de los horarios del transporte público. Para el transporte de materiales, la IA puede optimizar las rutas de entrega, lo que no solo reduce el consumo de combustible, sino que también mejora los tiempos de entrega.

Si bien la logística es una parte importante del sector del transporte, la contribución de la IA a la eficiencia puede extenderse más allá de la gestión logística tradicional. Al integrar la IA en el transporte de pasajeros y materiales, podemos lograr un sector de transporte más sostenible que reduzca el consumo de combustible y las emisiones, lo cual es fundamental en la lucha contra el cambio climático. (Véase **Fel! H ittar inte referenskälla.**).

Conservación de la biodiversidad

La IA puede desempeñar un papel crucial en la conservación de especies en peligro de extinción mediante el análisis y la interpretación de grandes cantidades de datos de observaciones de campo, cámaras trampa y otros sensores. A través del aprendizaje automático, los sistemas de IA pueden aprender a reconocer animales específicos y sus comportamientos, lo que permite un seguimiento y estudio precisos de sus poblaciones y patrones de movimiento.

Esta técnica puede ayudar a los científicos a identificar rápidamente los cambios en la población de una especie, que podrían ser signos de caza furtiva o pérdida de hábitat. La IA también se puede utilizar para crear modelos predictivos que predigan cómo pueden afectar a las especies diversos cambios ambientales, como el cambio climático o la actividad humana. Esto proporciona a los conservacionistas información valiosa que se puede utilizar para diseñar medidas de protección efectivas.

La IA puede aumentar significativamente la eficiencia de los esfuerzos de conservación y, por lo tanto, contribuir a la protección de especies en peligro de extinción en todo el mundo con la automatización del análisis de datos.

Objetivos de Desarrollo Sostenible (ODS) de la ONU

La IA tiene el potencial de contribuir a varios de los Objetivos de Desarrollo Sostenible (ODS) de las Naciones Unidas al mejorar la eficiencia y la eficacia en diversos sectores. Por ejemplo, la IA puede ayudar a cumplir los siguientes objetivos:

- Objetivo 11 (Ciudades y comunidades sostenibles): Mejorar la planificación urbana y la gestión del tráfico, lo que reduzcan la congestión y la contaminación.
- Objetivo 13 (Acción por el clima): Mejorar la eficiencia energética y contribuir a la transición a las energías renovables.
- Objetivo 14 (Conservar y utilizar sosteniblemente los océanos, los mares y los recursos marinos): Vigilar la salud de los océanos y contribuir a la protección de la vida marina.
- Objetivo 15 (Proteger, restaurar y promover el uso de los ecosistemas terrestres): Rastrear y proteger las especies amenazadas y sus hábitats.

Para crear de forma más inteligente, integraremos los sistemas de apoyo de decisiones (SSD) mejorados con IA en estas áreas, ofreciéndonos soluciones más adaptables que nos ayuden a acercarnos a un futuro más sostenible y resiliente.

Estrategias de Mejora Continua

Para mejorar continuamente la IA y los sistemas de apoyo a la toma de decisiones (SSD), se pueden utilizar los siguientes métodos:

Análisis de datos y retroalimentación

El análisis de datos y la retroalimentación son componentes críticos en el proceso de mejora de los sistemas de IA y SSD. Es esencial una recopilación sistemática de datos de rendimiento sobre cómo se utilizan y funcionan estos sistemas en situaciones del mundo real. Esto incluye mediciones de precisión, velocidad e interacciones del usuario con el sistema. La retroalimentación directa de los usuarios finales es invaluable, ya que proporciona información sobre cómo se percibe el sistema y qué características se valoran o deben mejorarse. El uso de métodos estadísticos, aprendizaje automático y minería de datos para identificar patrones, tendencias y áreas problemáticas en los datos recopilados es fundamental.

A partir del análisis, se realizan mejoras en el sistema, que pueden implicar ajustes en los algoritmos, mejoras en la interfaz de usuario o la adición de nuevas funciones. Después de implementar los cambios, es importante evaluar su impacto para asegurarse de que realmente conduzcan a mejoras. Al llevar a cabo continuamente este ciclo de recopilación, análisis, ajuste y evaluación de datos, los sistemas de IA y SSD pueden evolucionar constantemente para servir mejor a sus usuarios.

Aprendizaje automático y personalización

El aprendizaje automático, una parte central de la inteligencia artificial, permite que los sistemas aprendan por sí mismos y mejoren a través de la experiencia sin ser programados explícitamente. El proceso comienza con la recopilación de grandes cantidades de datos que pueden incluir texto, imágenes y datos de clics. A continuación, estos datos se limpian de ruido e información irrelevante para optimizar el entrenamiento de los modelos de IA. Los algoritmos utilizados en la IA aprenden a reconocer patrones e información en los datos y mejoran constantemente a medida que se exponen a nueva información.

Para garantizar la precisión de los modelos, su rendimiento se prueba con un conjunto de datos independiente que no se ha utilizado durante el entrenamiento. Este proceso iterativo implica actualizar periódicamente los modelos con nuevos datos para afinar su capacidad de hacer predicciones o recomendaciones precisas. Con el tiempo, los sistemas de IA pueden adaptarse a las nuevas tendencias y a los comportamientos cambiantes a través del aprendizaje continuo, lo que los hace más precisos y fiables. Por último, estos sistemas pueden utilizarse para automatizar los procesos de toma de decisiones, aumentando la eficiencia y reduciendo el riesgo de error humano. A través del entrenamiento continuo con nuevos datos, los sistemas de IA están mejorando en la identificación de patrones complejos, la comprensión del comportamiento del usuario y la provisión de recomendaciones relevantes, lo que lleva a una mejor toma de decisiones y una mayor inteligencia con el tiempo.

Pruebas de usuario

Las pruebas de usuario son una parte importante del proceso de desarrollo para garantizar que el sistema satisfaga las necesidades y expectativas de los usuarios. Estos son algunos pasos para realizar pruebas de usuario efectivas: Planificación: Determine el propósito de la prueba, qué características se probarán y qué tipo de comentarios está buscando. Cree un plan de pruebas que incluya objetivos, métodos, participantes, escenarios y métricas. Reclutamiento: Seleccione participantes que representen a su público objetivo. Es importante tener una mezcla de usuarios con diferentes niveles de experiencia y antecedentes. Crear escenarios: diseñe escenarios realistas que simulen cómo los usuarios interactuarían con el sistema en situaciones del mundo real. Implementación: Durante la prueba, observe y documente cómo interactúan los participantes con el sistema. Haga preguntas abiertas y anímelos a compartir sus pensamientos y sentimientos. Análisis: Después de la prueba, analice los datos y los comentarios para identificar patrones y problemas comunes. Presentación de informes: Compile los hallazgos en un informe que describa claramente los hallazgos y las acciones recomendadas. Iteración: use la información de la prueba para realizar mejoras en el sistema. Repita el ciclo de prueba hasta que el sistema cumpla con los criterios establecidos de usabilidad y rendimiento. Recuerde que las pruebas de usuario no se tratan solo de encontrar fallas, sino también de comprender los comportamientos y preferencias de los usuarios para crear una mejor experiencia de usuario.

Actualización de algoritmos

La actualización de algoritmos es un proceso continuo y fundamental para garantizar que los sistemas de IA y SSD sigan siendo eficientes, relevantes y competitivos. Este proceso implica la integración de nuevas investigaciones, lo que significa que los algoritmos deben actualizarse periódicamente para incluir los últimos avances en IA y SSD. Las nuevas investigaciones pueden conducir a mejores métodos para el procesamiento de datos, un mejor reconocimiento de patrones y formas más eficientes de manejar grandes cantidades de datos. Mantener los algoritmos actualizados con la última tecnología puede hacer que el sistema sea más eficaz y preciso. Los algoritmos también deben adaptarse a los nuevos datos, ya que los datos cambian constantemente. Esto puede implicar la inclusión de nuevas fuentes de datos, la gestión de nuevos tipos de datos o el ajuste de algoritmos para reflejar mejor las tendencias y patrones actuales. Por ejemplo, un cambio en el comportamiento del consumidor puede requerir que los algoritmos de recomendación se actualicen para seguir siendo relevantes.

Para mejorar el rendimiento en términos de velocidad, precisión y eficiencia, los algoritmos deben actualizarse con frecuencia. Los algoritmos optimizados pueden procesar los datos más rápido, reduciendo los tiempos de espera y mejorando la experiencia del usuario. Los algoritmos mejorados también pueden proporcionar pronósticos y decisiones más precisas, lo cual es importante para una toma de decisiones efectiva. La incorporación de los comentarios de los usuarios y los sistemas es otro aspecto importante. Esta retroalimentación es una valiosa fuente de información sobre el rendimiento de los algoritmos. Al analizar los comentarios, los desarrolladores pueden identificar las debilidades y las áreas que necesitan mejoras. Los algoritmos actualizados que tienen en cuenta estos comentarios pueden satisfacer mejor las necesidades y expectativas de los usuarios. La actualización de los algoritmos también es importante para abordar los sesgos y garantizar el uso ético de la IA. La revisión y actualización periódica de los algoritmos puede ayudar a los desarrolladores a identificar y corregir los sesgos que pueden afectar negativamente a las decisiones y recomendaciones del sistema, contribuyendo a que los sistemas sean justos y fiables.

Los algoritmos deben actualizarse para aumentar la robustez y seguridad de los sistemas. Esto puede incluir la protección contra nuevos tipos de ciberataques o hacer frente a cambios inesperados en los datos. El fortalecimiento de los algoritmos garantiza que el sistema siga funcionando correctamente incluso en condiciones de estrés. Las actualizaciones periódicas de los algoritmos garantizan que los sistemas de IA y SSD sigan ofreciendo un alto rendimiento, relevancia y fiabilidad en un entorno tecnológico y basado en datos en constante cambio.

Auditorías de seguridad

Las auditorías de seguridad periódicas son una parte fundamental de la estrategia de ciberseguridad de las organizaciones, en las que se realiza una revisión exhaustiva de las medidas de seguridad de los sistemas para identificar y remediar las vulnerabilidades. Estas auditorías ayudan a detectar debilidades que pueden ser explotadas por los ciberdelincuentes, actualizar los protocolos de seguridad para hacer frente a las amenazas emergentes, concienciar sobre la ciberseguridad entre los empleados, prevenir las violaciones de datos, garantizar el cumplimiento de las leyes y reglamentos, generar confianza con las partes interesadas y promover la mejora continua. Por lo tanto, las auditorías de seguridad periódicas son fundamentales para mantener protecciones sólidas de ciberseguridad, proteger la información confidencial y prevenir los ciberataques.

Con estas prácticas implementadas, la organización puede garantizar que las soluciones de IA y SSD permanezcan actualizadas, seguras y eficientes.

Adaptación a los avances tecnológicos y a los cambios del mercado

Adaptarse a los avances tecnológicos y a los cambios del mercado es fundamental para los sistemas de apoyo a la toma de decisiones (SSD) aumentados por IA, y estos sistemas desempeñan un papel importante a la hora de apoyar a los líderes a través de procesos complejos de toma de decisiones. Estos modernos sistemas SSD integran continuamente nuevas fuentes de datos, incluidos datos en tiempo real del mercado, las redes sociales y otras plataformas relevantes, para proporcionar una visión integral del entorno empresarial en el que operan los líderes. Mediante el aprendizaje automático y el análisis avanzado de datos, el SSD aumentado por IA puede realizar análisis predictivos para predecir tendencias futuras y cambios en el mercado, lo que brinda a los líderes una ventaja estratégica.

La flexibilidad de estos sistemas les permite adaptarse rápidamente cuando se dispone de nuevas tecnologías o cuando cambian las condiciones del mercado. El proceso de aprendizaje automatizado significa que el componente de IA de

SSD aprende continuamente de nuevos datos e interacciones, mejorando constantemente la capacidad del sistema para proporcionar recomendaciones e información relevantes. Además, el SSD a menudo se adapta a las necesidades específicas de los líderes, incluida la adaptación a sus estilos y preferencias de toma de decisiones.

Los líderes pueden utilizar SSD para simular diferentes escenarios basados en cambios tecnológicos o de mercado, lo que les ayuda a explorar los posibles resultados y consecuencias de sus decisiones. Los mecanismos de retroalimentación interactivos dentro de SSD permiten a los líderes afinar sus preguntas y obtener respuestas más relevantes basadas en la información más reciente. A través de estas capacidades dinámicas, el SSD aumentado por IA puede ayudar a los líderes a navegar por un entorno tecnológico y de mercado que cambia rápidamente, lo que permite tomar decisiones informadas que pueden conducir a mejores resultados comerciales y éxito a lo largo del tiempo.

KPIs clave para medir el éxito y la mejora

Medir el éxito y la mejora en los sistemas de apoyo a la toma de decisiones (SSD) aumentados por IA para los líderes requiere un seguimiento cuidadoso de los indicadores clave de rendimiento (KPI) relevantes. Estos KPI son fundamentales para reflejar la eficiencia del sistema, la precisión del apoyo a la toma de decisiones, la satisfacción del usuario y la contribución a los objetivos empresariales. La precisión de la decisión es un KPI crítico que mide la precisión de las recomendaciones y predicciones que proporciona SSD. Al compararlos con los resultados reales, los líderes pueden evaluar la confiabilidad del sistema.

La participación de los usuarios es otro KPI importante que rastrea la frecuencia e intensidad con la que los líderes interactúan con SSD. Esto proporciona información sobre la usabilidad y la aceptación del sistema entre los usuarios. La capacidad de respuesta también es fundamental; evalúa la rapidez con la que SSD puede ofrecer información y respuestas a las preguntas de los gerentes, lo cual es crucial en entornos empresariales que cambian rápidamente.

La velocidad de la innovación mide la capacidad del sistema para integrar nuevas fuentes de datos y tecnologías, lo cual es necesario para mantener la relevancia y la actualización del apoyo a la toma de decisiones. La eficiencia de costos analiza los ahorros financieros logrados a través de la automatización y la racionalización de los procesos de toma de decisiones, que impactan directamente en los resultados de la organización.

La satisfacción del usuario evalúa la satisfacción general de los líderes con SSD, a menudo basada en encuestas o sistemas de retroalimentación. Esto proporciona información valiosa para la mejora continua del sistema. El impacto en el negocio es una medida directa del impacto del SSD en los resultados empresariales, como el aumento de las ventas, la reducción de los costos o la mejora de la satisfacción del cliente.

El aprendizaje y la adaptación ayudan a evaluar la capacidad del sistema para aprender de nuevos datos y adaptar sus algoritmos, asegurando la mejora continua y la relevancia en el apoyo a la toma de decisiones. Al monitorear estos KPI, las organizaciones pueden evaluar qué tan bien su SSD aumentado por IA apoya a los líderes en sus procesos de toma de decisiones e identificar áreas en las que puede ser necesario un mayor desarrollo y optimización.

Construyendo una cultura de innovación

Principios para fomentar una cultura de innovación

Construir una cultura de innovación dentro de una organización requiere una estrategia bien pensada que abarque varios principios fundamentales. Estos principios pretenden fomentar un entorno en el que la creatividad y la innovación no solo se fomenten, sino que también se valoren y recompensen.

Uno de los primeros principios es establecer una apertura a nuevas ideas. Esto significa crear canales donde los empleados puedan expresar sus pensamientos y sugerencias sin temor a la crítica o el rechazo. Otro principio importante es proporcionar recursos y apoyo para la experimentación y la toma de riesgos. Esto puede incluir un presupuesto para la investigación y el desarrollo, tiempo y costo para que el personal explore nuevos proyectos y una red de seguridad para el fracaso, que es inevitable en el proceso de innovación.

Para fomentar la innovación, también es importante fomentar la cooperación interfuncional. Al romper los silos dentro de la organización y alentar a los equipos de diferentes departamentos a trabajar juntos, pueden surgir nuevas perspectivas e ideas. Además, el liderazgo debe participar activamente en el proceso de innovación, no solo estableciendo objetivos, sino también participando en el desarrollo y la implementación de nuevas ideas.

Una cultura de aprendizaje continuo también es fundamental. Esto significa invertir en formación y desarrollo profesional, así como animar a los empleados a mantenerse al día con las últimas tendencias y tecnologías en sus campos.

Por último, el reconocimiento y la recompensa de los esfuerzos innovadores es necesario para mantener la motivación y el compromiso de los empleados. Esto puede tomar la forma de bonificaciones monetarias, oportunidades de desarrollo profesional o reconocimiento público.

Al integrar estos principios en el ADN de la organización, puede surgir una sólida cultura de innovación, lo que conduce a una mayor creatividad, productividad y, en última instancia, a una ventaja competitiva en el mercado.

Gestión del cambio y gestión de la resistencia

La construcción de una cultura de innovación a menudo implica lidiar con el cambio y la resistencia, que es una parte natural del proceso cuando se introducen nuevas ideas y métodos. La gestión del cambio es un componente crítico de esto y requiere un enfoque estratégico para navegar y liderar la organización a través de la transformación. La gestión eficaz del cambio comienza con una comunicación clara. Es importante explicar por qué es necesario el cambio, cómo se implementará y qué beneficios se espera que traiga. Esto ayuda a crear un entendimiento común y la aceptación de todos los niveles dentro de la organización. La gestión de la resistencia también es crucial. La resistencia puede surgir por una variedad de razones, como el miedo a lo desconocido, la comodidad con el status quo o la preocupación por las consecuencias personales. Para hacer frente a esta resistencia, es importante escuchar las preocupaciones de los empleados, brindarles apoyo y capacitación, e involucrarlos en el proceso de cambio.

Los líderes juegan un papel clave en la gestión del cambio. Deben ser modelos de adaptación y apertura a nuevas ideas. También deben estar disponibles para responder preguntas y brindar orientación durante la transición. Para facilitar una transición sin problemas, también es importante celebrar el progreso y los éxitos a lo largo del camino. Esto ayuda a mantener la energía positiva y la motivación entre los empleados. Para que la organización construya con éxito una cultura de innovación, debe gestionar un cambio efectivo y abordar la resistencia de una manera que permita a la empresa no solo aceptar nuevas ideas, sino también adoptarlas como parte esencial de su crecimiento y desarrollo.

Estrategias de liderazgo para impulsar la innovación

La creación de una cultura de innovación dentro de los sistemas de apoyo empresarial (SSD) aumentados por IA para líderes requiere estrategias de liderazgo específicas que puedan impulsar y respaldar la innovación. Los líderes deben crear una visión que comunique claramente la importancia de la innovación y cómo la IA puede aumentar los procesos de toma de decisiones dentro de la organización. Una de las primeras estrategias es que los líderes deben comprometerse a aprender sobre la IA y su potencial. Esto significa mantenerse al día con las últimas tendencias y tecnologías y comprender cómo se pueden aplicar para mejorar el SSD. Los líderes también deben fomentar una cultura en la que la experimentación con la IA sea la norma, lo que significa dar a los equipos la libertad de explorar y probar nuevas ideas sin miedo al fracaso.

Para impulsar la innovación, también es importante que los líderes apoyen la colaboración entre departamentos y disciplinas. Al fomentar la colaboración interfuncional, pueden surgir nuevas perspectivas y soluciones que combinen el conocimiento empresarial con la experiencia técnica. Otra estrategia es implementar procesos estructurados para la innovación dentro de SSD. Esto puede incluir sesiones periódicas de lluvia de ideas, hackatones o concursos de innovación en los que los empleados pueden contribuir con sus ideas y soluciones. Los líderes también deben reconocer y recompensar los esfuerzos innovadores, que no solo motivan a los empleados, sino que también demuestran el compromiso de la organización con la innovación. Esto puede ser en forma de reconocimiento en la comunicación de la empresa, oportunidades profesionales o incentivos financieros.

Es importante que los líderes creen un entorno en el que se fomente el aprendizaje continuo. Esto significa invertir en programas de formación y desarrollo que ayuden a los empleados a desarrollar las habilidades necesarias para trabajar con sistemas aumentados por IA.

Con estas estrategias de liderazgo, los líderes pueden impulsar eficazmente la innovación dentro de SSD, lo que conduce a decisiones más informadas, una mayor eficiencia y mejores resultados empresariales. El posicionamiento competitivo consiste en definir en qué se diferencia su empresa de la competencia y qué valor único ofrece a los clientes. Esto significa identificar el nicho de la organización o el segmento del mercado donde el negocio puede dominar y crear una posición sólida. Esto requiere un análisis de los competidores, del mercado y de las necesidades de los clientes, para las empresas privadas, con el fin de desarrollar una estrategia que coloque ventajosamente a la empresa en relación con otros actores del mercado.

El posicionamiento competitivo en el sector público consiste en definir en qué se diferencia su organización de otros proveedores de servicios y qué valor único ofrece a los ciudadanos. Implica identificar el nicho o segmento dentro de la oferta de servicio público donde la organización puede sobresalir y crear una posición sólida. Para ello es necesario analizar a otros proveedores de servicios, las necesidades de la sociedad y las expectativas de los ciudadanos para desarrollar una estrategia que sitúe favorablemente a la organización en relación con otros actores del sector público.

Perspectivas globales y colaboración

Colaboraciones e iniciativas internacionales en IA y SSD

Las perspectivas globales y la colaboración son fundamentales para el avance en áreas como la inteligencia artificial (IA) y los sistemas de apoyo a la toma de decisiones (SSD). Las colaboraciones e iniciativas internacionales en estos campos permiten el intercambio de conocimientos, recursos y mejores prácticas a través de las fronteras nacionales, lo que conduce a una innovación y un desarrollo más rápido. Las colaboraciones internacionales pueden adoptar la forma de asociaciones de investigación entre universidades e instituciones, en las que investigadores de diferentes países trabajan juntos en proyectos conjuntos. Esto también puede incluir asociaciones público-privadas en las que los gobiernos, las instituciones académicas y las empresas colaboran para impulsar el desarrollo de la IA y el SSD.

Iniciativas como el programa Horizonte Europa de la UE o los Objetivos de Desarrollo Sostenible (ODS) de las Naciones Unidas son ejemplos de cómo los marcos internacionales pueden fomentar la colaboración en IA y SSD. Estas iniciativas apoyan proyectos que tienen como objetivo resolver desafíos globales como el cambio climático, la salud y el bienestar, y el desarrollo industrial sostenible. Con el fin de beneficiarse eficazmente de las colaboraciones internacionales, es importante que exista un diálogo abierto y la voluntad de compartir tanto los éxitos como los fracasos. También se requiere un entendimiento común de las directrices y normas éticas para garantizar que la IA y el SSD se desarrollen de manera responsable.

Los países, las organizaciones y las personas pueden beneficiarse de un mayor acervo de conocimientos y experiencia al participar en colaboraciones e iniciativas internacionales, lo que conduce a soluciones más innovadoras que pueden tener un impacto positivo a escala mundial.

La importancia de la perspectiva global en el desarrollo tecnológico

En un mundo cada vez más interconectado, es de suma importancia que los líderes adopten una perspectiva global, especialmente cuando se trata del desarrollo tecnológico de los Sistemas de Apoyo Empresarial (SSD), aumentados por la inteligencia artificial (IA). Esta perspectiva global no es solo una cuestión de estar al tanto de lo que está sucediendo en otras partes del mundo, sino también de integrar activamente este conocimiento en el desarrollo e implementación de SSD. Una perspectiva global permite a los líderes aprovechar la diversidad de conocimientos e innovaciones que pueden ocurrir en diferentes culturas y economías. Al colaborar internacionalmente, los líderes pueden compartir experiencias y soluciones que pueden adaptarse y aplicarse de nuevas maneras, lo que conduce a sistemas más robustos y eficientes. Esto es especialmente relevante cuando la tecnología de IA se está desarrollando rápidamente y su potencial puede materializarse de muchas maneras diferentes en función de las necesidades y condiciones locales.

Esto también significa navegar por un entorno global complejo donde las regulaciones, las leyes de protección de datos y las consideraciones éticas varían ampliamente. Tener una perspectiva global ayuda a garantizar que SSD no solo sea técnicamente competente, sino también culturalmente apropiado y éticamente responsable. Esto significa tener en cuenta las normas y valores locales, así como los estándares internacionales, en el momento de desarrollar sistemas aumentados por IA. Una perspectiva global es crucial para los líderes que quieren asegurarse de que sus organizaciones sean competitivas en el escenario internacional. Al integrar los conocimientos globales y colaborar a través de las fronteras, los líderes pueden crear SSD que no solo satisfaga las necesidades actuales, sino que también esté equipado para abordar los desafíos del futuro.

Estudios de casos de colaboraciones globales exitosas

Comprender las perspectivas globales y la colaboración es fundamental para aprovechar eficazmente los sistemas de apoyo a la toma de decisiones (SSD) aumentados por Inteligencia Artificial (IA) en el liderazgo. A continuación, se presenta una descripción detallada de esta área, incluidos estudios de casos de colaboraciones globales exitosas [29] [30] [31].

Las perspectivas globales y la colaboración en IA y SSD para líderes significa integrar diferentes perspectivas culturales, económicas y tecnológicas para crear sistemas robustos y escalables. Al combinar conocimientos y recursos de diferentes partes del mundo, las organizaciones pueden beneficiarse de conocimientos y experiencia técnica diversificados, lo que conduce a soluciones innovadoras y mejores procesos de toma de decisiones.

Un componente importante de esta colaboración global es estudiar estudios de casos exitosos en los que la colaboración internacional ha dado lugar a avances significativos en SSD aumentados por la IA. Estos son algunos ejemplos de colaboraciones globales exitosas:

1. Estudio de caso: Compañía de seguros internacional: Una compañía de seguros global utilizó IA y SSD para mejorar la evaluación de riesgos y el servicio al cliente en varios continentes. Al asociarse con empresas de tecnología en Asia, Europa y América del Norte, pudieron desarrollar un SSD avanzado que analizaba grandes cantidades de datos en tiempo real. El sistema fue capaz de anticiparse a las necesidades de los clientes y sugerir soluciones de seguros personalizadas. Esta colaboración permitió mejorar la satisfacción del cliente y reducir los costos administrativos.
2. Estudio de caso: Sector de la salud: Un consorcio internacional de hospitales e institutos de investigación de los Estados Unidos, Alemania y Japón trabajaron juntos para desarrollar un SSD aumentado por IA para mejorar los diagnósticos y los planes de tratamiento. Al compartir datos médicos y resultados de investigación, pudieron crear una plataforma que utilizaba el aprendizaje automático para identificar patrones en los datos de los pacientes. Esto condujo a diagnósticos más rápidos y precisos, lo que mejoró los resultados de los pacientes y redujo los costos de atención médica.
3. Estudio de caso: Sector agrícola: Una colaboración entre investigadores agrícolas y empresas de tecnología de la India, Brasil y Australia dio lugar a un SSD impulsado por IA que ayudó a los agricultores a optimizar el rendimiento y el uso de los recursos. Al analizar los datos meteorológicos, la calidad del suelo y los precios de mercado, el sistema pudo proporcionar recomendaciones sobre el mejor momento para sembrar y cosechar, así como el uso óptimo del agua y los fertilizantes. Este sistema desarrollado a nivel mundial ayudó a aumentar los rendimientos y la sostenibilidad de la agricultura.
4. Estudio de caso: Servicios financieros: Un gran banco con operaciones en varios países se asoció con empresas de tecnología financiera de diferentes regiones para

desarrollar un SSD aumentado por IA para mejorar los procesos de calificación crediticia. Mediante la integración de datos de diferentes entornos económicos y el uso de algoritmos avanzados, el banco pudo evaluar mejor el riesgo crediticio y reducir los casos de préstamos incobrables. Esta cooperación mejoró la capacidad del Banco para tomar decisiones crediticias informadas y aumentó su competitividad a escala mundial.

Al estudiar estos casos, los líderes pueden comprender la importancia de adoptar perspectivas globales y la colaboración para maximizar el potencial de la IA y el SSD. La colaboración transfronteriza no solo permite el progreso tecnológico, sino también la integración cultural y estratégica que puede conducir a soluciones más innovadoras y sostenibles. Por lo tanto, la colaboración y el intercambio de conocimientos a nivel mundial pueden mejorar la eficiencia y las capacidades de los SSD aumentados por IA, lo que a su vez favorece un mejor liderazgo y toma de decisiones.

Navegando por los desafíos futuros

Identificación de posibles retos futuros

Navegar por los desafíos futuros en los sistemas de apoyo a la toma de decisiones (SSD) aumentados por IA para líderes es una tarea compleja que requiere una comprensión tanto de los aspectos técnicos como de la dinámica organizacional. Los líderes deben ser proactivos en la identificación de posibles obstáculos y el desarrollo de estrategias para abordarlos de manera efectiva. Uno de los mayores desafíos es mantenerse al día con el rápido desarrollo tecnológico. La IA y el aprendizaje automático continúan evolucionando a un ritmo rápido, lo que significa que los sistemas SSD deben actualizarse continuamente para no quedar obsoletos. Esto requiere una inversión significativa en investigación y desarrollo, así como una cultura de aprendizaje permanente dentro de la organización.

Otro reto es la gestión de datos y la privacidad. Con la creciente cantidad de datos que se recopilan y analizan, los líderes deben asegurarse de que cumplen con las leyes de protección de datos y las pautas éticas. Esto incluye abordar cuestiones de consentimiento, anonimización y seguridad para proteger tanto la privacidad de la persona como la reputación de la empresa. Además, existe el riesgo de una dependencia excesiva de los sistemas basados en IA. Los líderes deben equilibrar el uso de SSD con el juicio humano y el pensamiento crítico. Es importante no depender totalmente de los sistemas automatizados, sino también fomentar la visión y la creatividad humanas en el proceso de toma de decisiones.

Es importante tener en cuenta el contexto global. Dadas las diferentes regulaciones, normas culturales y capacidades tecnológicas en todo el mundo, los líderes deben ser conscientes de cómo estos factores pueden afectar la implementación y la eficacia de SSD en diferentes regiones. Para superar con éxito estos desafíos, los líderes deben ser visionarios, flexibles y colaborativos. También deben entablar un diálogo continuo con expertos en tecnología, desarrolladores de políticas y otras partes interesadas para construir sistemas sólidos que puedan adaptarse a los cambios futuros.

Estrategias para superar estos desafíos

Para navegar y superar de manera efectiva los desafíos futuros en los sistemas de apoyo a la toma de decisiones (SSD) aumentados por IA para líderes, se requiere una variedad de estrategias que se puedan adaptar a las necesidades y objetivos únicos de la organización. Estas son algunas estrategias que usted, como líder, puede considerar:

Capacitación y desarrollo de habilidades

La formación y el desarrollo de habilidades desempeñan un papel fundamental en la capacidad de las organizaciones para gestionar el panorama tecnológico en rápida evolución. Para desarrollar con éxito esta estrategia, las organizaciones pueden implementar programas de capacitación personalizados que se adapten directamente a las necesidades únicas tanto de los líderes como de los empleados. Estos programas pueden incluir cursos sobre temas avanzados como IA, análisis de datos y ciberseguridad. Otro enfoque eficaz es establecer asociaciones con instituciones académicas. Al asociarse con universidades y escuelas técnicas, las organizaciones pueden beneficiarse de los últimos conocimientos y habilidades en IA y apoyo a la toma de decisiones. Además, las plataformas de aprendizaje en línea pueden ofrecer a los empleados oportunidades flexibles para explorar una amplia paleta de recursos y cursos por su cuenta.

La tutoría y el coaching también son herramientas importantes para promover el desarrollo personal y profesional. Al permitir que los líderes experimentados compartan sus conocimientos y guíen a los colegas menos experimentados, las organizaciones pueden construir una fuerza laboral más fuerte y capacitada. Para estimular la innovación, las organizaciones pueden crear laboratorios de innovación especiales u organizar hackatones en los que los empleados tengan la oportunidad de experimentar con nuevas tecnologías y desarrollar soluciones creativas a problemas del mundo real. También es valioso integrar el aprendizaje en el trabajo diario, animando a los empleados a asumir proyectos que requieran nuevas habilidades o colaboración con equipos tecnológicos.

Una sólida cultura de retroalimentación es crucial. Al establecer un entorno en el que la retroalimentación y la crítica constructiva se vean como una parte natural del proceso de aprendizaje, las organizaciones pueden mejorar y adaptar continuamente sus estrategias de capacitación.

2. Gobernanza de datos: Establecer protocolos sólidos de gobernanza de datos para gestionar los datos de forma segura y ética. Esto debe incluir directrices para la recopilación, el almacenamiento, el uso y el intercambio de datos, así como mecanismos para garantizar el cumplimiento de las leyes de protección de datos.

3. Colaboración entre humanos e IA: Desarrollar un equilibrio entre las decisiones automatizadas y el juicio humano. Esto podría implicar la creación de sistemas en los que la IA haga recomendaciones que luego sean revisadas y aprobadas por humanos, asegurando que la experiencia y la intuición humanas continúen desempeñando un papel central en el proceso de toma de decisiones.

4. Infraestructura tecnológica flexible: Construya una infraestructura tecnológica que sea lo suficientemente flexible como para adaptarse a las nuevas innovaciones y a las necesidades cambiantes del negocio. Esto podría significar el uso de servicios en la nube, arquitecturas de microservicios u otras tecnologías modulares que se pueden escalar hacia arriba o hacia abajo según sea necesario.

5. Perspectiva global: Tener en cuenta el contexto global mediante el desarrollo de SSD que sean culturalmente sensibles y adaptables a diferentes regulaciones. Esto puede implicar trabajar con socios internacionales para obtener información sobre los mercados locales y las normas culturales.

6. Gestión de riesgos: Implementar estrategias sólidas de gestión de riesgos para identificar posibles amenazas a los SSD y desarrollar planes para mitigar esos riesgos. Esto debe incluir auditorías de seguridad periódicas y actualizaciones de los sistemas para protegerse contra las amenazas cibernéticas.

Gestión de riesgos y planificación de contingencias

Sistemas de Apoyo al Negocio (SSD) con IA, para los líderes, es crucial poder controlar los desafíos futuros a través de una gestión eficaz de riesgos y una planificación de contingencias. Una estrategia para lograrlo puede incluir el desarrollo de programas de capacitación personalizados que se centren en las necesidades específicas de los líderes en este campo. Estos programas deben cubrir temas como los sistemas de apoyo a la toma de decisiones impulsados por IA, el análisis de datos para la evaluación de riesgos y las estrategias de ciberseguridad. Al establecer asociaciones con instituciones académicas, los líderes de SSD con IA pueden acceder a las últimas investigaciones y metodologías para gestionar los riesgos y las incertidumbres en la era digital. Las plataformas de aprendizaje en línea también pueden ser un recurso para que los líderes se mantengan continuamente actualizados sobre nuevas herramientas y tecnologías.

La tutoría y el entrenamiento de expertos en IA y gestión de riesgos pueden proporcionar una valiosa orientación y conocimientos sobre la mejor manera de navegar por situaciones complejas. Los laboratorios de innovación y los hackathons pueden servir como un patio de recreo creativo donde los líderes pueden explorar y experimentar con nuevas ideas para mejorar la planificación de contingencias. También es importante integrar el aprendizaje en el trabajo diario, ya que brinda a los líderes la oportunidad de aplicar directamente los nuevos conocimientos en escenarios del mundo real. Por último, una sólida cultura de retroalimentación es clave para la mejora continua, en la que se fomenta el diálogo abierto y la crítica constructiva para fortalecer la capacidad de la organización para hacer frente a los retos futuros.

Casos de estudio y casos de éxito

Ejemplos de empresas que han sorteado con éxito los retos del futuro

En el campo de los Sistemas de Apoyo Empresarial (SSD) con IA, hay varias historias de éxito y estudios de casos que muestran cómo los líderes han navegado con éxito los desafíos futuros. Además de los ejemplos de la parte 3 del libro, y otros ejemplos de la parte 1, menciono algunos más aquí. Un ejemplo de cómo se utilizó la tecnología de IA para diseñar el driver de la serie Epic Flash, que aumentó la velocidad de la pelota y alargó los drives. A través del aprendizaje automático, la empresa pudo analizar 10.000 iteraciones, en el tiempo que normalmente tarda entre 8 y 10 iteraciones [32]

Una colección de 40 estudios de casos ilustra el poder transformador de la IA en diferentes industrias. Al abordar desafíos específicos y utilizar soluciones de IA, las empresas han logrado resultados notables, desde la mejora de las experiencias de los clientes hasta la resolución de problemas científicos complejos. Otro estudio de caso destaca la importancia de un líder con mentalidad estratégica para el éxito de la IA. Compartir una mentalidad entre empleados y líderes crea un camino más claro y conciso hacia el éxito con la IA, lo que conduce a mejores soluciones preferidas por los clientes. [33] [34]

La IA en la transformación empresarial es cada vez más popular para impulsar la innovación, la eficiencia y el crecimiento. Se utiliza para automatizar tareas rutinarias, proporcionar análisis predictivos, personalizar la experiencia del cliente, optimizar las operaciones de la cadena de suministro y mejorar los procesos financieros y de recursos humanos. Estos ejemplos demuestran el importante potencial de la IA dentro de SSD y cómo los líderes pueden utilizar estas tecnologías para navegar con éxito por un futuro cada vez más incierto. [35]

Lecciones aprendidas y conclusiones de estos estudios de caso

En los sistemas de apoyo empresarial (SSD) con IA, los líderes han extraído lecciones y conocimientos clave de historias de éxito y estudios de casos. Una idea clave es la importancia de integrar la tecnología de IA de una manera que aborde directamente los desafíos y objetivos únicos de la empresa. Por ejemplo, mediante el uso de la IA para diseñar equipos de golf, una empresa pudo mejorar drásticamente el rendimiento del producto y agilizar el proceso de diseño. Otra lección importante es el valor de tener una visión compartida y un pensamiento estratégico entre líderes y empleados a la hora de aplicar la IA. Esto crea un uso más coherente y específico de la tecnología, lo que conduce a mejores soluciones que son apreciadas por los clientes.

Los estudios de casos también demuestran la importancia de la formación continua y el desarrollo de habilidades para mantenerse al día con las últimas tendencias y tecnologías de IA. Al aprender y adaptarse constantemente, los líderes en SSD pueden gestionar eficazmente el riesgo, mejorar las experiencias de los clientes e impulsar la innovación. Estos aprendizajes subrayan lo importante que es que los líderes no solo adopten la tecnología de IA, sino que también consideren cuidadosamente cómo se puede integrar mejor en su contexto empresarial específico para lograr el máximo impacto.

Aplicaciones prácticas y resultados

En los sistemas de soporte empresarial (SSD) con IA, los líderes han visto aplicaciones y resultados tangibles que han transformado sus negocios. Un ejemplo es el uso de la IA para mejorar la experiencia del cliente a través de la personalización y el análisis predictivo. Esto ha llevado a una mayor satisfacción y lealtad de los clientes, así como a una mejora de las ventas y la cuota de mercado.

Otra aplicación práctica es la optimización de las operaciones de la cadena de suministro. A través de la IA, las empresas pueden anticipar y gestionar las necesidades de inventario de forma más eficaz, reduciendo los costos y mejorando la precisión de las entregas. Esto ha dado lugar a una cadena de suministro más ágil y receptiva que puede adaptarse rápidamente a las condiciones cambiantes del mercado.

La IA también se ha utilizado para automatizar tareas rutinarias, liberando tiempo para que los empleados se centren en iniciativas más estratégicas. Esto ha llevado a un aumento de la productividad y la innovación dentro de las organizaciones.

Estas aplicaciones prácticas demuestran el potencial de la IA para generar un valor comercial significativo y cómo los líderes de SSD pueden usar estas tecnologías para lograr resultados medibles

Parte 4:

Leyes y Directrices

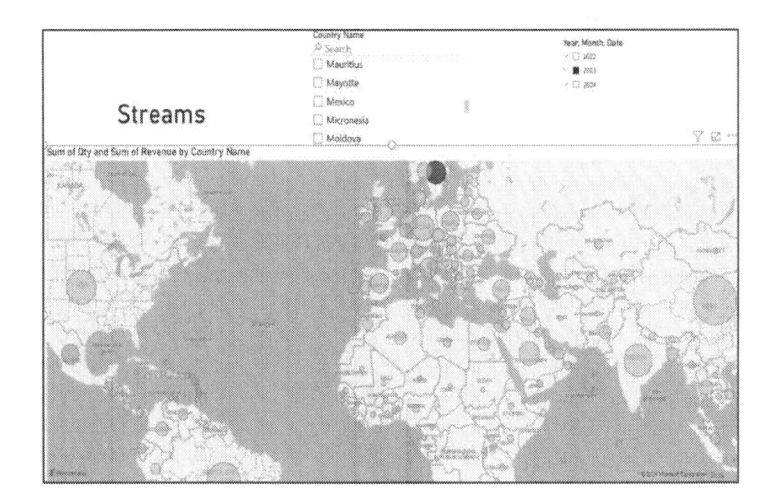

Leyes y directrices para el SSD aumentado por la IA

En un mundo en el que la inteligencia artificial (IA) está cada vez más integrada en nuestras vidas y trabajo, es crucial que los líderes comprendan y naveguen por el complejo panorama de leyes y directrices éticas que rodean a esta tecnología. La Ley de IA de la UE es un ejemplo pionero de este tipo de legislación, cuyo objetivo es armonizar las normas en torno a la IA y garantizar que el desarrollo y el uso de los sistemas de IA se lleven a cabo de manera segura y fiable. [36] [37]

El RGPD ha sentado las bases para la protección de datos y la privacidad, mientras que la Directiva sobre la privacidad y las comunicaciones electrónicas se centra en las comunicaciones electrónicas. Juntos, crean un marco sobre cómo deben manejarse los datos personales en un mundo digitalizado. Las leyes sectoriales, como la CSRD, las complementan imponiendo requisitos a los informes de las empresas sobre aspectos de sostenibilidad, que pueden incluir el uso de la IA. [38] [39] [40]

La ciberseguridad es otro aspecto crítico, en el que el SSD mejorado por IA puede desempeñar un papel tanto como herramienta para mejorar la seguridad como objetivo potencial de los ataques. Por lo tanto, los líderes deben asegurarse de que su SSD aumentado con IA esté protegido contra las amenazas cibernéticas y que utilicen su SSD y la IA de manera responsable. [41]

Las Directrices éticas de la UE sobre IA, que hacen hincapié en la capacidad de acción humana, la solidez tecnológica y el respeto de la privacidad, proporcionan orientación sobre cómo debe desarrollarse y utilizarse la IA. Estas directrices son esenciales para generar confianza y garantizar que la IA contribuya positivamente a la sociedad. [42]

Para los líderes, esto significa ser proactivos en el aprendizaje de la IA, su impacto en la industria y cómo se puede integrar no solo en SSD sino también en los sistemas existentes. También deben fomentar una cultura de innovación y aprendizaje continuo dentro de la organización. Al comprender y hacer cumplir leyes como la Ley de IA de la UE, el RGPD, la Directiva sobre la privacidad y las comunicaciones electrónicas y otras leyes y directrices pertinentes, los líderes pueden asegurarse de que sus iniciativas de IA no solo sean tecnológicamente avanzadas, sino también ética y legalmente responsables, lo cual es fundamental para el éxito en la era de la información estratégica, el SSD y la IA.

Ley de IA de la UE

Esta legislación es un intento de la UE de establecer un estándar global para la regulación de la IA. Adopta un enfoque basado en el riesgo para la IA, donde los sistemas de mayor riesgo estarán sujetos a regulaciones más estrictas. Los líderes deben comprender a qué categorías de IA pertenecen sus sistemas y asegurarse de que cumplen con todos los requisitos relevantes. La Ley de Inteligencia Artificial de la UE es una legislación pionera que tiene como objetivo armonizar las normas en torno a la inteligencia artificial (IA) dentro de la UE. [43]

La ley clasifica los diferentes tipos de sistemas de IA según el nivel de riesgo. Los sistemas de IA que presenten solo un riesgo limitado estarán sujetos a requisitos de transparencia muy ligeros, mientras que los sistemas de IA de alto riesgo estarán permitidos, pero sujetos a una serie de requisitos y obligaciones para acceder al mercado de la UE. Por ejemplo, los sistemas de IA utilizados para la manipulación cognitivo-conductual y la puntuación social se prohibirán en la UE porque su riesgo se considera inaceptable. [44]

Para garantizar la correcta aplicación de la ley, se están creando varios órganos de gobierno, incluida una oficina de IA dentro de la Comisión para hacer cumplir las normas comunes en toda la UE y un panel científico de expertos independientes para apoyar las actividades de aplicación (una nueva arquitectura de gobernanza) [36].

Es importante que los líderes de los sectores público y privado comprendan las categorías en las que se encuadran sus sistemas de IA y se aseguren de que cumplen todos los requisitos pertinentes establecidos en la Ley de IA. Esto no solo fomentará el desarrollo y el uso de sistemas de IA seguros y fiables en todo el mercado único de la UE, sino que también respetará los derechos fundamentales de los ciudadanos de la UE y estimulará la inversión y la innovación en inteligencia artificial en Europa.

RGPD

El Reglamento General de Protección de Datos (RGPD) es un reglamento integral de protección de datos que otorga a las personas dentro de la Unión Europea (UE) el control sobre sus datos personales e impone requisitos estrictos a las organizaciones que manejan datos. Las organizaciones deben asegurarse de que cuentan con los procesos adecuados para manejar los datos de manera compatible con el RGPD, incluida la obtención del consentimiento, la lucha contra las violaciones de datos y el respeto de los derechos de los usuarios. [38]

Para cumplir con el RGPD, las organizaciones deben:

- **Comprender y clasificar los datos personales** que manejan, incluido por qué y cómo se procesan.

- **Obtener el consentimiento** de las personas físicas para tratar sus datos, cuando proceda. El consentimiento debe ser voluntario, específico, informado e inequívoco. [45]

- **Hacer frente a las filtraciones de datos** efectivamente y denunciarlos a las autoridades y personas pertinentes en un plazo de 72 horas si suponen un riesgo para los derechos y libertades de las personas. [46]

- **Respeto de los derechos de los usuarios**, como el derecho de acceso, rectificación, supresión (también conocido como "derecho al olvido"), limitación del tratamiento, portabilidad de datos y oposición. [47]

Las organizaciones también deben:

- **Llevar a cabo una evaluación de la protección de datos** para identificar y mitigar los riesgos del tratamiento de datos.

- **Designar un delegado de protección de datos** (DPD) si llevan a cabo el tratamiento a gran escala de categorías especiales de datos o la vigilancia de personas. [46]

- **Registrar y documentar las actividades de tratamiento** para demostrar el cumplimiento y la rendición de cuentas.

La introducción del RGPD ha tenido un gran impacto en la forma en que las organizaciones de todo el mundo manejan los datos personales y se ha convertido en un modelo para las leyes de protección de datos a nivel mundial. Es importante que las organizaciones no solo cumplan con el RGPD para evitar posibles multas, sino también para generar confianza con los clientes y usuarios demostrando que se toman en serio la protección de sus datos. [48]

Otras leyes y directrices a tener en cuenta

Leyes de protección de datos a nivel nacional

Estas leyes pueden complementar el RGPD y tener requisitos adicionales. Las leyes de protección de datos a nivel nacional dentro de los Estados miembros de la UE están diseñadas para complementar y, a veces, reforzar las protecciones y los derechos establecidos en el RGPD. Si bien el RGPD ofrece un marco general para la protección de datos en toda la UE, también permite a los Estados miembros introducir normas nacionales adicionales para abordar necesidades específicas o reforzar la protección de los datos personales.

Por ejemplo, los Estados miembros podrán:

- **Introducir normas más estrictas** para el tratamiento de datos personales sensibles.
- **especificar las condiciones** para el tratamiento de los números de identificación nacional u otros identificadores clave;
- **Proporcionar protección adicional** para los datos personales de los niños, en particular en relación con el marketing o la creación de perfiles de usuario.
- **Adaptar las normas** que regulan el tratamiento de datos personales por parte de las autoridades.

Es importante tener en cuenta que, si bien las leyes nacionales pueden tener requisitos adicionales, no deben entrar en conflicto con los principios y derechos fundamentales establecidos en el RGPD. Todas las leyes y reglamentos nacionales deben estar en consonancia con el espíritu y el propósito del RGPD para garantizar un nivel uniforme de protección en toda la UE. [49]

Para las organizaciones que operan en varios países de la UE, esto significa que deben conocer y cumplir tanto el RGPD como las leyes nacionales específicas de protección de datos de los países en los que procesan datos personales. Esto puede significar que necesitan adaptar sus prácticas y políticas de protección de datos para cumplir con todos los requisitos legales relevantes.

Los Estados miembros de la UE han establecido autoridades nacionales de protección de datos encargadas de proteger los datos personales de conformidad con el artículo 8, apartado 3, de la Carta de los Derechos Fundamentales de la UE. Estas autoridades desempeñan un papel central en la supervisión del cumplimiento tanto del RGPD como de las leyes nacionales, así como en la asistencia a las organizaciones y a las personas con orientación y apoyo.

Directiva sobre la privacidad y las comunicaciones electrónicas

La presente Directiva regula las comunicaciones electrónicas y puede afectar a la forma en que las organizaciones tratan los datos recopilados por medios electrónicos. La Directiva sobre la privacidad y las comunicaciones electrónicas, conocida formalmente como Directiva 2002/58/CE, es una parte importante del marco de protección de datos de la UE. Complementa el RGPD regulando específicamente la privacidad y la comunicación en el sector de las comunicaciones electrónicas. La Directiva tiene un impacto directo en la forma en que las organizaciones manejan los datos recopilados a través de medios electrónicos, incluidos Internet y las comunicaciones móviles. [50]

Algunos de los aspectos clave de la Directiva sobre la privacidad y las comunicaciones electrónicas son:

- **Confidencialidad de las comunicaciones**: Las organizaciones deben asegurarse de que las comunicaciones electrónicas sean confidenciales y que el contenido no sea interceptado o monitoreado sin el consentimiento del usuario.

- **Cookies y seguimiento**: Los usuarios deben ser informados y dar su consentimiento para el uso de cookies u otras tecnologías de seguimiento que recopilen información sobre ellos.

- **Seguridad**: Las organizaciones deben tomar las medidas técnicas y organizativas apropiadas para garantizar la seguridad de sus servicios de comunicaciones electrónicas.

- **Anonimización y eliminación de datos**: La directiva requiere que las organizaciones eliminen o anonimicen los datos que ya no sean necesarios, a menos que deban conservarse con fines de facturación.

Es importante que las organizaciones entiendan y cumplan con la Directiva sobre la privacidad y las comunicaciones electrónicas, ya que impone requisitos específicos para el manejo de las comunicaciones electrónicas que complementan los principios generales de protección de datos del RGPD. Las organizaciones que no cumplan con estas regulaciones pueden enfrentar sanciones y multas, así como arriesgarse a perder la confianza de sus usuarios y clientes.

Dado el rápido desarrollo tecnológico y el creciente número de dispositivos conectados a internet, también es importante señalar que la UE está trabajando en la actualización de la Directiva sobre la privacidad y las comunicaciones electrónicas para abordar mejor los nuevos retos derivados de la Internet de las cosas (IoT) y la comunicación de máquina a máquina. Esta actualización tiene como objetivo garantizar que la Directiva siga protegiendo la privacidad y los datos personales de los usuarios en un mundo cada vez más conectado y digitalizado.

Leyes sectoriales

Dependiendo del campo de actividad, puede haber reglas adicionales que deban seguirse. Las leyes sectoriales dentro de la UE están diseñadas para complementar las leyes generales de protección de datos y privacidad, como el RGPD y la Directiva sobre la privacidad y las comunicaciones electrónicas. Estas leyes tienen en cuenta los riesgos y necesidades únicos de las diferentes industrias y sectores. Pueden incluir requisitos más detallados o normas más estrictas para proteger a los consumidores y garantizar una competencia leal.

Algunos ejemplos de leyes y reglamentos sectoriales son:

- **Servicios financieros**: Estrictas normas de protección de datos y privacidad del cliente, así como requisitos de información y transparencia.

- **Asistencia sanitaria**: Disposiciones específicas para el tratamiento de información sanitaria sensible y datos de pacientes.

- **Energía**: Normativa que rige el funcionamiento del mercado de la energía, incluido el intercambio de datos y la protección de los datos de infraestructura.

- **Telecomunicaciones**: Leyes que regulan el uso de datos en el sector de las telecomunicaciones, particularmente en términos de privacidad y seguridad de los usuarios.

Un ejemplo reciente es la CSRD (Directiva de Divulgación de Sostenibilidad Corporativa) de la UE, que exige a la Comisión Europea que adopte normas de información de sostenibilidad (ESRS) específicas del sector que especificarán la información de los sectores en los que opera una empresa. Esto demuestra cómo se está adaptando la legislación de la UE para satisfacer las necesidades de sectores específicos y promover la sostenibilidad y la responsabilidad dentro de las organizaciones. [51]

Para las organizaciones, esto significa que deben conocer y cumplir no solo las leyes generales de la UE, sino también las leyes específicas que se aplican a su campo de operación. Esto puede significar que necesitan implementar medidas adicionales para garantizar el cumplimiento y proteger los derechos de los consumidores y usuarios.

También es importante tener en cuenta que estas leyes evolucionan constantemente para mantenerse al día con los avances tecnológicos y las condiciones cambiantes del mercado. Por lo tanto, las organizaciones deben mantenerse al día con la legislación más reciente y asegurarse de que sus políticas y procesos sean lo suficientemente flexibles como para adaptarse a los nuevos requisitos.

Ciberseguridad

Es importante proteger los sistemas de IA contra los ciberataques y las violaciones de datos. Para los líderes, la ciberseguridad en los sistemas SSD e IA no es solo una cuestión técnica, sino una prioridad estratégica. La capacidad de los sistemas de IA para procesar y analizar grandes cantidades de datos los convierte en activos valiosos, pero también en objetivos atractivos para los ciberataques. Por lo tanto, los líderes deben asegurarse de que sus organizaciones cuenten con protocolos de seguridad sólidos para proteger estos sistemas. [41]

La IA puede desempeñar un papel crucial en el fortalecimiento de la ciberseguridad al identificar y responder a las amenazas en tiempo real. Se puede utilizar para buscar características de los ciberataques, reforzar las defensas, analizar datos para autenticar a los usuarios y detectar pistas sobre la identidad de los ciberatacantes. Al integrar la IA en las estrategias de ciberseguridad, las organizaciones pueden mejorar su capacidad para protegerse y responder a las amenazas cibernéticas, lo que a su vez protege tanto sus propios datos como los de los usuarios.

Los líderes también deben ser conscientes de que los atacantes pueden utilizar los sistemas de IA para llevar a cabo ataques sofisticados. Por lo tanto, es importante actualizar y probar continuamente los sistemas de seguridad para mantenerse al día con las últimas amenazas. Esto significa invertir en capacitación para el personal, para que puedan reconocer y gestionar los posibles riesgos de seguridad.

Es responsabilidad del líder asegurarse de que la organización no solo utilice el SSD aumentado por la IA de una manera efectiva, sino también de una manera segura que proteja contra las amenazas cibernéticas cada vez más avanzadas del panorama digital actual.

Directrices éticas de la IA

Las directrices éticas para SSD e IA pueden ayudar a las organizaciones a navegar por los problemas morales y éticos que rodean a la IA. Liderar en la era de la IA requiere no solo conocimientos técnicos, sino también una comprensión profunda de las dimensiones éticas de la tecnología. Las Directrices éticas de la UE para una IA fiable son una parte importante de esto, ya que ofrecen un marco que los líderes pueden utilizar para garantizar que sus sistemas de IA sean legales, éticos y sólidos. Estas directrices hacen hincapié en la importancia de la agencia y la supervisión humanas, lo que significa que los sistemas de IA deben fortalecer los derechos humanos y permitir la toma de decisiones informadas, al tiempo que deben estar equipados con mecanismos para garantizar la rendición de cuentas y el control.

Para garantizar la diversidad, la no discriminación y la equidad, los líderes deben trabajar para evitar los prejuicios injustos que pueden marginar a los grupos vulnerables o exacerbar los prejuicios y la discriminación. Además, los sistemas de IA deben contribuir al bienestar social y medioambiental, lo que significa que deben beneficiar a todas las personas, incluidas las generaciones futuras, y ser sostenibles y respetuosos con el medio ambiente.

Como líder, es importante que estos principios se integren en la estrategia de SSD e IA de su organización, y que todas las iniciativas de IA sigan estas directrices. Esto significa promover activamente una cultura en la que la ética sea tan importante como la innovación tecnológica. De este modo, los líderes pueden generar confianza y asegurarse de que su uso de la IA contribuye positivamente a la sociedad y respeta los derechos de las personas. Es a través de este equilibrio entre innovación y ética que se puede lograr un liderazgo verdaderamente responsable en la era de la información estratégica, el SSD y la IA.

La solidez técnica y la seguridad también son cruciales, lo que significa que los SSD aumentados por los sistemas de IA deben ser fiables y seguros, con planes para gestionar los fallos y minimizar los daños accidentales. La privacidad y la protección de datos son otro aspecto importante, donde se debe garantizar el pleno respeto a la privacidad y las medidas adecuadas de protección de datos. La transparencia es clave para generar confianza; Los datos y los procesos de toma de decisiones de los sistemas de IA deben ser transparentes, con mecanismos de trazabilidad claros.

Como líder, es importante que entiendas no solo estas reglas, sino también cómo se afectan entre sí y a tu negocio. También debe considerar la posibilidad de trabajar con expertos legales y responsables de protección de datos para asegurarse de que su organización cumple plenamente con todas las leyes y reglamentos pertinentes. Invertir en la formación y el desarrollo del personal para abordar estos problemas también es fundamental para el éxito de la implementación de SSD aumentada por IA en su empresa.

Epílogo

Al concluir este viaje a través del fascinante mundo de la Inteligencia Artificial (IA), los Sistemas de Soporte de Decisión (SSD) y el liderazgo, es esencial reflexionar sobre el impacto transformador que estas tecnologías y enfoques tienen en nuestra sociedad y organizaciones.

La IA ha evolucionado de ser una mera curiosidad académica a una fuerza disruptiva que está remodelando industrias enteras. Su capacidad para procesar grandes volúmenes de datos y aprender de ellos permite una toma de decisiones más informada y precisa, liberando a los líderes de tareas rutinarias y permitiéndoles concentrarse en lo que verdaderamente importa: la visión estratégica y el liderazgo humano.

Los SSD han sido un pilar fundamental en el liderazgo moderno, proporcionando herramientas sofisticadas para analizar escenarios complejos y tomar decisiones más acertadas. La integración de SSD con IA no solo mejora la eficiencia operativa y estratégica, sino que también potencia la capacidad de adaptación y respuesta en un entorno empresarial cada vez más dinámico y competitivo.

Sin embargo, no debemos olvidar que la tecnología es un medio y no un fin en sí mismo. El liderazgo sigue siendo la pieza central que orquesta estos avances tecnológicos hacia un propósito común. Los líderes del futuro deben ser visionarios, capaces de abrazar la innovación tecnológica mientras mantienen una conexión humana genuina con sus equipos y comunidades. Deben ser éticos, asegurando que el uso de IA y SSD respete la privacidad, la equidad y el bienestar de todas las partes interesadas.

Con este libro, he tratado de proporcionar una visión integral de cómo la IA y los SSD pueden ser herramientas poderosas en manos de líderes conscientes y preparados. Pero el verdadero valor de este conocimiento radica en su aplicación práctica. Invito a todos los lectores a ser agentes de cambio, a explorar y experimentar con estas tecnologías, y a liderar con empatía y responsabilidad. La convergencia de IA, SSD y liderazgo no es solo una tendencia, sino una realidad que está aquí para quedarse. Aquellos que se adapten y adopten estos avances con un enfoque estratégico y humano estarán mejor preparados para enfrentar los desafíos del mañana y aprovechar las oportunidades del futuro.

Gracias por acompañarme en este recorrido. El futuro está en nuestras manos; hagamos de él un lugar mejor con inteligencia y liderazgo.

Pero ¿qué pasó durante los 5 minutos con el cliente que mencioné en el prefacio y que prometí explicar? No ocurrió nada radical, pero esos momentos fueron cruciales para demostrar nuestra preparación, flexibilidad y capacidad de escucha activa, cualidades esenciales que me han acompañado y ayudado a afrontar los retos que la vida me ha presentado. Ha sido un placer tener la oportunidad de compartir la experiencia de mi larga y fructífera carrera que me inspiró a escribir este libro, y esta anécdota es un claro ejemplo de las lecciones aprendidas.

La flexibilidad y la capacidad de escucha activa que demostramos en esos 5 minutos fueron determinantes para ganar la confianza del cliente. Al mirar hacia atrás, esos 5 minutos encapsulan muchas de las lecciones que he aprendido a lo largo de mi carrera. La preparación meticulosa, la capacidad de adaptarse rápidamente y la habilidad de escuchar activamente han sido fundamentales para mí, y estas cualidades son esenciales para el éxito en cualquier ámbito. No solo nos ayudaron a abrir puertas y, dos años y mucho trabajo después, a cerrar un contrato importante, sino que también establecieron una base sólida para nuestra relación con el cliente, asegurando la satisfacción a largo plazo.

Invito al lector a desarrollar no solo sus cualidades y conocimientos técnicos, sino también sus cualidades personales y humanas para afrontar situaciones inesperadas con éxito. La combinación de conocimientos y habilidades técnicas y humanas es lo que permite enfrentar los desafíos con resiliencia y eficacia.

Espero que las historias y las lecciones compartidas en este libro les sean útiles y los inspiren a abrazar la flexibilidad y la preparación en su propio camino. Como líderes, es nuestra responsabilidad estar siempre listos para enfrentar los desafíos con una mente abierta y una actitud adaptable. Esto, más que cualquier otra cosa, es lo que nos permitirá navegar con éxito en un mundo en constante cambio.

Gracias por acompañarme en este viaje, y les deseo lo mejor en sus propios esfuerzos por liderar y adaptarse en este emocionante y dinámico mundo de alta tecnología e innovación.

Nils Bertil Carlson Estrada

Referencias

[1] "What is Industry 4.0?," [Online]. Available: https://www.ibm.com/topics/industry-4-0..

[2] P. Roetzer, "AI and Personalized Recommendations," 21 04 2022. [Online]. Available: https://www.marketingaiinstitute.com/blog/machine-learning-made-easy-for-marketers-with-amazon-personalize.

[3] "Artificial intelligence (AI) solutions," [Online]. Available: https://www.ibm.com/artificial-intelligence?lnk=flathl.

[4] "JP Morgan and AI in Financial Markets," [Online]. Available: https://www.jpmorgan.com/technology/artificial-intelligence.

[5] "Machine & Equipment, minimize downtimes," [Online]. Available: https://www.bosch-connected-industry.com/de/en/portfolio/nexeed-industrial-application-system/machine-and-equipment.

[6] "Innovation & technology policy perspectives," [Online]. Available: https://www.fedex.com/en-us/about/policy/technology-innovation.html.

[7] "Singapore's Smart Nation and Digital Government Office (SNDGO)," [Online]. Available: https://www.smartnation.gov.sg/.

[8] C. Mathé, "AI and IoT in Building Management," 12 12 2023. [Online]. Available: https://www.wattsense.com/blog/building-management/iot-in-smart-buildings-benefits-use-cases-and-tips/.

[9] L. D. Long, "AI and Energy Optimization in Buildings," 19 08 2023. [Online]. Available: https://www.sciencedirect.com/science/article/pii/S 1110016823007251.

[10] "Regulatory hierarchy – from law to general recommendation," [Online]. Available: https://www.boverket.se/en/start/building-in-sweden/swedish-market/laws-and-regulations/national-regulations/regulatory-hierarchy/.

[11] "John Deere's Sustainable Agriculture: John Deere Sustainable Agriculture," [Online]. Available: https://sustainabilitymag.com/tech-ai/john-deere-plows-sustainable-farming-forward-with-cloud.

[12] "John Deere Sustainable Farming Practices," [Online]. Available: https://about.deere.com/en-us/sustainability.

[13] "John Deere's Autonomous Solutions: John Deere Autonomous Solutions," [Online]. Available: https://www.deere.com/en/autonomous/.

[14] "John Deere Automation," [Online]. Available: https://www.deere.com/en/technology-products/precision-ag-technology/.

[15] "John Deere Machine Monitoring," [Online]. Available: https://www.deere.com/en/electronics/telematics/.

[16] "Siemens's Energy Management Solutions: Siemens Energy Management," [Online]. Available: https://www.siemens.com/global/en/products/energy/grid-software/operation/grid-control.html?gclid=Cj0KCQjwgJyyBhCGARIsAK8LVLNh2Axzw2DP2_FK_MjJ0En52D5ApOLcqq3bt1poXUUszfUgrYbERhcaAg6AEALw_wcB&acz=1&gad_source=1.

[17] "Siemens's Digital Enterprise Solutions: Siemens Digital Enterprise," [Online]. Available: https://www.siemens.com/global/en/products/automation/topic-areas/digital-enterprise.html?gclid=Cj0KCQjwgJyyBhCGARIsAK8LVLOBGYKFnV8XxhNuWboZuMJibJ4okmtIc1bjFGnnctzQ_Vwf5GoSYI0aAsSqEALw_wcB&acz=1&gad_source=1.

[18] "Siemens's Resource Efficiency Solutions: Siemens Resource Efficiency," [Online]. Available: https://www.siemens.com/global/en/company/sustainability.html?gclid=Cj0KCQjwgJyyBhCGARIsAK8LVLP3wbwNZLAYvgIAEXVIRN9hxWHq8eKh9o5_pCe9KvX4H-WjencOE2caAmb_EALw_wcB&acz=1&gad_source=1.

[19] "Siemens's Sustainability Initiatives: Siemens Sustainability," [Online]. Available: https://www.siemens.com/global/en/company/sustainability.html?gclid=Cj0KCQjwgJyyBhCGARIsAK8LVL

NhFOCyLI_zF261Lp5Dw0J4UQy8Gt-RtxAJ41Jm6BkrdgkTLyp2wXUaAhgsEALw_wcB&acz=1&gad_source=1.

[20] "Nestlé's Creating Shared Value Report: Nestlé in society - Creating Shared Value and meeting our commitments," [Online]. Available: https://www.nestle.com/sites/default/files/2023-03/creating-shared-value-sustainability-report-2022-en.pdf.

[21] "Nestlé's Environmental Sustainability," [Online]. Available: https://www.nestle.com/sustainability.

[22] "Nestlé's Innovation Initiatives: Nestlé R&D Strategy," [Online]. Available: https://www.nestle.com/about/research-development.

[23] "Nestlé Annual Report 2020," [Online]. Available: https://www.nestle.com/media/pressreleases/allpressreleases/nestle-annual-report-2020.

[24] "Nestlé's Environmental Sustainability: Nestlé Water Management and Nestlé's Recycling Initiatives," [Online]. Available: https://www.nestle.com/sustainability/water/sustainable-water-efficiency-operations.

[25] "Singapore's Ministry of Social and Family Development (MSF): Harnessing Technology for Social Good," [Online]. Available: https://www.msf.gov.sg/media-room/article/msf-committee-of-supply-2024-building-a-family-friendly-society-where-all-are-empowered.

343

[26] "The GDPR: new opportunities, new obligations," [Online]. Available: https://commission.europa.eu/document/download/e167c4ce-8d28-47bf-84bd-170edcf28333_en?filename=data-protection-factsheet-sme-obligations_en.pdf.

[27] J. Skoogh, "FRAMTIDENS ORGANISATIONSTEORI - – IGÅR, IDAG OCH IMORGON," 2010. [Online]. Available: https://www.diva-portal.org/smash/get/diva2:1311925/FULLTEXT01.pdf.

[28] S. Lorek, "What is BIM (Building Information Modeling)," 06 04 2022. [Online]. Available: https://constructible.trimble.com/construction-industry/what-is-bim-building-information-modeling.

[29] "Human-AI Collaboration Framework & Case Studies," [Online]. Available: https://partnershiponai.org/paper/human-ai-collaboration-framework-case-studies/.

[30] "Collaborations Between People and AI Systems (CPAIS)," [Online]. Available: https://partnershiponai.org/wp-content/uploads/2021/08/CPAIS-Framework-and-Case-Studies-9-23.pdf.

[31] "Employing AI-Powered Decision Support Systems in Recommending the Most Effective Therapeutic Approaches for Individual Cancer Patients: Maximising Therapeutic Efficacy," [Online]. Available:

https://link.springer.com/chapter/10.1007/978-3-031-21506-3_13.

[32] "10 Inspiring Artificial Intelligence Success Stories from Big Brands," [Online]. Available: https://usmsystems.com/artificial-intelligence-success-stories/.

[33] "40 Detailed Artificial Intelligence Case Studies [2024]," [Online]. Available: https://digitaldefynd.com/IQ/artificial-intelligence-case-studies/.

[34] "10 Inspiring Artificial Intelligence Success Stories from Big Brands," [Online]. Available: https://usmsystems.com/artificial-intelligence-success-stories/.

[35] "Become An AI Business Leader," [Online]. Available: https://digitaltransformationskills.com/ai-for-business/.

[36] "EU AI Act: first regulation on artificial intelligence," [Online]. Available: https://www.europarl.europa.eu/topics/en/article/20230601STO93804/eu-ai-act-first-regulation-on-artificial-intelligence.

[37] "Artificial intelligence (AI) act: Council gives final green light," [Online]. Available: https://www.consilium.europa.eu/en/press/press-releases/2024/05/21/artificial-intelligence-ai-act-council-gives-final-green-light-to-the-first-worldwide-rules-on-ai/pdf/.

[38] "GDPR is in effect: now you decide on your digital privacy," [Online]. Available: https://www.europarl.europa.eu/topics/en/article/20180522STO04023/gdpr-is-in-effect-now-you-decide-on-your-digital-privacy.

[39] "Directive 2002/58/EC of the European Parliament and of the Council of 12 July 2002 concerning the processing of personal data and the protection of privacy in the electronic communications sector (Directive on privacy and electronic communications)," [Online]. Available: https://eur-lex.europa.eu/legal-content/EN/TXT/HTML/?uri=CELEX:32002L0058.

[40] "Artificial intelligence (AI) act: Council gives final green light to the first worldwide rules on AI," [Online]. Available: https://www.consilium.europa.eu/en/press/press-releases/2024/05/21/artificial-intelligence-ai-act-council-gives-final-green-light-to-the-first-worldwide-rules-on-ai/.

[41] "Fighting cybercrime: new EU cybersecurity laws explained," [Online]. Available: https://www.europarl.europa.eu/topics/en/article/20221103STO48002/fighting-cybercrime-new-eu-cybersecurity-laws-explained.

[42] "Your life online," [Online]. Available: https://www.consilium.europa.eu/en/your-online-life-and-the-eu/#group-section-trustworthy-AI-uoApCQWl8w.

[43] "Article 6: Classification Rules for High-Risk AI Systems," [Online]. Available: https://artificialintelligenceact.eu/article/6/.

[44] "EU AI Act: first regulation on artificial intelligence; Unacceptable risk," [Online]. Available: https://www.europarl.europa.eu/topics/en/article/20230601STO93804/eu-ai-act-first-regulation-on-artificial-intelligence.

[45] "EU data protection rules," [Online]. Available: https://commission.europa.eu/law/law-topic/data-protection/eu-data-protection-rules_en.

[46] "Seven steps for businesses," [Online]. Available: https://commission.europa.eu/document/download/162c068c-39be-4c21-bbe0-19c13eecfb8b_en?filename=ds-02-18-544-en-n.pdf.

[47] "EU Data Protection Reform: better data protection rights for European citizens," [Online]. Available: https://commission.europa.eu/document/download/8f34a150-4a02-4365-8e75-8cfadade7208_en?filename=data-protection-factsheet-citizens_en.pdf.

[48] " EU Data Protection Reform: a concerted effort to make it work," [Online]. Available: https://commission.europa.eu/document/download/01290095-42d6-4f67-88ae-e56ad15a7acd_en?filename=data-protection-factsheet-who-does-what_en.pdf.

[49] "REGULATION (EU) 2016/679 OF THE EUROPEAN PARLIAMENT AND OF THE COUNCIL," [Online].

Available: https://eur-lex.europa.eu/legal-content/EN/TXT/HTML/?uri=CELEX:32016R0679.

[50] "Review of the ePrivacy Directive," [Online]. Available: https://www.europarl.europa.eu/RegData/etudes/BRIE/2017/587347/EPRS_BRI%282017%29587347_EN.pdf.

[51] "The Commission adopts the European Sustainability Reporting Standards," [Online]. Available: https://finance.ec.europa.eu/news/commission-adopts-european-sustainability-reporting-standards-2023-07-31_en.

[52] "GovTech Singapore: Building a Digital Government," [Online]. Available: https://www.smartnation.gov.sg/about-smart-nation/digital-government/.

[53] "GovTech Singapore: Harnessing Technology for a Better Singapore," [Online]. Available: https://www.smartnation.gov.sg/about-smart-nation/digital-government/.

[54] "AI for Decision Support in Building Management," [Online]. Available: https://www.sciencedirect.com/science/article/abs/pii/S0957417424003683.

[55] "Smart Nation Singapure," [Online]. Available: https://www.smartnation.gov.sg/nais/.

[56] "John Deere's Precision Agriculture Solutions: John Deere Precision Agriculture," [Online]. Available:

https://www.deere.com/en/technology-products/precision-ag-technology/.

[57] "What is Industry 4.0?," [Online]. Available: https://www.ibm.com/topics/industry-4-0.

Made in the USA
Columbia, SC
02 August 2024